职业教育现代市场营销专业系列教材

市场营销实务与案例分析

吴良勇 编著

清华大学出版社
北京

内 容 简 介

本书按照市场营销管理过程的步骤设定基本框架,从介绍市场营销观念入手,扫描市场营销环境、分析市场购买行为、进行营销调研与预测;在此基础上重点讨论了目标市场营销及企业的产品策略、价格策略、渠道策略、促销策略;为保证营销目标的实现,还介绍了整体营销计划、营销组织管理及营销控制手段。

本书充分吸收国内外营销理论和营销实践的新成果、新经验和新材料,通过"营销名言"、"引导案例"、"营销启示"、"营销范文"等多种形式展示营销新观念以及营销实践中的盲点和误区,使读者能够理论联系实际,提高解决营销问题的能力。

本书适合作为职业院校以及应用型本科院校市场营销专业教材,也可作为企业中从事市场营销工作人员的在职培训或自学参考用书。

图书在版编目(CIP)数据

市场营销实务与案例分析/吴良勇编著. —北京:清华大学出版社,2011.1(2020.8重印)
(职业教育现代市场营销专业系列教材)
ISBN 978-7-302-23733-4

Ⅰ.①市…　Ⅱ.①吴…　Ⅲ.①市场营销学—职业教育—教材　Ⅳ.①F713.50

中国版本图书馆 CIP 数据核字(2010)第 166962 号

责任编辑:田在儒　张　弛
责任校对:刘　静
责任印制:沈　露

出版发行:清华大学出版社
　　　　网　　　址:http://www.tup.com.cn,http://www.wqbook.com
　　　　地　　　址:北京清华大学学研大厦 A 座　　　　邮　编:100084
　　　　社 总 机:010-62770175　　　　　　　　　　　邮　购:010-62786544
　　　　投稿与读者服务:010-62776969,c-service@tup.tsinghua.edu.cn
　　　　质 量 反 馈:010-62772015,zhiliang@tup.tsinghua.edu.cn
印 装 者:北京虎彩文化传播有限公司
经　　销:全国新华书店
开　　本:185mm×260mm　　　　印　张:16　　　字　　数:379 千字
版　　次:2011 年 1 月第 1 版　　　　　印　　次:2020 年 8 月第 6 次印刷
定　　价:45.00 元

产品编号:032150-03

丛书编委会

丛书主编

　　谭一平

编委会成员（拼音顺序）

程平平	段　赟	冯解忧	黄文宏	何　颜	贺　云
蒋筠洁	梁金华	雷　鸣	柳西波	孟庆荣	毛　帅
史历仙	唐文静	王丽娜	吴良勤	吴良勇	由丽丹
杨永靖	张　苏	郑媛媛			

丛书序

根据《国务院关于大力发展职业教育的决定》中关于"加强职业院校学生实践能力和职业技能的培养",我们组织编写了这套《职业教育现代市场营销专业系列教材》。

自 2008 年年底金融危机蔓延以来,外贸出口下降、外国投资锐减、GDP 增速放缓……成千上万的企业都面临订单减少,竞争加剧,企业经营不确定性因素增加的局面,因此,企业对企业前进的火车头——推销工作寄予的希望越来越大,因而对推销员的要求也越来越高。他们不仅给推销员制定的销售指标越来越高,而且要求推销员承担收集市场信息等传统销售以外的工作。

由于企业对推销工作寄予的希望越来越大,所以对推销教学工作的要求也越来越高。为了满足当前推销教学的需求,我们在编写本套丛书的过程中力求将近几年来推销教学中的经验融于其中。本套丛书包括《现代推销理论与案例分析》、《直销实务与案例分析》、《市场营销实务与案例分析》、《网络营销》、《市场调查与预测》、《消费者心理学》和《营销礼仪》,这七本书内容相互衔接和补充。本套丛书有以下特点。

第一,实用。许多传统推销学教材还保留着计划经济的特征,推销员在推销过程中,既不用面对客户的"货比三家",更没有竞争对手的"搅局"。由于这种理论远离现实,所以基本上没有什么实用价值。本套丛书以现实的推销工作流程为依据,对推销工作的各个环节进行详尽的讲解和分析,并辅以大量鲜活的工作案例帮助学生理解,因而实用性很强。

第二,新颖。在结构上,根据职业教育的特点,在每一章的后面增加了"案例分析"和"实训练习"。通过这种分析和实训,能大大提高学生对推销工作的感性认识,因而能在将来的实际工作中很快地进入角色。

第三,通俗。推销学是一门经验性很强的科学,作为教材,它的主要读者又是职业院校学生,所以它需要通俗易懂,因此,本套丛书在严谨的基础上追求语言的口语化和形象化,让学生更加容易接受和消化。

尽管竭诚努力,但由于编者的水平有限,本套丛书仍有种种不足之处。作为本套丛书的主编,我期望与广大读者交流,因此,欢迎读者登录笔者的"一平工作室"(http://www.tanyiping.com),对本书给予批评指正,以便在第二版将其修订完善。

谭一平

2009 年 6 月于北京

编写说明

营销无时不在,无处不有。但是我国不少企业和我们大多数人都凭着经验与感觉营销产品和营销自己,为此难免走了许多弯路。而市场营销学正是提供营销理论、方法和技巧的一门学科,能帮助人们解决营销中遇到的各种难题,提高营销效能。

《市场营销实务与案例分析》按照营销理论体系,遵循"必需、够用"的原则,简明精要地阐述了市场营销观念、市场营销环境分析、市场购买行为分析、市场调研与预测、目标市场选择和市场定位、产品策略、价格策略、渠道策略、促销策略、市场营销组织管理等基本概念、基本原理,突出本书"实务与案例分析"的总体要求,强化营销方法、手段、策划、策略及新观念的运用。与其他营销学教材相比较,本书具有以下几个特点。

(1)创新性。在注意教材内容成熟性的基础上,大胆体现了创新性,无论在结构上还是内容上都有自己的特色。本书删减了大量营销基础理论中的意义、作用、特点、原则等内容,充分吸收国内外营销理论和营销实践的新成果、新经验和新材料,增加了大量的企业营销操作实例,集合了大量的可读性素材。

(2)实用性。本书认真分析企业成功的经验和失败的教训,通过"营销名言"、"引导案例"、"营销启示"、"营销思考"、"营销范文"等多种特色形式提示营销新观念以及营销实践中的盲点和误区,开拓读者市场营销的新视野,启迪读者市场营销的新思维。

(3)操作性。每章节后的"复习思考"、"实训练习"、"案例分析"等训练项目,深入浅出地帮助读者再现了市场营销基本原理,使读者能够理论联系实际,提高自己灵活地运用营销理论和方法解决实际问题的能力。

本书由广东白云学院吴良勇编著,丛书主编谭一平审定。南通大学苏淼同学做了大量英文资料的翻译、整理工作,并参与了第四章"市场调研与预测"与第九章"促销策略"的编写工作,在此特别致以衷心的感谢。同时,在编写过程中,作者直接或间接借鉴了国内外出版物的一些素材,引用了部分成果和文献,难以一一列举,在此一并致谢。

由于编者水平有限,书中难免存在谬误、偏差、疏漏之处,敬请同行专家和广大读者指正。

编　者

2010 年 8 月

目　录

第一章

市场营销导论

市场营销是现代企业生产经营的核心。现代企业能否在市场经济中生存和发展,关键要看企业能否以全新的营销理念为导向,根据市场环境作出并不断调整营销决策。

营销名言

营销学不仅适用于产品与服务,也适用于组织与人,所有的组织不管是否进行货币交换,事实上都需要搞营销。

——[美]菲利普·科特勒

引导案例

中国营销 30 年鸟瞰

从 1979 年中国改革开放走向市场经济体制以来,中国现代营销已走过 30 年(1979—2009)的历程,对中国经济和企业而言,这是一个重要的历史转型期。

观察中国营销 30 年,有两大特征不可忽视。

其一,这是一个压缩饼干式的进程。中国以飞快的速度从封闭计划经济到加入 WTO,30 年似乎要扫过西方 100 多年的营销进程。中国市场化的程度已超过 65%,营销已成为一切企业最重要的经营活动之一。所以中国营销 30 年最大的特征之一是变化大而快。

其二,这是一个在特殊环境发生的进程。中国的市场环境、政策环境、企业环境、消费者环境和文化环境都有种种特殊性,所构成的中国转型营销环境对营销的理论和实际运作提出了如何适应的挑战。浏览大事记,许多情景恍如隔世,从卖方市场到买方市场、从短缺到过剩、从垄断到竞争、从封闭到开放、从完全计划到市场调节、从无从选择到眼花缭乱、从无广告到广告无所不在、从限量购买到促销泛滥……

以下信息会使我们吃惊:1979 年全国只有 485 万台电视机;1985 年 8 月 6 日上海金星 18 英寸彩色电视机上市时,只限本市个人用户购买;1989 年 1 月 25 日国务院通知,彩色电视机实行征收特别消费税;90 年代中期仍有官方政府红头文件"禁止有奖销售"。80 年代初一部手机约 2 万元,2000 年约 2000 元,2003 年仅几百元,2008 年充话费送手机。

思考:

纵观中国营销 30 年,营销在中国发生的主要变化是什么?

第一节 市场营销的基本概念

▶ 一、市场概述

市场是社会分工和商品经济发展的产物。哪里有社会分工和商品生产,哪里就有市场。随着商品经济的发展,人们对市场的理解也在不断深化。传统意义上的市场是指买卖双方进行商品交换的场所;经济学解释为"一切交换关系的总和";而现代市场学认为,市场实际上就是一种商品或劳务的所有购买的需求总和。

现代市场学从企业或卖主的角度来理解市场的含义,这也是市场营销学所要研究的市场。因此,一种商品要有自己的市场,就必须同时具备四个要素,即人口、购买力、购买欲望和购买机会(见图 1-1)。人口是构成市场的最基本的要素;购买力是构成现实市场的物质基础;购买欲望是消费者发生实际购买行为的驱动力;购买机会是购买愿望得以实现的可能性。这四个要素相互影响、相互制约,缺一不可。

市场=人口×购买力×购买欲望×购买机会

图 1-1　市场构成要素

营销思考

市场在哪里

市场在哪里? 以前很多人的答案是"在我心里"。随着市场竞争的激烈和市场文化的规范化,很多人的答案变成了"市场在对方心里"。然而,市场依旧还是市场,观念的变革还没有带动"市场在哪里"的启动石。

说起日本爱华恐怕很多人都知道,可是很少有人知道中国深圳也有个爱华。由于当时中国对 VI(企业职别体系)、BI(企业行为规范)的认识缺乏,原本"在我心里的市场"就这样成为日本爱华的垫脚石。当十大策划人从各个角度入驻市场,一方面,给中国策划带来复苏的火种;另一方面,他们各自为战,难免使得策划在公众及文化传播上带来阻力,这也许是中国策划到现在还没有一个国际性权威的原因吧。从市场就是传播媒体的"市场在对方心里"开始,到现在"没有品牌文化一样灭亡"的"后市场在对方心里论"的沉浮中,有些原本起来的品牌现在却销声匿迹了。

市场在哪里? 也许当年成功策划美菱冰箱的大师也不会想到 10 年后美菱冰箱却不再成为品牌,原本畅销的雪花膏再也寻觅不到踪迹了,那么市场在哪里呢? 在策划者与消费者的心里! 这两者是不可分割的,没有需求的市场和有需求却找不到出路的市场一样,结果多是死路一条。

现在,很多市场经理只想要市场份额和完成既定任务,如果目光远点的话,可以考虑到市场管理,可是很少有人知道策划的重要性。我接触过很多很有想法的企业老板,他们眼睛一直盯在结果上,却很少去谋算。《孙子兵法》有"谋算多者胜"。每遇到这样的问题我都要说:"my heart is broken."

企业靠什么立足市场? 怎么进入市场? 怎么运作市场? 现在企业诊断已成为成功策划的前提,需要做大量的工作。但是,企业很少愿意去做市场调查分析,去做战略,去构建自己的企业文化。他们一直追求的却正是他们的起点,他们不知道下一步该如何走,更多的是出现问题后开始总结,但他们也会发现这样的总结会不断一直进行下去。

现在很多企业讲究执行,讲究细节,可是如果大方向就错了,一做就错,一错到底,执行力越好,细节把握的越好那就越是南辕北辙了。很多企业讲究"只注重结果不注重过程",可是有多少人去思考"没有过程哪有结果",连过程都享受不了,哪里知道结果会有多大分量。

原本市场宣导"好酒不怕巷子深",后来是"好酒也怕巷子深";现在不仅仅是"好酒也怕巷子深"了,更讲究"老王卖瓜,自卖自夸",更深层次是"瓜是好瓜,不是自夸,说是好瓜,就是好瓜,既是好瓜,不叫自夸",市场也是一样!

(资料来源:老夫子小小通用策划 http://blog.sina.com.cn/loveers)

▶ 二、市场营销的基本含义

营销活动几乎成为人们生活中的一个组成部分。不同的企业提供不同的产品和服务以满足人们的需求。但是,如果没有有效的营销,消费者就可能接触不到日常所需要的许多产品和服务。那么,什么是市场营销? 有些人过于狭隘地认为营销就是"推销和广告"。我国不少企业的营销部的任务也只是将企业已经生产出来的产品销售出去,而不能对企业的全部经营活动发挥主导作用。营销业内普遍认同美国市场学权威菲利普·科特勒(Philip Kotler)博士在《营销管理》中下的定义:市场营销是个人或集体通过创造,提供出售,并自由地同别人交换产品和价值以获得其所需所欲之物的一种社会及管理过程。

1. 市场营销是一种满足人们需要的行为

人类的各种需要和欲望是营销工作的出发点。因此,企业必须对市场进行充分调查、研究和分析,从而认识消费者的需求和市场的发展趋势,这样才能真正满足消费者,达到营销的最终目的。

2. 市场营销是一种自愿的交换行为

英国市场经济学的奠基人之一亚当·斯密曾说过,世界上从来也没有看见狗在交换骨头,只有人才具有交换的本领。交换是出自人的需要而产生的自觉的行为。交换是建立在平等基础上的等价交换。消费者的各种需要是通过市场上买卖双方提供某种东西作为回报,从别人那里取得所需物而获得满足的自由交换行为。

3. 市场营销是一种创造性行为

市场营销不仅要寻找已经存在的需要并满足它,而且还要激发顾客潜在的需求,创造市场需求。正像索尼公司的创始人盛田昭夫所说,营销不仅仅是服务于市场,而且是创造市场。创造营销才是市场营销的核心。

4. 营销是一种管理过程

市场营销活动已经超越了流通过程,它不仅包括了企业生产经营活动之前的具体经济活动,如市场信息的收集与预测、市场机会分析、目标市场选择、新产品开发与设计等,而且还包括生产过程完成以后进入销售过程的一系列活动,如产品定价、产品促销、售后服务等。因此,市场营销是一个分析、计划、执行和控制的管理过程。

5. 营销是一种企业参与社会的纽带

营销人员在进行营销决策时必须考虑三方面的利益,即企业利润、顾客需要和社会利益。任何企业如果只考虑自己的经济利益,忽视顾客需要和社会利益,就不可能在当今的市场竞争中取得成功。即使暂时获得一点利润,也是暂时的,不可能长久。

案例分析

把梳子卖给和尚的故事

这是奇妙公司创业之初发生的一个故事。为了选拔真正有 ABC 效能的人才,公司要求每位应聘者必须经过一道测试:以赛马的方式推销100把奇妙聪明梳,并且把它们卖给一个特别指定的人群:和尚。这道立意奇特的难题、怪题,可谓别具一格、用心良苦。

几乎所有的人都表示怀疑:把梳子卖给和尚? 这怎么可能呢? 许多人都打了退堂鼓,但还是有甲、乙、丙三个人勇敢地接受了挑战……一个星期的期限到了，三个人回到公司汇报各自的销售实践成果：甲先生只卖出1把，乙先生卖出10把，丙先生居然卖出了1000把。同样的条件，为什么结果会有这么大的差异呢？公司请他们谈谈各自的销售经过。

甲先生说，他跑了三座寺院，受到了无数次和尚的臭骂和追打，但他仍然不屈不挠，终于感动了一个小和尚，买了一把梳子。

乙先生去了一座名山古寺。由于山高风大，把前来进香的善男信女的头发都吹乱了。乙先生找到住持，说："蓬头垢面对佛是不敬的，应在每座香案前放把木梳，供善男信女梳头。"住持认为有理。那庙共有10座香案，于是买下10把梳子。

丙先生来到一座颇负盛名、香火极旺的深山宝刹，对方丈说："凡来进香者，多有一颗虔诚之心，宝刹应有回赠，保佑平安吉祥，鼓励多行善事。我有一批梳子，您的书法超群，可刻上'积善梳'三字，然后作为赠品。"方丈听罢大喜，立刻买下1000把梳子。

公司认为，三个应考者代表着营销工作中三种类型的人员，各有特点。甲先生是一位执著型推销人员，有吃苦耐劳、锲而不舍、真诚感人的优点；乙先生具有善于观察事物和推理判断的能力，能够大胆设想、因势利导地实现销售；丙先生通过对目标人群的分析研究，大胆创意、有效策划，开发了一种新的市场需求。由于丙先生过人的智慧，公司决定聘请他为市场部主管。

更令人振奋的是，丙先生的"积善梳"一出，一传十，十传百，朝拜者更多，香火更旺。于是，方丈再次向丙先生订货。这样，丙先生不但一次卖出1000把梳子，而且获得长期订货的优异成果，实现了营销工作的最优化和最大化。

（资料来源：网络营销手册 http://www.tomx.com）

营销启示

最终最成功的是丙先生，因为他在没有市场的地方开发了广阔的市场！当然，从这个故事中，不同的人，从不同的角度能够得到不同的感悟和启发。而卖梳子给和尚也成了产品营销的一个典型考题！如果这个故事还没有结束，我们能否找到把梳子卖给和尚的第四种方法呢？

▶ 三、市场营销学的核心概念

人们学习营销的一个重要原因是因为营销无处不在。你购买的所有商品和服务、你逛的商店以及那些付费广告的电视节目之所以存在都是因为营销。在美国，营销的花费大约占到每个消费者花费的50%。对某些商品和服务，这一比例可能还要更高。

市场营销学包含了许多营销核心概念。了解这些核心概念，有利于我们把握市场营销学的实质和核心内容，让我们以一种新的视角观察市场活动。

1. 需要、欲望和需求

人的需要、欲望和需求是市场营销学的出发点，也是市场交换活动的基本动因。

需要是指人们没有得到某些基本满足的感受状态。欲望是指人们为满足基本需要对具体满足物的愿望。需求是指人们有能力购买并且愿意购买某个具体商品的欲望。例如人们在生活中需要食品充饥来满足生存的需要，他的欲望可能表现为一碗阳春面或一个比萨，但是如果他没有能力或不愿意购买比萨，他的需求就是对一碗阳春面的欲望。因此，企业不仅要估量有多少人想要本企业的产品,更重要的是应该了解有多少人真正愿意并且有能力购买本企业的产品。

营销并不创造需要,需要早就存在于营销活动出现之前。营销人员连同社会上的其他因素,只是影响了人们的欲望,并试图指出一个什么样的特定的产品可以满足他们的需要,力图通过各种营销活动使产品富有吸引力,适应消费者的支付能力和容易得到来影响需要。因此,营销管理的实质就是需求管理。

营销思考

为什么一定要研究需要和欲望

市场营销的概念是围绕着顾客进行的。顾客的需要和欲望并非显而易见,必须要对其进行细致和持续的研究。例如我们都需要食物,但我们却有不同的欲望,有些人想吃汉堡,有些人却喜欢吃素菜,可能有的人只想要一块巧克力。

了解消费者的需要和欲望对于一个公司能否长期生存是至关重要的,而要随时保持与消费者需求的转变同步更是难上加难。即使最好的营销者也可能会出错,也可能误解消费者的需要和欲望。全球著名的唱片公司迪卡(Decca)公司就曾拒绝过在20世纪60年代红极一时的摇滚乐队披头士,因为他们认为"弹吉他的乐队组合已经不受欢迎了"。可口可乐公司也曾错误地判断了美国大众的欲望,推出了一种新的可乐,结果人们对老牌子的可乐情有独钟,新可乐遭遇失败。

20世纪50年代,公司不需要计算机就能生存,但今天,几乎所有的公司都离不开计算机了,而谁又能想到有一天这些公司还会需要什么呢?因此,研究市场有一个问题是无论何时都需要问的:是否有需要和欲望?

2. 实体商品、服务与品牌

一个产品由三个要素组成:实体商品、服务与品牌。例如,一家快餐店供应商品(汉堡包、软饮料、薯条)、服务(环境、快捷、清洁)及品牌(麦当劳或肯德基)。其中商品实体不仅仅指形态、式样和品质等,更主要在于它能提供基本效能与利益:买自行车是为了代步,买洗衣机是为了去污,买微波炉是为了更方便地煮食。

服务本身也是一种无形产品,它是将人力和机械的使用应用于人与物的结果。例如医院里的全身健康检查、娱乐场的儿童看护、洗浴房的桑拿按摩等。

品牌是指组织及其提供的产品或服务的有形和无形的综合表现,其目的是借以辨认组织的产品或服务,并使之同竞争对手的产品或服务区别开来。

当消费者购买一个商品时,实际上是购买他们认为的该商品所提供的总的利益。比如购买劳力士手表,它的销售并不只是告诉人们时间,而是为了体现消费者的一种身份。因此,营销者的任务是推销商品实体中所包含的利益或服务,而不能仅限于描述商品的外貌。

3. 顾客价值、顾客成本与顾客满意

顾客价值是指消费者对产品满足各种需要的能力评估,而不是指产品本身价值的大小。顾客成本是指顾客对取得(购买)某件产品所付出的代价。顾客满意是指消费者通过对一个产品的可感知的效果与他的期望值相比较后的感觉状态。

营销思考

你是如何选择产品的

当一组可能满足消费者某一特定需要的产品进入市场后,是不是就会被消费者接受呢?消费者如何选择呢?选择时会考虑哪些因素呢?

假如,你每天上下班要走5千米的路,你现在特别需要交通服务,满足这种需要的方式有很多,比如自行车、摩托车、出租车、公交车等。自行车最经济,但太累;公交车既经济又安全,但时间得不到保证;出租车安全舒服,时间上也基本有保证,但费用过高;摩托车快捷,但不安全而且一次性成本太高。

这些产品构成了可供选择的产品组,你会选择哪一种方式呢?显然,无论你选择哪一种交通方式,价值、满意、成本是你进行选择时必须考虑的因素,每个人都会综合这三方面的因素,选择"最低成本之下的最大限度的满意"。

让顾客满意有多种类型,最基本的方法有三种(见表1-1)。如彩电工厂通过扩大规模、提高质量,降低了成本,使顾客价值扩大,顾客成本减少,顾客当然会满意。公交车加上空调,顾客付费增多了,但他们也享受到空调车的舒适、干净等价值,顾客可能依然满意。特别是大热天或大冷天,不少顾客非空调车不坐。一些企业在产品促销中,去掉原产品的外包装,以低价销售吸引顾客,虽然没了包装但价格实惠,一些家庭主妇特别喜欢购买。

表 1-1　顾客满意类型

类　　型	顾客价值	顾客成本	顾客满意
彩电工厂	↑	↓	↑
空调公交	↑	↑	↑
简易包装	↓	↓	↑

4. 交换与交易

交换是指通过提供某种东西作为回报,获得需要的产品的方式。在市场经济条件下,人们要获得产品,主要通过交换。

市场营销学中的交换是一个过程而不是一个事件。例如,双方正在进行谈判,并趋于达成协议,这就意味着他们正在进行交换。协议一旦达成,就意味着发生了交易行为。交易是交换活动的基本单元,是由双方之间的价值交换所构成的。

为了促成交换成功,营销者必须分析参与交换的各方各自希望给予什么和得到什么,而交易则是通过谈判寻找一个各方均满意的方案。营销的本质就是开发令人满意的交易,但交易很容易因曲解和蓄意破坏协议而引起争执,所以要借助法律、规章制度来支持和规范交易双方执行协议。

5. 关系与网络

在现代市场活动中,交换和交易是复杂的,往往涉及制造商、供应商、中间商、顾客以及社区、广告商、政府、大众传媒等。市场营销活动实际上就是在这样的关系网络中进行的,能否建立一个和谐、长期、稳定的关系网络,对企业是至关重要的。

6. 营销者与预期顾客

市场营销是一种积极的市场交易活动,在交易中一方是营销者,而另一方是营销者的目标市场,即预期顾客。

传统的市场营销理论认为,在市场交易中,营销者往往是主动的、积极的;而相对被动的则是预期顾客。可是,现代市场交易实践却表明,顾客变得越来越主动,尤其是进入电子商务时代,消费者可以直接通过网络对所需商品的款式、价格、功能等提出要求,并在网上讨价还价。正因为如此,人们称电子商务为"直接经济",营销者通过这种途径也更容易掌握市场需求。

营销活动一般来说涉及买卖双方。如果买卖双方都在积极寻求交换,则双方都可以称为营销者。市场营销学一般称这种情况为相互营销。

第二节　市场营销观念的发展

市场营销活动是一种有意识的活动,是在一定的经营思想指导下进行的。从企业经营观念的变化过程来看,经历了生产观念、产品观念、推销观念、市场营销观念和社会营销观念这五个具有代表性的阶段。

▶ 一、生产观念

生产观念是指导销售者行为的最古老的观念。这种观念产生于20世纪20年代前。企业经营哲学不是从消费者需求出发,而是从企业生产出发。其主要表现是"我生产什么,就卖什么"。生产观念认为,消费者喜欢那些可以随处买得到而且价格低廉的产品,企业应致力于提高生产效率和分销效率,扩大生产,降低成本以扩展市场。例如,美国皮尔斯堡面粉公司,从1869年开创至20世纪20年代,一直运用生产观念指导企业的经营,当时这家公司提出的口号是"本公司旨在制造面粉"。美国汽车大王亨利·福特曾傲慢地宣称:"不管顾客需要什么颜色的汽车,我只有一种黑色的。"显然,生产观念是一种重生产、轻市场营销的商业哲学。福特汽车公司几乎挤垮了所有的竞争对手,但后来,别的汽车生产厂家相继推出各种颜色的汽车,大受消费者的欢迎,而福特的黑色小汽车却很少有人问津。

生产观念是在卖方市场条件下产生的。在资本主义工业化初期以及第二次世界大战末期和战后一段时期内,由于物资短缺,市场产品供不应求,生产观念在企业经营管理中颇为流行。我国在计划经济旧体制下,由于市场产品短缺,企业不愁其产品没有销路,工商企业在其经营管理中也奉行生产观念,具体表现为:工业企业集中力量发展生产,轻视市场营销,实行以产定销;商业企业集中力量抓货源,工业生产什么就收购什么,工业生产多少就收购多少,也不重视市场营销。

👁 营销思考

古老的生产观念今天还适用吗

生产观念的核心是以生产者为中心,企业以顾客买得到和买得起产品为假设的出发点,因此,企业的主要任务是扩大生产经营规模,增加供给并努力降低成本和售价。在近现代工业发展史上,在这种经营观念指导下,不少企业获得过成功。但是,在客观环境和市场状态变化以后,固守这种观念会使企业走向衰亡。在环境和市场状态改变以后,限于企业的生产经营条件,某些企业希望通过产品的改良,而不是基于变化了的顾客需要重新考虑生产经营的资源和组织方式,这种以产品为中心的生产经营活动,其指导思想仍属于传统的生产观念。

那么是不是生产观念就过时了呢?其实任何一种营销观念都是有指导意义的,它在今天的市场经营中仍然普遍存在。我们不妨想一想,当物资短缺,市场商品供不应求的时候;当产品居于垄断地位,产品成本过高而导致产品的市场价格居高不下的时候,我们为什么不能在一定时期内采用生产观念扩大生产,提高企业利润呢?

▶ 二、产品观念

产品观念是从生产观念中派生出来的又一种陈旧的经营观念。产品观念认为,消费者最喜欢高质量、多功能和具有某种特色的产品,企业应致力于生产高价值产品,并不断加以改进。它也产生于市场产品供不应求的"卖方市场"形势下。最容易滋生产品观念的场合,莫过于当企业发明一项新产品时。

产品观念是指企业不是通过市场分析开发相应的产品和品种,而是把提高质量、降低成本作为一切活动的中心,以此扩大销售、取得利润的一种经营指导思想。产品观念不仅注重生产数量,还注重产品质量。我国有句谚语"酒香不怕巷子深"就是产品观念的典型反映。有的企业过分迷信于"祖传秘方"、"老牌子"、"老字号",其指导思想也是产品观念。这种观念在商品经济不发达的时代有一定的道理。但在市场竞争激烈的今天,我们应该清楚没有哪一种产品可以永远保持独占地位,即使再好的产品,没有适当的营销,通向市场的道路也是举步维艰。

案例分析

爱尔琴公司的失败

美国爱尔琴钟表公司自 1864 年创立到 20 世纪 50 年代中期,一直是美国最好的钟表制造商之一,享有盛誉。该公司长期以来在市场营销中强调生产高级产品,树立优质产品形象,并通过第一流的珠宝店和百货公司组成庞大的销售网推销产品,销售额持续上升。但是 1958 年以后,该公司的销售额和市场占有率开始直线下降,使其在市场中的优势地位开始动摇。

爱尔琴公司的优势地位受到损害的原因是什么?

第一,在消费者方面。这时消费者对手表的要求是必须走时十分准确、必须是名牌、必须保用一辈子的观念已经发生变化,消费者希望能买到走时基本准确、造型优美、价格适中的手表,即越来越多的消费者追求手表的方便性(全自动手表)、耐用性(防水、防震手表)和经济性(廉价手表)。

第二,在竞争者方面。许多同业的制造商迎合消费者需要,纷纷增加产品生产线或延长产品生产线大量生产中、低档手表。

第三,在销售渠道方面。不少美国人都想避开珠宝店的高额加成,而且在看到廉价手表时常常会产生冲动性购买。

因此,众多的手表制造商开始通过大众销售渠道——超级市场、廉价商店、折扣商店、方便店,甚至地摊大力推销。

综上所述,爱尔琴公司的问题在于公司营销管理当局太迷恋于生产精美、优质而式样陈旧的手表,并仍用传统的渠道推销产品,以至于根本没有注意到手表市场上发生的各种重大变化。

(资料来源:营销中国网 http://www.1818K.com)

营销启示

在复杂多变、竞争激烈的市场环境下,爱尔琴公司"理应朝着窗外眺,却只对着镜子照",目光短浅、鼠目寸光是其遭受挫折的根本原因。企业有了优势产品,就最容易导致"市场营销近视",即不适当地把注意力放在产品上,而不是放在市场需要上,在市场营销管理中缺乏远见,只看到自己的产品质量好,看不到市场需求在变化,致使企业经营陷入困境。

▶ 三、推销观念

推销观念认为,消费者通常表现出一种购买惰性或抗拒心理,如果顺其自然的话,消费者一般不会足量购买某一企业的产品,因此,企业必须积极推销和大力促销,以刺激消费者大量购买本企业产品。

推销观念产生的直接原因是 20 世纪 20～30 年代的资本主义经济危机。如美国皮尔斯堡面粉公司的口号由原来的"本公司旨在制造面粉"改为"本公司旨在推销面粉",并第一次在公司内部成立了市场调研部门,派出大量推销人员从事推销活动。在推销观念指导下,企业在把主要精力放在生产上的同时,开始把部分精力放在产品销售上。但这时的企业并没有真正面向市场,而仅仅是把已经生产出来的产品设法推销出去。至于消费者是否满意,企业不太关心。这一观念与生产观念相比是一个进步,但由于它所重视的推销是已制产品或现有产品的推销,因而二者不存在本质的区别。企业照样是生产什么就推销什么,生产以前不了解消费者需求,销售以后也不去征询顾客的意见和要求。所以,这是一种只在形式上做了改变的生产观念。

推销观念在现代市场经济条件下被大量用于推销那些非渴求物品,即购买者一般不会主动想到要去购买的产品或服务。这些行业善于使用各种技巧来寻找潜在客户,并采用高压方式说服他们接受其产品。许多企业在产品过剩时,也常常奉行推销观念。它们的短期目标是销售其能生产的产品,而不是生产能出售的新产品。

▶ 四、市场营销观念

市场营销观念形成于 20 世纪 50 年代。该观念认为,实现企业诸目标的关键在于正确确定目标市场的需要和欲望,一切以消费者为中心,并且比竞争对手更有效、更有利地传送目标市场所期望满足的东西。

市场营销观念的产生,是市场营销哲学的一种质的飞跃和革命,它不仅改变了传统的旧观念的逻辑思维方式,而且在经营策略和方法上也有了很大突破。它要求企业营销管理贯彻"顾客至上"的原则,将管理重心放在善于发现和了解目标顾客的需要上,并千方百计地去满足他,从而实现企业目标。因此,企业在决定其生产经营时,必须进行市场调研,根据市场需求及企业本身条件选择目标市场,组织生产经营,最大限度地提高顾客满意程度。如日本本田汽车公司要在美国推出一种雅阁牌新车。在设计新车前,他们派出工程技术人员专程到洛杉矶地区考察高速公路的情况,实地丈量路长、路宽,采集高速公路的柏油,拍摄进出口道路的设计。回到日本后,他们专门修了一条9英里长的高速公路,就连路标和告示牌都与美国公路上的一模一样。在设计行李箱时,设计人员意见有分歧,他们就到停车场看了一个下午,看人们如何放取行李。这样一来,意见马上统一起来。结果本田公司的雅阁牌汽车一到美国就备受欢迎,被称为是全世界都能接受的好车。

在实践过程中,人们往往把推销观念和市场营销观念混同起来,许多营销者认为加强产品的推销就是贯彻了营销观念。其实这是一种误区,市场营销观念和推销观念有本质的区别(见表1-2)。

表 1-2　推销观念与市场营销观念的对比

观　念	起　点	重　点	方法手段	目　标
推销观念	企业	产品	推销与促销 (着眼于每次交易)	通过扩大销售 增加利润
市场营销观念	市场	顾客需求	整体营销 (着眼于总体市场)	通过满足顾客需求 获得长期利益

▶ 五、社会营销观念

社会营销观念是对市场营销观念的修改和补充。它产生于20世纪70年代西方资本主义出现能源短缺、通货膨胀、失业增加、环境污染严重、消费者保护运动盛行的新形势下。因为市场营销观念回避了企业利润、消费者利益和长期社会福利之间隐含着冲突的现实。社会营销观念要求市场营销者在制定市场营销政策时,要统筹兼顾三方面的利益,即企业利润、消费者需要的满足和社会利益。

社会营销观念是对市场营销观念的一种补充,它认为除了目标市场的需要、欲望和利益外,还应以保护或者提高消费者和社会福利的方式,比竞争者更有效、更有利地向目标市场提供所期待的满足。因此对于企业,包括企业经营活动中的各级渠道成员都需要对营销观念有全面的了解,及时转变经营观念,重视顾客价值,力求顾客满意,以目标市场为核心,保持创新精神,并注重分析、计划与控制。

案例分析

"封杀"王老吉

2008年5月12日14:28分,四川省汶川发生里氏8.0级特大地震,人民生命和财产受到巨大损失,国际、国内的企业、机构、团体和个人纷纷踊跃为灾区捐款捐物。国内一家生产"王老吉"凉茶的企业——广东加多宝集团第一时间为灾区捐款人民币1亿元。一时间"王老吉"随电视和网络红透全中国。

随后,一则关于"封杀"王老吉的帖子在网络上迅速热传,几乎在各大网站和社区都能看见《让王老吉从中国的货架上消失!封杀他!》等帖子。帖子号召大家"为了'整治'这个嚣张的企业,买光超市的王老吉!上一罐买一罐"!很多网友看到标题后本来是要进去愤怒驳斥,但看到具体内容后却都是会心一笑并热情回帖。

营销启示

关于"王老吉"地震捐款之事,许多人认为是"王老吉"一次绝妙的策划。我们可以从营销的角度来审视这次捐款事件。无论东西方,企业的经营哲学都会历经或即将历经生产观念——推销观念——市场营销观念——社会营销观念这样的路径。目前,市场营销的概念和手段也被国内企业所接纳,但市场营销的观念也会导致企业对社会公共利益的缺失,市场营销观念不能满足社会关于保护消费者利益和保护生态平衡的要求,譬如:毒品就有市场需求,企业是否也应该去满足这种需求?于是,一种从社会可持续发展的角度来审视企业的营销行为的新的营销观念便应运而生,那就是社会营销观念。也就是说,企业不仅仅是一个赢利机构,还必须从公共利益的角度去积极承担社会责任。

从这次汶川地震捐款看,"王老吉"的企业经营哲学可以说是上升到了社会营销的高度,我们撇开其中的策划因素,难道不应该为这样的企业喝彩吗?如果我们国内的企业都能深刻认识并领悟社会营销的真谛,又何愁做不到百年老店呢?

第三节　市场营销新趋势

随着社会的发展以及科学技术的进步,营销观念也必然与企业进一步发展的要求相适应。以市场为导向的营销观念在实践中不断发展、深化,必然会出现越来越符合社会利益,也越来越有利于形成企业、顾客、社会的良性循环的倾向。

▶ 一、营销思想的着重点

随着经济全球化的进程和信息技术的发展,市场营销思想已发生了一系列的变化,新的营销思想着重点已经逐步确立。菲利普·科特勒在谈到新世纪营销思想时就提出了九个着重点。

1. 日益注重质量、价值和顾客满意

不同的购买动机(方便、地位、式样、性能、服务等)在不同的地点和时间起着强有力的作用。今天的顾客在做出购买决定时,越来越重视质量和价值。一些著名公司在降低成本的同时,大大提高了产品的质量。他们的指导原则是不断以较低的成本提供更多更好的东西,并使顾客更加满意。

2. 日益注重建立关系和保持顾客

过去的营销理论着眼于如何"实现销售",但现在不仅要实现销售,还要了解顾客是否会重购?今天营销者的注意力集中于创造终身顾客,也就是把交易思想转变为建立关系。不少公司忙于建立顾客数据库,包括顾客的人文统计资料、生活方式、对不同营销刺激的反应水平、过去的交易情况,以及特意安排各种礼物以取悦顾客,使他们保持对公司的忠诚。

3. 日益注重管理业务过程和业务职能的一体化

今天公司的管理思想,正从管理一个个独立的部门转变成管理一系列的业务过程——每一个业务过程都将影响顾客服务和满意。公司安排跨职能督导人员管理各个过程。营销人员不仅在营销部的领导下工作,而且与督导小组的接触日益增多。这是一种积极的发展,它扩大了营销人员的业务视野,并给他们更多的与其他部门合作的机会。

4. 日益注重全球观念下本土化营销计划

企业都日益追求在国境外的交易。当它们进入这些市场时,它们必须放弃关于市场行为的传统假设,并使商品适应当地国家的人文要求。它们必须把决策权下放给当地的代表,这些代表更熟悉当地的经济、政治、法律等各种社会关系。公司的思维是全球化的,但行动计划是本土化的。

案例分析

洋快餐很中国

本土化策略,即全球适应主张,是企业力图融入目标市场、努力成为目标市场中的一员所采取的策略。它要求企业不是把自己当成外来的市场入侵者,而是当做目标市场中固有的一员融入当地文化,强调企业以适应环境来获得更大的发展空间。

"立足中国、融入生活"是肯德基在中国的总策略。肯德基在中国积极实施本土化策略,最终为其在中国超越麦当劳埋下了伏笔。

产品本土化:中国口味洋快餐。以往,在肯德基吃一顿快餐是父母对孩子难得的奖赏,而如今的肯德基已经成为年轻消费者频繁光顾的场所,如果日复一日地提供鸡腿、汉堡和薯条,吃中餐长大的消费者很快会厌烦,现在的年轻消费者追求的是变化和新鲜感,因此不断开发出适合他们口味的新产品是保持客户忠诚度的关键。肯德基在产品本土化上不遗余力,采取了三管齐下的方式:第一,对异国风味进行中式改良,如墨西哥鸡肉卷、新奥尔良烤翅和葡式蛋挞等在口味上进行中式改造;第二,推出符合中国消费者饮食习惯的中式快餐,如饭(寒稻香蘑饭)、汤(芙蓉蔬菜汤、榨菜肉丝汤)、粥(皮蛋瘦肉粥、枸杞南瓜粥)等;第三,开发具有中国地域特色的新产品,如京味的老北京鸡肉卷、川味的川香辣子鸡、粤味的咕咾肉等。

原材料本土化:肯德基,中国鸡。说到肯德基本土化,很多人马上就会想起川香辣子鸡、老北京鸡肉卷等这些产品表象层面的一些东西。如若真是仅仅将本土化停留在这个层面的话,那我们也太小看了肯德基这个中国市场上食品连锁的龙头老大了。肯德基本土化有着重要的一点,那就是原料采购本土化。早在进入中国前,王大东就看到了家禽饲养是一个中国农业现代化优先发展的领域,这对肯德基当时进入未完全开放的中国来说是一个十分积极有利的消息。据悉,肯德基在中国的本地原料采购比例已达95%,其中面包、鸡肉和蔬菜全部来自中国本土。作为中国餐饮市场业的龙头老大,原料采购成本化无疑成为其日后飞速发展的制胜法宝。

品牌本土化:山德士上校穿唐装。当麦当劳嘻哈十足的广告风格把品牌形象塑造得越来越洋派时,肯德基正致力于把品牌形象本土化。2003年春节,肯德基的山德士上校开始在中国170个城市的800余家分店统一换上唐装迎接顾客。如果说今天的麦当劳大叔已经成为年轻、有趣、活力和酷的代名词的话,那么肯德基爷爷则代表了中国传统的家庭、亲情、友爱和默契。和麦当劳拉开"土"与"洋"的形象差距,不仅使肯德基有效避开了对手营销传播上的干扰,而且吸引了原本对洋快餐具有排斥心理的中老年消费者。

(资料来源:食神网和中国鞋网)

营销启示

肯德基和麦当劳的"冰淇淋价格战"和"鸡肉汉堡口水战"让人记忆犹新,这种产品层面的低级竞争,不仅没有分出胜负,而且两败俱伤。近年来,肯德基避开了与麦当劳针锋相对的正面冲突,跳出了低层次的价格竞争,在品牌形象、产品创新和营销推广等高层面实施了差异化的竞争战略,有效形成了与麦当劳的市场区隔,继续保持了其竞争优势和领先地位。没有人会想到把洋快餐做得很中国,但肯德基做到了;也许有人曾想把洋快餐做得更健康,但肯德基先做到了。按照竞争大师迈克尔·波特的观点:如果你和你的竞争对手用同样的方式竞争,你最终就要打价格战,而战略就是要使你与众不同、独一无二,实现差异化战略的方式很多,如名牌形象、技术特点、顾客服务、商业网络等,如果企业差异化战略获得成功,就能建立起竞争的防御阵地并能有效应对挑战。

5. 日益注重建立战略联盟和网络

当公司全球化时,他们认识到,一个公司无论多么强大,它都缺少获得成功的全部资源和条件。从产生价值的全部供应链来看,它们需要同其他组织进行合作。例如福特、麦当劳和李维·施特劳斯公司之所以成功,就因为它们根据不同的要求建立了全球性的伙伴联盟。企业的高层管理者正在把越来越多的时间用于设计战略联盟网络,并为他们的伙伴公司创造竞争优势。

6. 日益注重直销与网上营销

信息和传播革命促使买卖双方改变了原有的交易方式。在世界的任何一个地方,人们都能方便地进入互联网和公司的网页审视报价单与订购商品。通过网上服务,他们能发出和获得在产品与服务上的告示,他们与其他用户交谈,确定最优的价值,签发订单,并在第二天收到货物。由于这些数据库的技术优势,公司能更多地直接营销,并减少对批发和零售中间机构的依赖。除此之外,越来越多的公司通过与关联公司的电子数据交换自动地完成购买。所有这些趋势预示着购买与销售的更有效性。

7. 日益注重服务营销

大多数人将从事服务业。由于服务是无形的、不可分离的、可变的和易消失的,因此,它们增加了在实体商品营销中所没有的挑战。营销者越来越多地为服务公司开发战略,销售保险、软件、咨询服务和其他知识服务项目。

8. 日益注重高技术行为

许多经济增长依赖于高技术企业的兴旺,它们与传统公司不同,高技术公司面临着较高的风险、较低的产品接受率、较短的产品生命周期和较快的技术淘汰率,它们必须掌握和精通营销技术,它们应有融资的本领并能促使足够多的顾客采用它们的产品。

9. 日益注重营销行为中的职业道德

一般公众对广告和销售方式中的歪曲与诱导开始警惕,人们不会仓促地购买商品。市场上的欺诈行为和损人利己不受欢迎并得到防范。营销者在履行自己的职能时必须树立高标准的职业道德。

▶ 二、现代营销新发展

菲利普·科特勒指出,营销并非像欧几里得几何学那样,有着对概念与定理的一套固定体系。相反,营销是经营管理学中最富能动作用的一个领域,市场上经常出现新的挑战,公司必须做出反应。因此,毫不奇怪,新的市场观念应不断出现以迎接市场新挑战。

1. 关系营销

从 20 世纪 80 年代起美国经济理论界开始重视关系市场营销,即为了建立、发展、保持长期的、成功的交易关系而进行的所有市场营销活动。它的着眼点是与和企业发生关系的供货方、购买方、侧面组织等建立良好稳定的伙伴关系,最终建立起一个由这些牢固、可靠的业务关系所组成的"市场营销网",以追求各方面关系利益最大化。这种从追求每笔交易利润最大化转化为追求同各方面关系利益的最大化是关系市场营销的特征,也是当今市场营销发展的新趋势。关系营销突破了传统营销理论的局限,是对传统营销理论的延伸和创新(见表 1-3)。

表 1-3　传统营销与关系营销的比较

对 比 项 目	传 统 营 销	关 系 营 销
时间跨度	短期导向	长期导向
决策因素	经济变量为主	经济变量、非经济变量并重
营销目标	销售	关系/销售
双方目标	不同	一致
成交含义	完成交易	建立、发展关系
产品策略	产品	产品/关系
促销策略	产品/企业	强调双方满意
分销策略	至少不亏本	双赢
定价策略	竞争/成本	顾客满意/企业利益
资源投入	看成成本	看成投资
质量、服务	符合顾客要求	关系营销关键因素之一

关系市场营销观念的基础和关键是"承诺"与"信任"。承诺是指交易一方认为与对方的相处关系非常重要而保证全力以赴去保持这种关系,它是保持某种有价值关系的一种愿望和保证。信任是当一方对其交易伙伴的可靠性和一致性有信心时产生的,它是一种依靠其交易伙伴的愿望。承诺和信任的存在可以鼓励营销企业与伙伴致力于关系投资,抵制一些短期利益的诱惑,而选择保持发展与伙伴的关系去获得预期的长远利益。因此,达成"承诺——信任",然后着手发展双方关系是关系市场营销的核心。

2. 绿色营销

绿色营销是在当今社会环境破坏、污染加剧、生态失衡、自然灾害威胁人类生存和发展的背景下提出来的新观念。以前,许多企业为了自身的利益,往往会出现浪费能源、污染环境以及损害消费者长远利益等现象。比如,清洁剂虽满足了人们洗涤衣服的需要,但同时却严重地污染了江河,大量杀伤鱼类,危及生态平衡。那些被丢弃的一次性快餐饭盒、大量塑料包装袋等,被称做"白色垃圾",也是造成环境污染的原因之一。现在,许多发达国家禁止生产的产品逐渐向发展中国家转移,这与发达国家新的营销观念不无关系。20 世纪 80 年代以来,伴随着各国消费者环保意识的日益增强,世界范围内掀起了一股绿色浪潮,绿色工程、绿色工厂、绿色商店、绿色商品、绿色消费等新概念应运而生。不少专家认为,我们正走向绿色时代,21 世纪将是绿色世纪。在这股浪潮的冲击下,绿色营销观念也就自然而然地相应产生。

绿色营销观念主要强调把消费者需求与企业利益和环保利益三者有机地统一起来,它最突出的特点就是充分顾及资源利用与环境保护问题,要求企业从产品设计、生产、销售到使用整个营销过程都要考虑到资源的节约利用和环保利益,做到安全、卫生、无公害等,其目标是实现人类的共同愿望和需要——资源的永续利用与保护和改善生态环境。为此,开发绿色产品的生产与销售、发展绿色产业是绿色营销的基础,也是企业在绿色营销观念下从事营销活动成功的关键。

营销思考

环保观下的绿色营销"六步曲"

可持续发展是世界各国发展的必然抉择,绿色营销则是企业实施可持续发展战略的重要方面,并将成为 21 世纪的营销主流。越来越多的消费者更加迫切要求高质量的生活环境及高质量的消费,不但要求自己的消费过程不会对自然环境造成不良影响,也要求不会对自身健康造成任何不良影响,即绿色消费。中国企业要实施国际绿色营销战略,要遵循"六步曲"。

1. 绿色产品——国际绿色营销的基础

绿色产品是国际绿色营销的基础,也是关键性的一环。它可以是改良型的产品,也可以是全新的产品。一般来说,绿色产品应达到原料与能耗的节约化、对人体健康和生态环境的无害化、包装和使用寿命的合理化、易于处理回收复用的再生化等基本要求。国际绿色产品的基本要求是符合进口国和消费者的环保需求。

开发绿色产品,绿色设计是关键。在产品设计时,要综合考虑各种因素,如材料选择、产品制造、功能定位,以及包装、回收等与生态环境的关系,要尽可能减少对生态环境的不利影响。

2. 绿色包装——绿色营销的引擎

绿色包装是指以环境保护为首选目标的包装。在包装设计上,要考虑对环境的影响;在包装材料上,要选用无毒害和可分解或能再生利用的材料;在包装风格上,要力求简单化,避免过度包装;包装策略上,要坚持少耗材、回收、复用和再循环的原则。绿色包装是绿色产品传递给消费者的第一信息,也是国际绿色营销的引擎。要在包装文字中突出"保护生态环境"、"可回收使用"等环保宣传或正确处理废弃包装物的说明,力求通过包装外观传播浓厚的绿色气息。

3. 绿色沟通——提高企业知名度

绿色沟通是通过绿色媒体传递绿色产品及绿色企业的信息,从而引起消费者对绿色产品的需求及购买行为。在绿色沟通中,绿色广告、绿色促销、绿色公关等具有重要的作用。如促销的绿色化,营销人员必须熟知本企业的绿色产品的绿色功能,了解消费者绿色消费的兴趣,并能回答消费者所关心的绿色消费问题。通过免费试用样品、竞赛、赠送礼品、产品保证等形式来鼓励消费者试用新的绿色产品,提高企业的知名度。

4. 绿色价格——树立绿色产品优质高价形象

绿色价格是指附加了绿色价值而高于传统产品价格的价格。由于绿色产品更符合现代消费者的需求,一般来说,消费者也会认同绿色产品具有更高的价值,愿意支付较高的价钱。但就通常的消费心理而言,消费者总是希望产品的价格更便宜,为此,一定要把握好绿色商品的定价策略。

5. 选择绿色销售渠道——实施绿色营销的关键

绿色渠道的通畅是成功实施绿色营销的关键。选择绿色渠道可以从以下几个方面进行：选择具有绿色信誉的中间商，加强渠道成员的绿色观念教育；设立绿色产品专柜或绿色产品销售公司，尽可能缩短销售渠道，减少长的销售渠道带来污染的可能性等；逐步建立绿色产品的流通网络，同时注意这些网络与网点的"绿色包装"。

6. 积极实施 ISO 14000 和环境标志认证——通往国际市场的"绿卡"

实施绿色营销，争取环境认证，特别是 ISO 14000 认证，包括环境体系、环境审核、环境标志、生命评估、环境行为评价等若干方面，将环境管理贯穿于企业的原材料、能源、工艺设备、生产、安全、审计等各项目管理之中。实施 ISO 14000 管理，与国际环境标准接轨，缩小与进口国特别是发达国家的环境法规和环境标准的差距。

（资料来源：瞧这网 www.795.com.cn）

3. 服务营销

服务营销是指一种在营销过程中强调服务和服务人员作用的营销方式。对于服务营销，不能仅仅解释为"服务业的营销"，事实上，服务营销理论可以应用于各行各业。

在服务营销观念下，企业关心的不仅是产品是否成功售出，更注重的是用户在享受企业通过有形或无形的产品所提供的服务的全过程感受。因此企业将更加积极主动地关注售后维修保养、收集用户对产品的意见和建议并及时反馈给产品设计开发部门，以便不断推出能满足甚至超出用户预期的新产品，同时在可能的情况下对已售出的产品进行改进或升级服务。

从服务营销观念理解，用户购买了你的产品，你的营销工作仅仅是开始而不是结束。对用户而言，产品的价值体现在服务期内能否满足用户的需求。例如，一个移动通信用户选择了你的网络，购买了你的手机和 SIM 卡，显然买方与卖方的交易并没有结束，真正的交易在今后该用户长期使用你提供的网络通信服务并按时缴纳通信费，而手机和 SIM 卡只是你向用户提供电信服务的媒介。显然，这种观念与传统的市场营销观念有质的不同。你将不再认为售后服务是成本中心，是不产生利润的。实际上，这种观念给用户留下的体验是完全不同的，这将使企业与用户建立长久的、良好的客户关系，为企业积累宝贵的用户资源。

营销思考

服务营销观念岂能只是口号

企业应结合自身特点，采用不同的形式，更好地为顾客提供服务。IBM 有一句广告语："IBM 就是最佳服务的象征。"IBM 享有"世界上最讲求以服务为中心的公司"的荣誉。当然，这一荣誉来自公司员工的实际行动。世界上最大的家用电器生产商伊莱克斯提出向中国最大的家电企业海尔学习的口号，在业界引起广泛关注。伊莱克斯名列全球 500 强企业排行榜的第 237 位，1996 年总销售额达 160 亿美元，而海尔 1997 年的总销售额为 10 多亿美元，仅为其 5%左右。相比之下，两者在实力和世界影响力上均相差悬殊。"向海尔学习"什么呢？学习海尔的销售网络和售后服务。海尔的售后服务已达到世界水平，如 24 小时登门维修、24 小时热线服务等。海尔正是凭借"星级服务"、"真诚到永远"的承诺，才奠定了它在中国家电行业中的王者地位。1998 年 2 月，济南七家大型商场联合拒售中国知名品牌"长虹"彩电,在商界引起震动,其理由是"长虹"的售后服务欠佳。而"长虹"一方则认为此举另有原因,双方各执一词。在此,我们不管这个事件的真实原因是什么,我们至少可以得出这样一个结论:不管是多么著名的品牌,对于售后服务都马虎不得。现在,很多企业都在提倡为顾客提供优质服务,但往往还只停留在口头上,企业的营销服务仍是一个薄弱环节,有待于进一步改善和提高。

4. 文化营销

文化营销观念是指企业成员共同默认并在行动上付诸实施,从而使企业营销活动形成文化氛围的一种营销观念,它反映的是现代企业营销活动中经济与文化的不可分割性。企业的营销活动不可避免地包含着文化因素,企业应善于运用文化因素来实现市场制胜。

在企业的整个营销活动过程中,文化渗透于始终。一是商品中蕴涵着文化,商品不仅仅是有某种使用价值的物品。同时,它还凝聚着审美价值、知识价值、社会价值等文化价值的内容。"孔府家酒"之所以能誉满海外,备受海外华人游子的青睐,不仅在于它的酒味香醇,更在于它满足了海外华人思乡恋祖的文化需要。日本学者本村尚三郎曾说过,"企业不能像过去那样,光是生产东西,而且要出售生活的智慧和欢乐","现在是通过商品去出售智慧、欢乐和乡土生活方式的时代了"。二是经营中凝聚着文化。日本企业经营的成功得益于其企业内部全体职工共同信奉和遵从的价值观、思维方式和行为准则,即所谓的企业文化。营销活动中尊重人的价值、重视文化建设、重视管理哲学及求新、求变精神,已成为当今企业经营发展的趋势。美国 IBM 公司"尊重个人、顾客至上、追求卓越"三位一体的价值观体系;日本松下公司"造物之前先造人"的理念;瑞士劳力士手表"仁心待人、严格待事"的座右铭等,都充分说明了企业文化的因素是把企业各类人员凝聚在一起的精神支柱,是企业在市场竞争中赢得优势的源泉和保证。

5. 整合营销

整合营销是一种对各种营销工具和手段的系统化结合,根据环境进行即时性的动态修正,以使交换双方在交互中实现价值增值的营销理念与方法。

传统营销理论认为,营销组合就是公司可控制的一组营销变量,公司可综合运用这些变量以实现其营销目标。这些营销变量被 E. 麦卡锡(Mc Carthy)归结为四大类:产品(Product)、价格(Price)、地点(Place)和促销(Promotion),简称 4Ps。企业整合营销理论打破了传统营销只作为企业经营管理的一项功能这一框架,而强调企业所有活动都应该整合和协调起来,共同努力为顾客服务,营销要成为各部门的工作。整合营销强调运用更科学的方法研究消费者需求,建立完善的消费者资料库;把握消费需求,建立与消费者更为牢固和密切的关系。

4Ps 实际上代表了销售者的观点,而整合营销强调每一营销工具都应从顾客出发,为顾客提供利益。为此,罗伯特·劳特伯恩(Robert Lauterborn)提出了与 4Ps 相对应的 4Cs。

(1) Customer(顾客),主要指顾客的需求和欲望。企业必须首先了解和研究顾客,根据顾客的需求和欲望来提供产品。同时,企业提供的不仅仅是产品和服务,更重要的是由此产生的客户价值(Customer Value)。

(2) Cost(成本),不单是企业的生产成本,或者说 4Ps 中的价格(Price),它还包括顾客的购买成本,同时也意味着产品定价的理想情况应该是既低于顾客的心理价格,也能够让企业有所赢利。此外,这中间的顾客购买成本不仅包括其货币支出,还包括其为此耗费的时间、体力和精力,以及购买风险。

(3) Convenience(便利),即为顾客提供最大的购物和使用便利。4Cs营销理论强调企业在制定分销策略时,要更多地考虑顾客的方便,而不是企业自己方便。要通过好的售前、售中和售后服务来让顾客在购物的同时也享受到便利。

(4) Communication(沟通),则被用于取代4Ps中对应的Promotion(促销)。4Cs营销理论认为,企业应通过同顾客进行积极有效的双向沟通,建立基于共同利益的新型企业/顾客关系。这不再是企业单向的促销和劝导顾客,而是在双方的沟通中找到能同时实现各自目标的通途。

6. 网络营销

网络营销是以互联网技术为基础,通过与顾客在网上直接接触和双向互动的沟通,最大限度地满足顾客个性化需求的营销过程。发达国家利用互联网开展营销活动的企业每年以20%的速度增加。中国的企业面对网络营销这种新型的营销方式,应转变经营观念、调整经营决策,迎接新的挑战。与传统营销相比,网络营销有其不可取代的优势。

(1) 网络营销的全新时空优势,克服了产销"时空矛盾"。网络营销的范围大大突破了传统营销的销售范围和消费群体,也冲破了原定的销售半径。产品订货会没有了地点和时间的概念,取而代之的是一个网址和客户所希望的任何时间。消费者可以"试穿"千里之外的某件衣服,"试戴"地球上任一角落的某一珠宝。

(2) 网络营销全方位展示商品。互动式信息供需模式大大优于传统营销单向式介绍信息的模式,消费者可以从网络空间搜索出他们感兴趣的任何东西。而且,企业可以全方位、低成本地展示商品,消费者也能在最大范围内对商品性能、价格进行比较,大大节约了商品搜寻成本,进而降低成本提高利润。

(3) 网络营销的直接交易缩短了分销环节。网络营销被称为"直接经济",生产商和消费者可以通过网络直接进行商品交易,使产需更加直接、面对面和自由化。消费者可以直接对商品款式、价格、功能等提出要求,他们直接参与了生产和流通,减少了市场不确定因素,生产商也更容易掌握市场需求。

(4) 网络营销低成本运作模式。网上交易避开了建立有形网点的征地费、动迁费等巨大开支;信息制作、发布、更新、传送的低成本;实现无纸化贸易,减少商务活动中的材料消耗;配送实物可以通过优化运输,减少费用。对于数字化商品,如信息、资料查询、视听产品、联机服务(网上预订服务等)可以直接通过网络传送。

在经营活动中,我们要创新营销观念,就要求企业敢于学习新理论、引进新技术、开发新产品、寻找新顾客、开辟新市场、提供新服务、改进新包装、运用新手段,做出新决策。企业应该把握未来的发展趋势,捕捉新的营销机会,捷足先登,抢先一步占领市场,使企业具备顽强的生命力,在激烈的市场竞争中占有一席之地。

复习思考

1. 什么是市场营销?如何理解其含义?

2. 为什么即使一家公司生产的是消费者想要的好产品,营销仍然是必不可少的?

3. "酒香不怕巷子深"和"顾客就是上帝",你认为这两句话分别代表了什么营销观念? 二者有哪些本质上的区别?

4. 营销是一种创造性的活动,但是营销不能创造需要,你认为这矛盾吗? 谈谈你的理解。

5. 顾客满意度包括哪些方面的内容? 你认为如何从根本上提高顾客的满意度,建立顾客忠诚?

6. 在各行各业的经营活动中,还有哪些全新的营销思想或理念? 请举例说明。

实训练习

1. 请按照自己最主要的需求,关注市场上有什么样的产品供应,在哪里可以买到这类产品,产品的价格如何以及这些产品可以提供什么样的好处。通过报纸、电视或其他媒体,查阅提供此类产品信息的广告或其他促销方案,分析其营销行为。

2. 利用互联网,研究某个帮助降低污染和保护自然环境的产品。找出本地开发此类产品的公司,登门拜访,了解该产品的市场销售情况,甚至可以申请作为该公司的兼职销售人员。

3. 顾客常常表现出对一定品牌的偏好。请就以下各种产品写出你所喜欢的品牌:计算机、饮料、汽车、大学、餐馆、银行。将你的答案与其他同学对比,交流一下为什么喜欢各自的品牌。

案例分析

1. 日本三重县人三井高利是一位立志要做布商的人。他赤手空拳前往东京闯天下,可是很长时间一直没有起色。正当他想关起店门回到故乡的时候,一天,他在洗澡堂里听到几个手艺人在高声谈论,准备穿一条新丁字裤(兜裆布)去参加庙会,可是却凑不齐人数合伙去买,为此烦恼不已。凑齐人数合伙去买新的丁字裤,这是怎么回事? 三井高利一边冲洗着一边在想。"啊,对了,原来是这样。"他拍了一下大腿。原来,在当时的商业习惯上,布料是凑齐几个伙伴去买一匹漂白布,可是人数却不易凑齐。用现在的话来说,当时布料只以匹为单位出售,是"不符合顾客需求的"。

第二天,三井高利便在店门口贴上了这样一张纸条:"布匹不论多少都可以剪下来卖。"前一天在澡堂里遇到的手艺人看了这张纸条飞奔进来:"买够做一条丁字裤的漂白布。"三井高利看准了在接近庙会的这段日子里有相同需求的人一定非常多。于是,店里所有的漂白布在那一天统统销售一空。许许多多的女孩子和附近的太太们都涌到店里来买零头布。三井高利的店门口连日来热闹非凡。

三井高利领悟到做生意要倾听顾客心声的好处,简直乐不可支,他把吃饭的时间都节省下来站在店门口接待顾客,由此又获得很多启示。布店主要的顾客是女性,但女性买东西买得最多的时候是女儿将出嫁的时间。可是出嫁时所需要的东西不仅是衣服,还要备齐放衣服的衣橱、包、绸缎以及纸、梳子、簪子、鞋箱、餐具等种种东西。由此,新娘和她的母亲必须东一家西一家地去选购。但是,如果那些东西可以在一个地方一次买齐,对顾客来说该是多方便呀! 于是三井高利马上将其付诸实施,这就是日本的第一家百货公司——"三越"。三越百货公司之所以能以压倒竞争对手的优势成为零售业的王者,乃是因为苦心谋求如何才能方便顾客。于是,很多有能力的布店都学"三越"的做法,扩充店面,吸引了许多买东西的顾客。

分析:

(1) 三井高利为什么能够成功?

(2) 企业怎样才能树立正确的市场营销观念?

2. 江苏燕舞电器集团有限公司位于江苏沿海城市盐城市,为江苏省级企业集团和国家大型一类企业。公司始建于 1968 年,20 世纪 80 年代,企业抓住改革开放的机遇,从一个名不见经传的小厂迅速发展成为全国最大的收录机生产基地。80 年代中后期,燕舞音响曾以较高的质量畅销全国。"燕舞,燕舞,一曲歌来一片情"的广告词响彻大江南北。燕舞集团因此跨入全国大型工业企业 500 强的行列,销量连续 8 年在全国收录机行业领先。

到 20 世纪 90 年代中期,江苏燕舞电器集团下辖 18 个企业,建立了从新品开发一直到维修服务等一条龙生产经营体系。企业被吸纳为中国驰名商标保护组织成员单位,"燕舞"商标在中国首届驰名商标评选活动中获得提名奖,并被评为江苏省著名商标。

1982 年,燕舞员工成功地研制了第一代燕舞收录机。自己的产品是有了,而且质量还超过了上海同类产品,但不代表卖得动,哪怕在盐城,也同样没人买账。因为顾客都认为上海的东西好。"这种名牌心理,我们一时没法解决,在家门口转也没有大出息,走! 往外走!"燕舞第一代领导这样对销售人员说。

最初的公关,就从这儿开始了。当初他们没敢向南,而是从盐城北门出发,向西北、东北、华北进军。一场很远、很难的行程开始了,销售小伙子们的筋骨好像要散架了,心里也一阵阵发酸。终于,燕舞收录机在古都洛阳这个牡丹花神居住的地方,亮开了歌喉,找到了主顾。一次性成交 50 台,这数字在今天看来,实在微不足道,可那毕竟是燕舞在外地做成的第一笔大生意啊。三个小伙子在一家小酒馆,把一瓶烧酒全部灌下了肚。

1983 年,燕舞产品第一次进京展销,那时的"燕舞"还只是初出茅庐的无名小卒。展销前,燕舞在首都一些新闻单位做了几则文字广告,只是想让消费者知道燕舞收录机进京展销的消息。然而,消费者却在北京东风市场排起长队,展销的 700 多台燕舞收录机很快被一抢而空,当即在北京引起轰动。

此后,每年元旦前后,燕舞都在北京举办新产品大联展,一是感谢首都人民对燕舞产品的厚爱;二是借此机会再次向消费者展示燕舞的新产品,进一步扩大企业的知名度。每次展销活动都搞得十分热火,这项活动一直持续了 12 年。

多年来,燕舞利用商标宣传,在全国开辟了广阔而又牢固的市场。即使在市场销售疲软的情况下,燕舞的企业形象宣传一天也没有削弱,并形成了自己的艺术风格。从表明燕舞实力的"燕舞收录机全国销量第一",到充满现代气息的"燕舞888,质量顶呱呱",从寓意深情的"一曲歌来一片情,燕舞音响动人心",到充满诗意的"到处莺歌燕舞,带来知音无数";从朗朗上口的"燕舞589,功能样样有",到"龙年燕舞展新姿,洒向人间都是情"。

为了全方位地塑造企业形象,燕舞集团公司自 1986 年起创办《燕舞》杂志月刊,除了简单的新品介绍以外,更多的是宣传企业精神风貌、外界评价、友好往来等。刊物每期 3000 份,免费赠送全国各地的经销单位及有关部门,让公众全面了解燕舞,从而产生对企业、对产品的信赖感。

燕舞集团公司还和全国省级广播电台开辟了"燕舞之声"栏目,每天定时播出,沟通了企业与消费者之间的感情,架起了企业与消费者之间的"空中桥梁"。

与此同时,燕舞积极参与组织社会活动,提高企业的美誉度。早在1986年,燕舞就和国家体委联合举办了"燕舞杯"北京国际田径邀请赛,并用燕舞收录机作为奖品发给优胜者,使得燕舞收录机第一次漂洋过海,走向世界。之后,相继和有关单位共同举办了以"燕舞杯"命名的"全国男子篮球甲级联赛"、"国际女排四强邀请赛"等大型体育比赛活动,并连续3年赞助了江苏省男子篮球队、江苏省曲棍球队、江苏省和盐城市毽球队。

1988年春节前夕,燕舞在首都体育馆组织了两场"燕舞迎春晚会",受到了首都人民的欢迎,演出收入全部捐给中国残疾人基金会。1991年年底,燕舞又支持盐城教育学院教师徐昌茂,在北京音乐厅举办了"徐昌茂独奏音乐会",使之成为全国唯一在京举办民乐独奏专场音乐会的人。

1993年,燕舞在全国音响市场普遍萧条的情况下,实施了"创名牌、进名城、到名店"的战略,努力开拓国内外市场,从而再铸辉煌。全年共生产整机114万台,比1992年增长23%;实现销售收入4.4亿元,比1992年同期增长54%;外贸供货额2500万元,比1992年翻了一番。燕舞音响在全国获得了四个第一:中外组合音响知名度第一;国内组合音响满意度第一;全国市场收录机产品竞争力调查评价项目第一;主要经济技术指标第一。

但是,当时燕舞的负责人没有把力量放在新产品开发和技术革新上,没有把力量放在开拓市场上,而是把几千万元存在银行吃利息,以为这样就可以高枕无忧。不久,企业产品出现积压,销路不畅,很快被后起的音响制造厂家挤出了市场。几千万元存款不到几年就花光了,企业垮台了,工人下岗了,燕舞音响从此销声匿迹。

录音机盛行时,燕舞是响当当的名牌;影碟机刚露头,燕舞却觉得"没有前途",依然陶醉于录音机。当影碟机迅速淘汰录音机时,燕舞这才明白产品创新是如此厉害,但此时再上影碟机项目为时已晚。有关专家评价说,20世纪80年代中后期在我国电子产品市场上多次荣获品牌奖章的"燕舞"恰恰是由于品牌管理和新产品开发不力,使品牌失去了作用点,品牌价值无法延续下去。这个品牌所具有的巨大潜在价值也随之流失。

今天的年轻人很难想象当年来自江苏盐城的"燕舞"曾是怎样的风光无限。可惜,它已经被迅猛的电子浪潮淘汰,因为此后已是"Walkman"、"MP3"一统天下。

分析:

(1) 请你评价燕舞的管理者的营销指导思想。

(2) 通过学习本案例,你对"产品"的含义有了什么新的看法?

(3) 燕舞的"兴"与"衰",其原因何在?其他企业能从中吸取哪些经验或教训?

第二章

扫描市场环境

    市场营销活动是由许多相互关联的因素有机结合而成的系统。营销系统的有效运行,依赖于信息的收集、处理、运用和对环境的适应。分析市场环境因素已成为企业市场营销的基础性工作。

    市场营销环境包括直接营销环境(微观环境)和间接营销环境(宏观环境)。二者中的因素大多是独立于企业之外的变量,而企业的利益依赖于市场环境,因而企业只能趋利避害,能动地适应市场环境的变化。

营销名言

中国市场上的诱惑太多,机会太多,割舍最难。不是做什么,而是决定不做什么最难。

——段永基

引导案例

老牌子遇到新问题

提起国酒茅台,中国人都有一种特殊的感情。1915 年,茅台酒代表中国民族工商业进军巴拿马万国博览会并荣获殊荣,从此跻身世界三大蒸馏名酒行列,奠定了中国白酒在世界上的地位,亦将其自身确立为中国白酒至尊。新中国成立后,茅台酒又被确定为"国酒",一直处于中国白酒"领头羊"的地位。

改革开放以后,与其他许多传统品牌一样,茅台酒遇到了老牌子如何跟上飞速发展的新形势的问题,首先是如何对待产品质量。在产品质量问题上,茅台酒确定并坚持了"质量第一,以质促效"的方针。在这个方针指导下,茅台人从三个方面诠释"质量"。

1. 质量就是企业的长远效益

茅台酒自从 1915 年夺得巴拿马万国博览会金奖后,在海内外市场上一直是"奇货可居"、"皇帝的女儿不愁嫁"。在茅台的金字招牌下,只要企业愿意增加产量,就意味着随时可增加效益。但是,集团党委书记兼董事长季克良和总经理袁仁国说:"茅台酒之所以近百年金牌不倒,创造出如此的市场信誉度,根本原因在于其拥有卓尔不群的品质。酒是陈的香,如果目光短浅,丢掉这个根本去杀鸡取卵,无疑最终反过来会葬送企业长远效益。"

2. 质量先于产量、效益和发展速度

近 20 年间,茅台集团生产能力由原来不足千吨攀升至 5000 余吨,但是,产品必须经过 5 年以上的酿造窖藏周期才能出厂的规定,以及相应的质量否决制却不折不扣地得以执行。每道工序、每一环节的质量都要与国酒、"中国第一酒"的身份地位相符合。茅台酒厂借助于现代化的科学仪器,使每一个项目都符合产品质量要求的指标。与此同时,不丢掉在长期实践中形成和传授下来的品评茅台酒的绝招,使用"眼观色,鼻嗅香,口尝味"的传统方法,凭人的感觉器官检验产品质量。现代科学检测手段与专家品评绝招相结合,恰似给茅台酒质量检测上了双保险。

3. 质量的稳定和提高需要创新

茅台人很重视先进质量管理方法和手段的引进、创新。早在 20 世纪 80 年代中期,茅台酒厂就引进了日本全面质量管理办法,一改长期以来主要靠师傅把质量关的管理方法为全体员工都参与,经过全员培训,规范操作程序和操作工艺,使质量有了全面提高。继 80 年代中期推广了全面质量管理方法,90 年代又通过了 ISO 9000 国际标准产品和质量保证体系认证,结合企业特点建立起一套行之有效的质量检评制度。迄今,集团一直坚持每年按季度做内部质量审核,每年主动接受权威质量保证机构的审核。

从 1997 年开始,白酒市场格局发生了新的变化,形成了多种香型、多种酒龄、不同酒度、不同酒种并存,各种品牌同堂竞争、激烈争斗的格局。我国酒业的生产也进入了前所未有的产品结构大调整时期,啤酒、葡萄酒等发展迅猛,风头甚劲。一批同行企业异军突起,后来居上,产量和效益跃居同类企业前列;同时,消费者的消费习惯也发生了改变,传统的白酒生产

面临着严峻的挑战。面对这种市场经济条件下严峻的竞争现实,白酒产量总体过大等因素的影响,全国白酒行业市场情况呈现了总体下滑的趋势。到1998年形势更加严峻,1~7月,茅台酒全年销售任务只完成33%。酒还是那个酒,但前所未有的困难却蓦然而至,根子到底在哪里?关键时刻,茅台酒厂集团领导班子进行了大调整。在一次次决策会议上,领导班子成员展开了激烈的讨论,最后得出的结论让人并不轻松:排除宏观因素不说,就企业内部的微观原因而言,还是在于上上下下思想解放不够,观念还没有真正转变到市场经济的要求上面来,整个运作方式、思维模式事实上依然处于计划经济的状态。就这样,以季克良为中心的领导班子将大部分的时间都花在了市场调研上,马不停蹄地跑遍了全国许多有代表性的地方,一方面,为自己"洗脑",吸收新鲜气息;一方面,寻求市场决策的突破口。稍后不久,一系列大气魄的面向市场的举措便在茅台酒厂集团接踵出台了。首先的一项举措是大力充实销售队伍,在全厂范围内公开招聘了一批销售员,经过一个月的培训,迅速撒向全国各地。紧接着,集团就破天荒地在全国10个大城市开展了多种形式的促销活动,季克良等领导带头出现在商场、专柜,亲自宣传自己的产品,一下拉近了与消费者的距离,效果极佳。半年的奋斗下来,年终盘点,茅台酒厂(集团)公司本部不但弥补了上半年的亏空,而且全年实现利润4.41亿元,销售收入8.16亿元,比1997年又有大幅度的上升。

然而,"在有些人眼里,茅台酒这块金字招牌,却成了块不吃白不吃的肥肉",茅台酒厂集团董事长季克良道出了茅台人内心深处的苦衷。自1984年在武汉发现第一批假茅台酒起,茅台酒成了我国最早一批被侵害的名酒。随着市场经济体制的逐步建立,茅台酒所遭受的商标、企业名称等知识产权的侵犯也呈现出不同的演变趋势。集团副总经理戴传典在会议上作的报告,将不法商贩的种种侵权现象做了如下归纳:其一,侵犯"茅台"注册商标专用权;其二,伪造带有"茅台"二字的企业名称,或者把未经工商登记的名称使用在产品包装装潢上,用于误导消费者;其三,仿冒茅台酒包装外观图形;其四,在宣传上有意进行误导,如某些企业生产的产品,将茅台酒厂集团全貌作为广告照片印在酒盒上;其五,玩书法游戏,如产品名称取名与"茅台"十分相近等,包装上再刻意写成接近"茅台"的字样。为了最大限度击退假冒侵权,为了保护名牌、保护企业和消费者的合法权益,茅台酒厂积极主动地打假,抓大案、要案,同时大力协助各地工商、公安部门打假。在打假的同时,防假方面走出了几大步:第一步用激光防伪;第二步使用条码;第三步进口日本瓶子;第四步进口意大利瓶盖;第五步不惜高代价采用美国3M的防伪技术。茅台酒厂集团每年为此的花费都在千万元以上。

当前,我国白酒产大于销、供过于求成为主要矛盾。1997年全国白酒生产开始出现负增长,为780多万吨,1998年大幅下挫为600万吨。白酒总量下降,据专家分析原因有多种:国家对白酒行业实行限制发展政策,对葡萄酒、啤酒的饮用进行建议和推崇造成市场的分流;由于白酒的"烈性",人们对白酒的需求降低;由于工作和生活的限制,人们不再放纵自己,且午餐时间饮酒减少以致酒量下降;高档的洋酒吸引了一部分消费者;公款消费减少。

(资料来源:电信市场营销 http://jpkc.zpxc.cn)

思考:

改革开放后,茅台酒的市场营销环境发生了哪些变化?贵为国酒的茅台,为什么不能"俏也不争春,一任群芳妒"、无视市场环境的变化?

第一节 直接营销环境

直接营销环境是指对企业服务其目标市场的营销能力构成直接影响的各种力量,包括企业内部环境及其营销渠道企业、目标顾客、竞争者和各种公众等与企业具体业务密切相关的个人和组织(见图 2-1)。

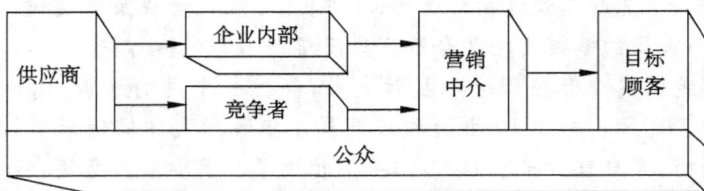

图 2-1 企业直接营销环境因素

▶ 一、供应商

供应商是向企业及其竞争者供应原材料、部件、能源、劳动力等资源的企业和个人。供应商是能对企业的经营活动产生巨大影响的力量之一,其提供资源的价格往往直接影响企业的成本,其供货的质量和时间的稳定性直接影响了企业服务于目标市场的能力。所以,企业应选择那些能保证质量、交货期准确和低成本的供应商,并且避免对某一家供应商过分依赖,不至于受该供应商突然提价或限制供应的控制。

对于供应商,传统的做法是选择几家供应商,按不同比重分别从它们那里进货,并使它们互相竞争,从而迫使它们利用价格折扣和优质服务来尽量提高自己的供货比重。这样做,虽然能使企业节约进货成本,但也隐藏着很大的风险,如供货质量参差不齐,过度的价格竞争使供应商负担过重放弃合作等。认识到这点后,越来越多的企业开始把供应商视为合作伙伴,设法帮助它们提高供货质量和及时性。

营销思考

联华与供应商的深度联手

上海联华超市是我国大型连锁超市,其业绩斐然,经营区域也从上海扩展至全国。

联华在处理工商、农商关系上做足文章。以"联华"命名的商品不仅品种多、门类全,而且质量好,深受消费者欢迎。但是,联华经营者认为,输出牌誉、定牌生产是低层次的,在此基础上加强质量管理也仅仅是中层次的,较高层次应该充分利用建立在超市大规模商品流基础上的信息流,及时为签约企业提供市场导向,促进他们提高产品的技术含量。

例如经营大米,联华与有关农场的联手深入到选种、选地的程度,从而保证了米质的稳定。联华还与签约企业一起开发出不含防腐剂的酱油。一家签约企业接受联华的建议,在棉袜踝口处增加一根弹力丝线,终于攻克了棉袜"定型"关。

二、企业内部

企业开展营销活动要充分考虑到企业内部的环境力量和因素。企业是组织生产和经营的经济单位,是一个系统组织。企业内部一般设立计划、技术、采购、生产、营销、质检、财务、后勤等部门(见图 2-2)。

图 2-2　企业内部的环境因素

营销部门与企业其他部门之间既有多方面的合作,也经常与生产、技术、财务等部门发生矛盾。由于各部门各自的工作重点不同,有些矛盾往往难以协调。如生产部门关注的是长期生产的定型产品,要求品种规格少、批量大、标准订单、较稳定的质量管理,而营销部门注重的是能适应市场变化、满足目标消费者需求的"短、平、快"产品,则要求多品种规格、少批量、个性化订单、特殊的质量管理。所以,企业在制订营销计划,开展营销活动时,必须协调和处理好各部门之间的矛盾和关系。这就要求进行有效沟通,协调、处理好各部门的关系,营造良好的企业环境,更好地实现营销目标。

三、营销中介

营销中介是协助企业推广、销售和分配产品给最终买主的那些企业。营销中介对企业营销产生直接的、重大的影响。只有通过有关营销中介所提供的服务,企业才能把产品顺利地送达目标消费者手中。

1. 中间商

中间商是协助企业寻找顾客或直接与顾客进行交易的商业组织和个人。中间商分为两类:代理中间商和商人中间商。代理中间商是指专门协助达成交易、推销产品,但不拥有商品所有权的中间商,如经纪人、代理人和制造商代表等。商人中间商是指从事商品购销活动,并对所经营的商品拥有所有权的中间商,包括批发商、零售商。除非企业完全依靠自己建立销售渠道,否则中间商对企业产品从生产领域成功地流向消费领域有至关重要的影响。中间商是联系生产者和消费者的桥梁,他们直接和消费者打交道,协调生产厂商与消费者之间所存在的数量、地点、时间、品种以及持有方式之间的矛盾。因此,他们的工作效率和服务质量直接影响到企业产品的销售状况。

2. 物流机构

物流机构是指帮助企业储存、运输产品的专业组织,包括仓储公司和运输公司。企业应从成本、运送速度、安全性和方便性等因素选择合适的实体分配单位。实体分配单位的作用在于使市场营销渠道中的物流畅通无阻,为企业创造时间和空间效益。近年来,随着仓储和运输手段的现代化,实体分配单位的功能越发明显和重要。

营销思考

制造企业青睐哪类物流公司

——采访科龙集团物流管理部总监张海军

《物流世界》:之前有一种说法,企业把物流外包,会使企业失去控制力,这种疑虑现在还有没有? 有没有解决的办法?

张海军:这种疑虑还是有的,只是大家对此的承受能力有所加强,但是在采购物流及生产物流这一部分,看看国内的企业有哪一家敢外包的? 解决的办法我想应该是随着社会进步、法律完善、物流公司自身的素质提高、生产企业的竞争更加激烈,发展到了那个时期自然会有办法解决。

《物流世界》:物流公司发展也需要一定的空间,而制造企业一般在选择物流承包商的时候主要是以降低成本为主,这样的矛盾有没有想过? 如何平衡这种矛盾的关系?

张海军:我们把物流外包出去的目的也是为了降低成本,如果物流公司本身不具备这样的能力却又要在这个市场里拼杀,那我想谁也没有对这样的后果负责的责任。而物流企业如果想在行业里得到更好的发展、更多的利润空间,就必须提供与众不同的服务,有更好的整合管理能力。竞争就是这样残酷,市场就是如此无情。如果物流企业只停留在低端价格竞争上而没有更好的后续发展潜力,那我想,被淘汰出局也只是时间上的问题。但在任何行业里的发展初期都会有这样一个时期。只是如何缩短这个时期、如何更快地进入下一个竞争阶段应该引起大家的思考。

《物流世界》:如何选择第三方物流公司合作?

张海军:这一点主要看企业自身想在物流外包上达到哪些目的? 是降低成本为主呢,还是要提高企业自身的服务能力? 是对订单的响应能力,还是要合理地规划企业的各流程? 目标不同,选择的内容就会有所不同。当然无论什么样的目标,在选择第三方物流伙伴时,都要充分了解对方。任何一个细节的不和谐都可能造成失败的结果。物流外包对企业来讲是降低成本的手段,但要看物流公司的增值服务能力。能否利用物流作为杠杆来改善企业财务成本是选择物流合作伙伴的主要条件,但不是唯一条件。有相同资历、相同行业的合作经验这点也很重要,有足够的抗风险能力、处理危急事件的能力、能否成为长期的合作伙伴等这些都是在选择物流合作伙伴时要考虑的地方。

《物流世界》:对第三方物流公司应进行哪些考核?

张海军:和上面谈到的如何选择有着紧密的联系。制造企业首先设定自己的物流外包的目标,再选择合适的物流企业,在考核的时候以自身的目标为主,考核的内容与方法会有所不同。现在很多企业把物流外包的主要目的还只是为了降低成本,主要考核的当然是运输质量、运输成本。应该说,节约成本是第三方物流存在的最重要优势。让更专业的物流企业来为制造企业服务,让物流成为企业增值的另一个渠道,这是许多制造企业之所以选择物流公司的原因,这样就要求物流公司在运输质量上比制造企业自身所能做得更好,在运输成本上比自己企业运输成本更低。

如果第三方物流可以让企业把更多的精力放到产品研发和销售上来,这样的资源重新分配自然也能对企业竞争力的增强起到积极的作用。对物流合作伙伴的考核当然也就提升到一个更高的层次。

（资料来源：上海国际海事信息与文献，www. simic. net. cn）

3. 营销服务机构

营销服务机构包括市场调研公司、财务公司、广告公司、各种广告媒体和营销咨询公司等，它们提供的专业服务是企业营销活动不可缺少的。尽管有些企业自己设有相关的部门或配备了专业人员，但大部分企业还是与专业的营销服务机构以合同委托的方式获得这些服务。企业往往会比较各服务机构的服务特色、质量和价格，来选择最适合自己的有效服务。

4. 金融机构

金融机构包括银行、信贷公司、保险公司等对企业营销活动提供融资或保险服务的各种机构。在现代社会里，几乎每一个企业都与金融机构有一定的联系和业务往来。企业的信贷来源、银行的贷款利率和保险公司的保费变动无一不对企业市场营销活动产生直接的影响。

四、目标顾客

目标顾客是企业的服务对象，是企业产品的直接购买者或使用者。企业与市场营销渠道中的各种力量保持密切关系的目的就是为了有效地向其目标顾客提供产品和服务。顾客的需求正是企业营销努力的出发点和核心。

市场营销学根据购买者的购买目的把企业的目标顾客分成五大类，如图 2-3 所示。

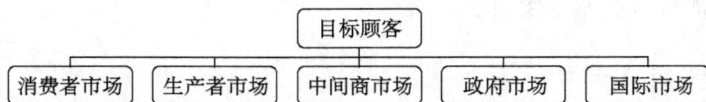

图 2-3　企业目标顾客分类

每种市场类型在消费需求和消费方式上都具有鲜明的特色。企业的目标顾客可以是以上五种市场中的一种或几种。也就是说，一个企业的营销对象可以不仅包括广大的消费者，也包括各类组织机构。企业必须分别了解不同类型目标市场的需求特点和购买行为。

五、竞争者

企业在某一目标市场上的营销努力总会遇到其他企业类似努力的包围或影响，这些和企业争夺同一目标顾客的力量就是企业的竞争者。企业要在激烈的市场竞争中获得营销的成功，就必须比其竞争对手更有效地满足目标顾客的需求。

菲利普·科特勒将企业的竞争环境分析为四个层次，如图 2-4 所示。

1. 欲望竞争

欲望竞争即消费者想要满足的各种愿望之间的可替代性。当一个消费者休息时可能想看书、进行体育运动或吃东西，每一种愿望都可能意味着消费者将在某个行业进行消费。

2. 类别竞争

类别竞争即满足消费者某种愿望的产品类别之间的可替代性。假设前面那个消费者吃东西的愿望占了上风，他可以选择的食品很多：水果、冰淇淋、饮料、糖果、瓜子或其他。

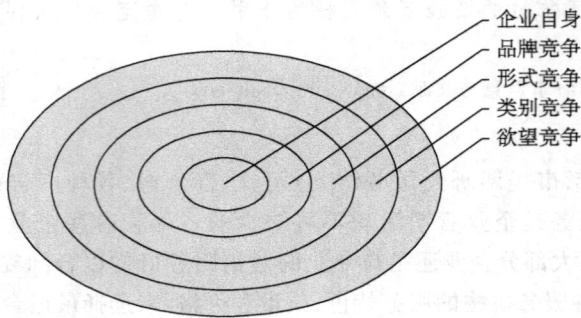

图 2-4　企业的竞争层次分析

3. 形式竞争

形式竞争即在满足消费者某种愿望的特定产品类别中仍有不同的产品形式可以选择。假设消费者选中了糖果,则有巧克力、奶糖、水果糖等多种产品形式可满足他吃糖的欲望。

4. 品牌竞争

品牌竞争即在满足消费者某种愿望的同种产品中不同品牌之间的竞争。或许那个消费者对巧克力感兴趣,并特别偏爱 M&M 牌,于是,该品牌的产品在竞争中赢得了最后的胜利。

品牌竞争是这四个层次的竞争中最常见和最显著的,其他层次的竞争则比较隐蔽和深刻。有远见的企业并不仅仅满足于品牌层次的竞争,而会关注市场发展趋势,在恰当的时候积极维护和扩大消费者的基本需求。

六、公众

社会公众是企业营销活动中与企业营销活动发生关系的各种群体的总称。公众对企业的态度,会对其营销活动产生巨大的影响,它既可以有助于企业树立良好的形象,也可能妨碍企业的形象。所以企业必须采取处理好与主要公众的关系,争取公众的支持和偏爱,为自己营造和谐、宽松的社会环境。

1. 金融公众

金融公众主要包括银行、投资公司、证券公司、股东等,它们对企业的融资能力有重要的影响。

2. 媒介公众

媒介公众主要包括报纸、杂志、电台、电视、网络等传播媒介,它们掌握传媒工具,有着广泛的社会联系,能直接影响社会舆论对企业的认识和评价。

3. 政府公众

政府公众主要指与企业营销活动有关的各级政府机构部门,它们所制定的方针、政策,对企业营销活动或是限制,或是机遇。

4. 社团公众

社团公众主要指与企业营销活动有关的非政府机构,如消费者组织、环境保护组织以及其他群众团体。企业营销活动涉及社会各方面的利益,来自这些社团公众的意见、建议,往往对企业营销决策有着十分重要的影响作用。

5. 社区公众

社区公众主要指企业所在地附近的居民和社区团体。社区是企业的邻里,企业保持与社区的良好关系,为社区的发展做一定的贡献,会受到社区居民的好评,它们的口碑能帮助企业在社会上树立良好形象。

6. 内部公众

内部公众是指企业内部的管理人员及一般员工,企业的营销活动离不开内部公众的支持。应该处理好与广大员工的关系,调动他们开展市场营销活动的积极性和创造性。

案例分析

美国总统在长城饭店举行访华答谢宴会

1984 年 4 月,美国总统里根即将来华访问。刚刚开业不久的北京长城饭店认为这是天赐良机,决定利用这一机会扩大饭店的知名度。他们精心策划了详细的计划:一方面,频频邀请美国驻华使馆官员来饭店参观、赴宴,反复向他们介绍饭店的服务及其设施;另一方面,热情接待外国记者的采访,为他们提供材料;多次游说中国外交部。经过卓有成效的努力,终于争取到了在长城饭店举行里根总统的答谢宴会的机会。

长城饭店为什么这样重视里根总统访华?这不仅是因为想要利用里根的"名人效应",而且因为跟随里根访华的美国记者就有 300 多人。4 月 28 日,里根总统的答谢宴会如期举行,世界各地记者云集长城饭店,一份份电传发往五大洲每一个角落,"今天×时×分,美国总统里根在北京长城饭店举行盛大的访华答谢宴会"。美国三大电视台通过人造卫星向全世界直播招待会的盛况,一时间,长城饭店名扬四海。

(资料来源:星岛环球网 http://www.stnn.cc)

营销启示

新闻媒介受众数量巨大而广泛,传递信息迅速。它的影响力大、威望度高,所以西方有些国家把新闻媒介看成是立法、司法和行政三大权力以外的"第四种权力"。显然,企业离不开大众媒介的支持,否则无法争取广大公众的了解和赞誉。反之,企业如有失误,如经媒介的披露则会火上浇油,严重的还会危及企业的生存。因而,处理好与大众传媒的关系十分重要。

当然,在大众传媒面前企业是被动的,它没有准予报道的决定权,但企业仍可以通过自身努力,争取大众传媒的注意和报道。长城饭店就是主动出击,充分利用了新闻媒体的传播作用,获得了名利双赢。

美国著名企业家亚科卡的忠告是:"一个得不到新闻界信任和好感的企业,是不可能有大发展的。能得到新闻界的信赖,是一个企业最重要的财富。"

第二节 间接营销环境

间接营销环境是指那些作用于直接营销环境,因而造成市场机会或环境威胁的主要社会力量,包括人口、自然、经济、科学技术、政治法律和社会文化等企业不可控制的宏观因素。

企业及其直接环境都受到这些社会力量的制约和影响。

▶ 一、人口环境

人口是市场的第一要素。为此,企业应重视对人口环境的研究,密切关注人口特性(见图 2-5)及其发展动向,及时地调整营销策略以适应人口环境的变化。

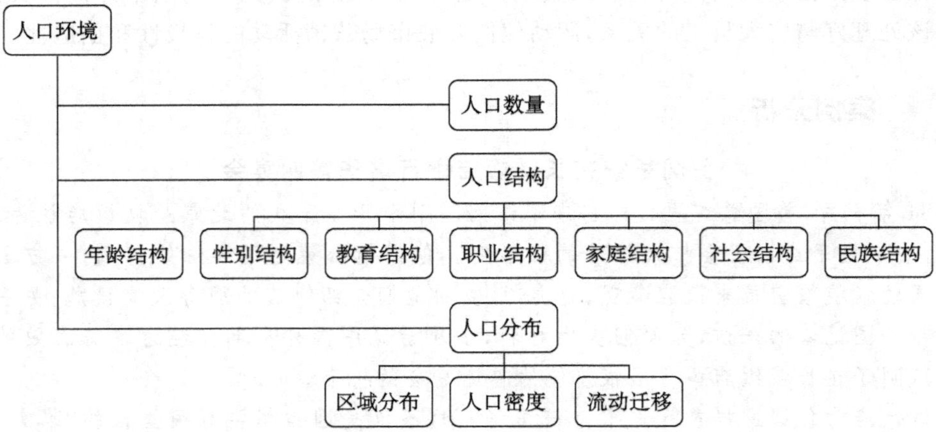

图 2-5　人口环境因素

人口总量仍在增长、人口老龄化、女性社会和家庭地位的提高、家庭结构小型化、独生子女增多、城市外来人口剧增以及晚婚、离婚、再婚率上升,这些现象都应引起企业的足够重视。

营销思考

中国城市青少年年消费 2900 亿元

麦肯锡公司日前发布的一项调查显示,中国城市青少年每年的零花钱高达 600 亿元,而家庭每年在青少年子女身上的花费近 2300 亿元,消费总额达 2900 亿元(360 亿美元)。该项调查访问了从大城市到中小城镇的 800 名 12～17 岁的青少年消费者,其中"时尚型"青少年与"穷孩子"的消费能力相差 180 亿元。

该项调查将青少年分为"时尚型"、"好孩子"、"休闲型"和"穷孩子"四大类,并根据每个类型的特点量化消费能力。"时尚型"率先接受新潮科技,比其他类型的青少年有更多的零花钱。"好孩子"是重庆、厦门和西安等二、三线城市中最大的细分客户群,他们消费能力达 820 亿元人民币,是最大的客户群。"休闲型"青少年每月的零花钱主要用于音乐消费,比多数人更多阅读书刊、上网。"穷孩子"每月的零花钱最少,但对家庭食品购买有很大影响力。

调查还显示,"穷孩子"将 44% 的零用钱用来购买零食,由此创造的市场价值每年约 50 亿元,而"时尚型"青少年和"好孩子"热衷于购书,每年在书籍上的花费大约是 60 亿元。"休闲型"青少年在餐馆的用餐消费约 17 亿元,用在 CD 和磁带上的花费约 15 亿元。

(资料来源:中国经济网,2006 年 7 月 6 日)

中国老年人有 4000 亿的购买力

国际上把 60 岁以上人口占总人口的 10%,或 65 岁以上人口占总人口的 7% 的国家和地区称为老龄社会,我国目前已经进入老龄社会。中国目前 60 岁以上老年人口已达 1.26 亿,占世界老年人口的 1/5,居世界第一位。据统计,目前中国老年人各项收入和家庭资助合计约有 3200 亿～4000 亿元的购买力,到 2025 年将达到 14 000 亿元购买力。这个巨大的潜在消费市场无疑是今后扩大内需的一个经久不衰的经济增长点。

然而,据中国老龄协会对 20 家商场的调查显示,专门向老年人提供的商品不足 3%,即使在那些"老年商品专卖店",老年服装和用品不是颜色灰暗,就是规格不齐、款式过时。老年人饮食、起居、医疗等领域也不尽如人意,不少领域甚至还是一片空白,这与目前发达国家红红火火的"银发浪潮"形成鲜明反差。

老年人需要范围缩小,消费行为更加集中;追求消费的方便和实用,强调舒适和安全;相信消费经验,习惯性强。老年人对日常生活有特殊的需求,今后适合他们使用的餐具、量杯、假牙等日用品以及容易消化的低糖、低脂类食品将会广受青睐;对可升降的卧床、床垫和药枕、浴盆、尿袋及助听器、按摩器、功能手杖、坐式淋浴器、自动血压仪等一定情有独钟;而紧急报警器、自动灭火器和防盗装置等都会给商家带来可观的利益。老年人最关心的是疾病和保健,于是老年病特效药和滋补品、有专长的护理工、家政服务等必定大有市场。其他如适合老年人居住的老年公寓、老年教育、老年旅游、老年金融保险等,都有待于我们悉心去开发。

(资料来源:中国老人保健师网 http://www.cehl.org.cn)

▶ 二、经济环境

经济环境是影响企业营销活动的主要环境因素,它不仅制约了社会总购买力水平和结构,而且也制约了供方的规模和范围。见图 2-6 所示。

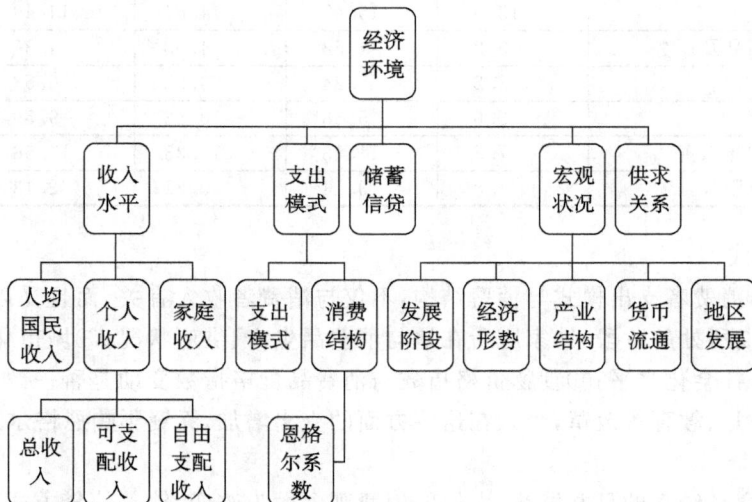

图 2-6 经济环境因素

1. 收入水平

消费者的购买力来自消费者的收入,所以,消费者收入直接决定着市场购买力的大小,从而决定了消费者的支出模式。由于生活中有一些固定的支出,因此,营销人员在分析消费者收入,进而预测某一水平的市场容量时,必须注意区分"个人可支配收入"和"个人可任意支配收入"、"货币收入"和"实际收入"(见表2-1)。

表 2-1 城乡居民家庭收入情况

指 标	1995 年	2000 年	2004 年	2005 年	2006 年
城镇居民家庭					
人均全部年收入(元)	4288.1	6316.8	10 128.5	11 320.8	12 719.2
其中:可支配收入(元)	4283.0	6280.0	9421.6	10 493.0	11 759.5
人均年消费性支出(元)	3537.6	4998.0	7182.1	7942.9	8696.6
人均年消费性支出构成(%)					
食品(恩格尔系数)	49.92	39.18	37.73	36.69	35.78
衣着	13.55	10.01	9.56	10.08	10.37
家庭设备用品及服务	8.39	8.49	5.67	5.62	5.73
医疗保健	3.11	6.36	7.35	7.57	7.13
交通及通信	4.83	7.90	11.75	12.55	13.19
娱乐教育文化服务	8.84	12.56	14.38	13.82	13.83
居住	7.07	10.01	10.22	10.18	10.40
杂项商品与服务	4.28	5.17	3.34	3.50	3.56
农村居民家庭					
人均年总收入(元)	2337.9	3146.2	4039.6	4631.2	5025.1
人均年总支出(元)	2138.3	2652.4	3430.1	4126.9	4485.4
人均生活消费支出(元)	1310.4	1670.1	2184.7	2555.4	2829.0
人均年消费性支出构成(%)					
食品(恩格尔系数)	58.62	49.13	47.23	45.48	43.02
衣着	6.85	5.75	5.50	5.82	5.94
居住	13.9	15.47	14.84	14.49	16.58
家庭设备用品及服务	5.2	4.52	4.08	4.36	4.48
医疗保健	3.2	5.24	5.98	6.58	10.21
交通及通信	2.6	5.58	8.82	9.59	10.78
娱乐教育文化服务	7.8	11.18	11.33	11.56	6.77
其他商品及服务	1.8	3.14	2.21	2.13	2.23

2. 支出模式

研究表明,消费者支出模式与消费结构,不仅与消费者收入有关,而且受以下因素影响:①家庭生命周期所处的阶段;②家庭所在地与消费品生产、供应状况;③城市化水平;④商品化水平;⑤劳务社会化水平;⑥食物价格指数与消费品价格指数变动是否一致等。中国近几年推进住房、医疗、教育等改革,个人在这些方面的支出增加,无疑影响恩格尔系数的变化。

3. 储蓄信贷

随着我国商品经济的日益发达,人们的消费观念大为改变,储蓄信贷方式在我国逐步流行起来。如各大商业银行推出的购买住宅分期付款的商品房按揭贷款业务,大大推动了中国房地产市场的发展。当然,我国现阶段的储蓄信贷还停留在初级阶段,信贷商品基本上局限于住房、汽车等,还有待于完善和发展。总之,储蓄信贷的这些新动向、新趋势对企业的营销活动将产生重大的影响,值得企业去研究。

4．宏观状况

我国改革开放以来，GDP 年均增长 9.4％，人均 GDP 年均增长 7.8％。经济的高速发展，极大地增强了中国的综合国力，显著地改善了人民的生活。同时，国内经济生活中，也还存在一些困难和问题，如经济发展不平衡、产业结构不尽合理、就业问题压力过大等。问题还在于，国际或国内经济形势都是复杂多变的，机遇与挑战并存，企业必须认真研究，力求正确认识与判断，相应制订营销战略和计划。

▶ 三、政治法律环境

政治环境引导着企业营销活动的方向，法律环境则为企业规定经营活动的行为准则。政治与法律相互联系，二者共同对企业的市场营销活动产生影响和发挥作用。

1．政治环境

政治环境是指企业市场营销活动的外部政治形势。安定团结的政治局面，不仅有利于经济发展和人民货币收入的增加，而且影响群众心理状况，导致市场需求的变化。

政治环境对企业营销活动的影响主要表现为国家政府所制定的方针政策，如人口政策、能源政策、物价政策、财政政策、货币政策、税收政策等，都会对企业营销活动带来影响。例如，国家通过降低利率来刺激消费的增长；通过增加产品税，对香烟、酒等商品的增税来抑制人们的消费需求。

对国际政治环境的分析，应了解"政治权力"与"政治冲突"对企业营销活动的影响。政治权力影响市场营销，往往表现为由政府机构通过采取某种措施约束外来企业，如进口限制、外汇控制、劳工限制、绿色壁垒等。政治冲突指国际上的重大事件与突发性事件，这类事件在和平与发展为主流的时代从未绝迹，对企业市场营销工作影响或大或小，有时带来机会，有时带来威胁。

2．法律环境

法律环境是指国家或地方政府所颁布的各项法规、法令和条例等，它是企业营销活动的准则。企业只有依法进行各种营销活动，才能受到国家法律的有效保护。我国为适应经济体制改革和对外开放的需要，陆续制定和颁布了一系列法律、法规，例如《中华人民共和国产品质量法》、《企业法》、《经济合同法》、《商标法》、《专利法》、《广告法》、《食品卫生法》、《环境保护法》、《反不正当竞争法》、《消费者权益保护法》、《进出口商品检验条例》等。

企业的营销管理者必须熟知有关的法律条文，才能保证企业经营的合法性，运用法律武器来保护企业与消费者的合法权益。对从事国际营销活动的企业来说，不仅要遵守本国的法律制度，还要了解和遵守国外的法律制度和有关的国际法规、惯例和准则。

📚 案例分析

罗斯福的"废除禁酒令"

美国大企业家哈默 1931 年从苏联回到美国时，他捕捉到一个清晰的信息：罗斯福正在走向白宫总统的宝座。如果他一旦当选，实施他的新政，那么，1919 年颁布的禁酒令将被废除。这将意味着全国对啤酒和威士忌的需求激增，酒桶数量也会呈现出空前的需求，而当时市场上却没有酒桶出售。哈默当机立断，立即从苏联订购了几船优质木材，在纽约码头设立了一座临时的桶板加工厂，并在新泽西州建立了一座现代化的酒桶厂。禁酒令废除之日，也正是哈默制桶公司的酒桶从生产线上源源滚下之时,他的酒桶被各制酒厂商用高价抢购一空。哈默不满足于当一名酒桶供应商,又插手制酒业,开始经营威士忌酒生意。他接连购买了多家酿酒厂,采取大幅度削价和大做广告等手段,很快战胜了所有的竞争对手。他的丹特牌威士忌酒一跃成为全美第一流名酒,年销售量高达100万箱。

(资料来源:百万书库 http://www.millionbook.com)

营销启示

我们知道,不论在何种社会制度下,企业的经营活动都会与政治、法令有一定联系。所以,企业决策者在做出本企业的每项决策时,除了抓好本企业的工作,根据市场的变化情况决定经营方向外,还要认真研究那些与市场变化和本企业经营相关的国家法令政策,研究这些法令和政策的变化情况及其对市场变化及本企业经营带来的影响。如果一个企业决策者在这方面具有先见之明的眼光,那么,企业经营成功也就是理所当然的了。

▶ 四、社会文化环境

社会文化环境是指在一种社会形态下已经形成价值观念、宗教信仰、风俗习惯、道德规范等的总和(见图2-7)。任何企业都处于一定的社会文化环境中,企业营销活动必然受到所在社会文化环境的影响和制约。为此,企业应了解和分析社会文化环境,针对不同的文化环境制定不同的营销策略,组织不同的营销活动。

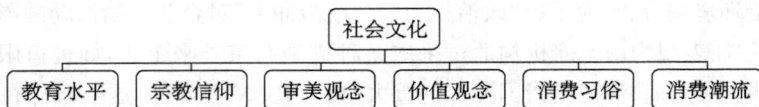

```
                    社会文化
  ┌──────┬──────┬──────┬──────┬──────┬──────┐
教育水平  宗教信仰  审美观念  价值观念  消费习俗  消费潮流
```

图2-7 社会文化环境因素

在研究社会文化环境时,还要重视亚文化群体对消费者需求的影响。每一种社会文化都包含若干亚文化群体。所谓亚文化,是指在主文化或综合文化的背景下,属于某一区域或某个集体所特有的观念和生活方式,如单身亚文化群、青年亚文化群、同性恋亚文化群等。因此,企业市场营销人员在进行营销环境分析时,应充分考虑到各亚文化群体的传统观念和购买习惯。把亚文化群体作为一个细分市场来研究,可以使营销活动产生较好效果。

案例分析

入境而问禁,入国而问俗

1984年,一个比利时地毯商人为了把自己的地毯打进阿拉伯市场,根据阿拉伯国家穆斯林教徒跪在地毯上做朝拜时,必须面向麦加城方向的特点,特意设计了一种地毯。这种地毯中间嵌有永远指向麦加城方向的指针,这样,教徒只要铺上了地毯,就能知道麦加城的方向所在。这种地毯一上市,就受到穆斯林教徒的广为欢迎,成了供不应求的热门货。

无独有偶,过去我国出口的黄扬木刻一向用料考究,精雕细刻,以传统的福、禄、寿星或古装仕女图案行销亚洲一些国家和地区。后来出口到欧美一些国家,发现它们对中国传统的制作原料、制作方法和图案不感兴趣,因为欧美人与亚洲人相比,他们的价值观、审美观大不一样。因此,我国工艺品进出口公司一改过去的传统做法,用一般杂木做简单的艺术雕刻,涂上欧美人喜爱的色彩,并加上适用于复活节、圣诞节、狂欢节的装饰品,很快在西方市场打开销路。

（资料来源:张卫东.市场营销禁忌100例.北京:电子工业出版社,2009）

营销启示

每一个国家及民族都具有独特的社会文化以及民俗风情、生活习惯等。我们如果想到某个地方去经商或开辟市场,就首先要彻底了解目标市场的风俗、习惯和文化,鉴别目标市场消费者的价值观念及行为准则,从而真正把握人们的需要和偏好,做到"看地施肥、对症下药"。

"入境问俗"市场开发策略也包括对目标市场的用户需求情况和使用条件的调查,并以此来设计产品或对产品进行改进。只有努力做好这一工作,才能生产出适销对路的产品,以后的各个服务环节才能顺利开展。

▶ 五、自然环境

自然环境是指自然界提供给人类各种形式的物质资料,如阳光、空气、水、森林、土地等。营销活动要受自然环境的影响,也对自然环境的变化负有责任。营销管理者当前应注意自然环境面临的难题和趋势,在企业营销战略中实行生态营销、绿色营销等,维护全社会的长期福利。

1. 自然资源日益短缺

自然资源可分为两类,一类为可再生资源,如森林、农作物等,这类资源是有限的,可以被再次生产出来,但必须防止过度采伐森林和侵占耕地。另一类为不可再生资源,如石油、煤炭、银、锡、铀等,这种资源蕴藏量有限,随着人类的大量开采,有的矿产已接近于枯竭的边缘。自然资源短缺,使许多企业将面临原材料价格上涨、生产成本大幅度上升的威胁;但另一方面又迫使企业研究更合理地利用资源的方法,开发新的资源和代用品,这些又为企业提供了新的资源和营销机会。

2. 环境污染日趋严重

工业化、城镇化的发展对自然环境造成了很大影响,尤其是环境污染问题日趋严重,许多地区的污染已经严重影响到人们的身体健康和自然生态平衡。环境污染问题已引起各国政府和公众的密切关注,这对企业的发展是一种压力和约束,要求企业为治理环境污染付出一定的代价,但同时也为企业提供了新的营销机会,促使企业研究控制污染技术、兴建绿色工程、生产绿色产品、开发环保包装。

▶ 六、科技环境

科学技术是社会生产力中最活跃的因素。它不仅直接影响企业内部的生产和经营,还同时与其他环境因素互相依赖、互相作用,给企业营销活动带来有利与不利的影响(见图2-8)。例如,一种新技术的应用,可以为企业创造一个明星产品,产生巨大的经济效益;也可以迫使企业的一种成功的传统产品不得不退出市场。新技术的应用,会引起企业市场营销策略的变化,也会引起企业经营管理的变化,还会改变零售商业业态结构和消费者购物习惯。

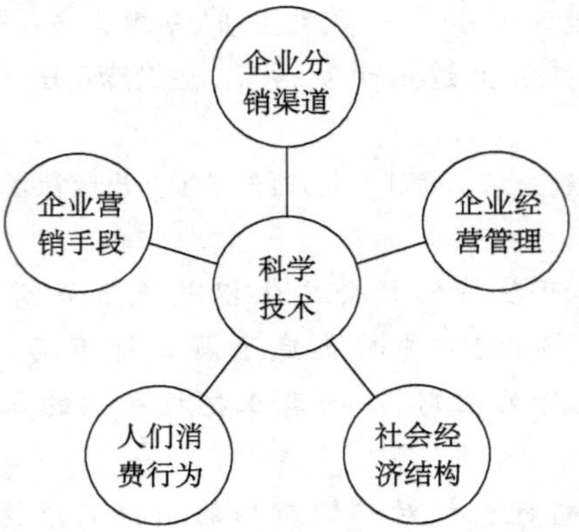

图 2-8　科技对企业营销活动的影响

营销思考

王麻子剪刀：老字号申请破产

在得知王麻子剪刀向法院提出破产申请时，《人民日报》的记者在报道中写道：迄今已有352年历史的著名老字号王麻子剪刀厂，难道会就此终结？"北有王麻子，南有张小泉。"在中国刀剪行业中，王麻子剪刀厂声名远扬。历史悠久的王麻子剪刀，早在（清）顺治八年（1651年）就在京城菜市口成立，是著名的中华老字号。数百年来，王麻子刀剪产品以刃口锋利、经久耐用而享誉民间。即使新中国成立后，王麻子剪刀仍然很"火"，在生意最好的20世纪80年代末90年代初，王麻子一个月曾创造过卖7万把菜刀、40万把剪子的最高纪录。但从1995年开始，王麻子的好日子一去不复返，陷入连年亏损境地，甚至落魄到借钱发工资的境地。审计资料显示，截至2002年5月31日，北京王麻子剪刀厂资产总额1283万元，负债总额2779万元，资产负债率高达216.6%，积重难返的王麻子，只有向法院申请破产。曾经是领导品牌的王麻子为什么会走到破产的境地呢？作为国有企业，王麻子沿袭计划经济体制下的管理模式，缺乏市场竞争思想和创新意识，是其破产的根本原因。长期以来，王麻子剪刀厂的主要产品一直延续传统的铁夹钢工艺，尽管它比不锈钢刀要耐磨好用，但因为工艺复杂、容易生锈、外观档次低，产品渐渐失去了竞争优势。而王麻子剪刀却没能采取措施，及时引进新设备、新工艺；数十年来王麻子剪刀的外形、设置也没有任何变化。故步自封、安于现状，王麻子剪刀终于被消费者抛弃。只有不断变革、创新，才能保证企业永葆青春。

（资料来源：中国印刷网 http://www.cppl.cn）

第三节　营销环境 SWOT 分析

在对企业营销环境分析中，较多运用一种简便易行的"SWOT"分析法。所谓 SWOT 分析，就是将对企业的经营活动有重大影响的内部战略要素以及外部环境因素列在一张表中，对所列出的因素逐项打分，然后按因素的重要程度加权并计算其代数和，以判断其中的内部优势与劣势及外部的机会与威胁。SWOT 分析即优势（Strengths）、劣势（Weakness）、机会（Opportunities）、威胁（Threats）分析。

在进行环境分析的时候，由于构成环境的因素很多，涉及的范围广，在有限的时间和费用的条件下，不可能对全部因素进行调查，企业可以根据分析的目的，选择对企业影响较大的因素进行调查和分析。

▶ 一、优势与劣势分析

1. 优势分析

优势（Strengths）是指企业较之竞争对手在哪些方面具有不可匹敌、不可模仿的独特能力。例如，当两个企业处在同一市场或者说它们都有能力向同一顾客群体提供产品和服务时，如果其中一个企业有更高的赢利率或赢利潜力，那么，我们就认为这个企业比另外一个企业更具有竞争优势。

一个企业的竞争优势往往表现在以下几个方面。

（1）技术技能优势：独特的生产技术、低成本生产方法、领先的革新能力、雄厚的技术实力、完善的质量控制体系、丰富的营销经验、上乘的客户服务、卓越的大规模采购技能。

（2）有形资产优势：先进的生产流水线、现代化车间和设备、丰富的自然资源储存、吸引人的不动产地点、充足的资金、完备的资料信息。

（3）无形资产优势：优秀的品牌形象、良好的商业信用、积极进取的公司文化。

（4）人力资源优势：关键领域拥有专长的职员、积极上进的职工、很强的组织学习能力、丰富的经验。

（5）组织体系优势：高质量的控制体系、完善的信息管理系统、忠诚的客户群、强大的融资能力。

（6）竞争能力优势：产品开发周期短、强大的经销商网络、与供应商良好的伙伴关系、对市场环境变化的灵敏反应、市场份额的领导地位。

2. 劣势分析

劣势（Weakness）是指企业缺少或做得不好的东西，或指企业较之竞争者在某些方面的缺点或不足。

可能导致一个企业内部劣势的因素主要有以下几方面。

（1）缺乏具有竞争意义的技能技术。

（2）缺乏有竞争力的有形资产、无形资产、人力资源、组织资产。

（3）关键领域里的竞争能力正在丧失。

（4）生产设备老化。

（5）营销能力、管理水平落后。

3. 企业资源持久竞争优势分析

由于企业的整体性和竞争优势来源的广泛性，在做优劣势分析时，必须从整个价值链的每个环节上，将企业与竞争对手做详细的对比。如产品是否新颖、制造工艺是否复杂、销售渠道是否畅通、价格是否具有竞争性等。需要指出的是，衡量一个企业及其产品是否具有竞争优势,只能站在现有的潜在用户角度上,而不是站在企业的角度上。

企业在维持竞争优势过程中,必须深刻认识自身的资源和能力,采取适当的措施。因为一个企业一旦在某一方面具有竞争优势,势必会吸引到竞争对手的注意。一般而言,企业经过一段时期的努力,建立起某种竞争优势;然后就处于维持这种竞争优势的态势,竞争对手开始逐渐做出反应;而后,如果竞争对手直接进攻企业的优势所在,或采取其他更为有力的策略,就会使这种优势受到削弱。所以,企业应保证其资源的持久竞争优势。

企业资源的持久竞争优势受到两方面因素的影响:企业资源的竞争性价值和企业竞争优势的持续时间(见表 2-2)。

表 2-2　企业资源的持久竞争优势分析

	企业资源的竞争性价值分析	
	项　目	评　价
企业资源的持久 竞争优势分析	这项资源是否容易被复制	一项资源的模仿成本和难度越大,它的潜在竞争价值就越大
	这项资源能够持续多久	资源持续的时间越长,其价值越大
	这项资源是否能够真正在竞争中保持上乘价值	在竞争中,一项资源应该能为公司创造竞争优势
	这项资源是否会被竞争对手的其他资源或能力所抵消	独特资源的影响力越大,越具有较大的竞争优势
	企业竞争优势的持续时间分析	
	建立这种优势要多长时间 能够获得的优势有多大 竞争对手做出有力反应需要多长时间	

显然,公司不应去纠正它的所有劣势,也不是对其优势不加利用。主要的问题是公司应研究,它究竟是应只局限在已拥有优势的机会中,还是去获取和发展一些优势以找到更好的机会。有时,企业发展慢并非因为其各部门缺乏优势,而是因为它们不能很好地协调配合。波士顿咨询公司提出,能获胜的公司是取得公司内部优势的企业,而不仅仅只是抓住公司核心能力。每一公司必须管好某些基本程序,如新产品开发、原材料采购、对订单的销售引导、对客户订单的现金实现、顾客问题的解决时间等。每一程序都创造价值和需要内部部门协同工作。

▶ 二、机会与威胁分析

1. 机会分析

机会(Opportunities)是外部环境变化趋势中对本企业营销有吸引力的、积极的、正向的方面。市场机会是影响企业战略的重大因素。企业管理者应当确认每一个机会,评价每一个机会的成长和利润前景,选取那些可与企业财务和组织资源相匹配、使企业获得的竞争优势的潜力最大的最佳机会。企业潜在的发展机会可能有以下几方面。

(1) 客户群的扩大趋势或产品细分市场。

(2) 技能技术向新产品、新业务转移,为更大客户群服务。

(3) 前向或后向整合。

（4）市场进入壁垒降低。

（5）获得并购竞争对手的能力。

（6）市场需求增长强劲，可快速扩张。

（7）出现向其他地理区域扩张、扩大市场份额的机会。

不同的环境条件和机会能给企业带来不同的潜在利润，从而形成不同的潜在吸引力。同时，企业利用各种环境机会，能够战胜竞争对手取得成功的可能性也是不同的。研究营销环境机会应从潜在的吸引力和成功的可能性两方面进行分析（见图2-9）。

第Ⅰ象限区内，环境机会潜在的吸引力大，但成功的可能性小。这说明企业暂时还不具备利用这些机会的条件，企业应设法改善自身的不利条件，使第Ⅰ象限的环境机会逐步移到第Ⅱ象限而成为有利的环境机会。

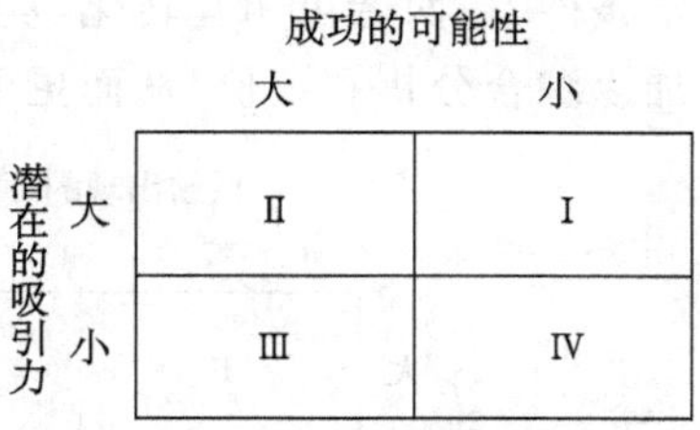

	成功的可能性	
	大	小
潜在的吸引力 大	Ⅱ	Ⅰ
小	Ⅲ	Ⅳ

图 2-9 机会分析矩阵图

第Ⅱ象限区内，环境机会潜在的吸引力和成功的可能性都很大。这表明对企业发展有利，企业也有能力利用营销机会，应采取积极的态度，在这一市场条件下应全力去发展。

第Ⅲ象限区内，环境机会潜在的吸引力小，而成功的可能性大。广大企业对这种环境往往不予重视，对中小企业来说，正是可以不失时机地捕捉这样的机会。

第Ⅳ象限区内，环境机会潜在的吸引力小，成功的可能性也小。对这样的环境状态，许多企业主动放弃。其实，企业也可以一方面积极改善自身条件；另一方面，静观市场变化趋势，随时准备利用其转瞬即逝的机会。

2. 威胁分析

威胁（Threats）是外部环境变化趋势中对本企业营销不利的负面因素。在企业的外部环境中，总是存在某些对企业的赢利能力和市场地位构成威胁的因素。企业管理者应当及时确认危及企业未来利益的威胁，做出评价并采取相应的战略行动来抵消或减轻它们所产生的影响。公司的外部威胁可能有以下几方面。

（1）出现将进入市场的强大的新竞争对手。

（2）替代品抢占公司销售额。

（3）主要产品市场增长率下降。

（4）汇率和外贸政策的不利变动。

（5）人口特征、社会消费方式的不利变动。

（6）客户或供应商的谈判能力提高。

（7）市场需求减少。

（8）容易受到经济萧条和业务周期的冲击。

研究市场营销环境对企业的威胁，一般分析两方面的内容，即一方面分析威胁对企业影响的严重性；另一方面是分析威胁出现的可能性（见图2-10）。

第Ⅰ象限区内，环境威胁的严重性大，但威胁出现的可能性小。企业不可忽视，必须密切注意其发展方向，也应制定相应的措施准备面对，力争避免威胁的危害。

第Ⅱ象限区内，环境威胁的严重性大，威胁出现的可能性也大。这表明企业面临着严重的环境危机，企业应处于高度戒备状态，积极采取相应的措施，避免威胁造成的损失或者使损失降低到最小。

第Ⅲ象限区内，环境威胁的严重性小，但威胁出现的可能性大。虽然企业面临的威胁不大，但是，由于出现的可能性大，企业也必须充分重视。

第Ⅳ象限区内，环境威胁的严重性小，威胁出现的可能性也小。在这种情况下，企业一般应该注意其发展动向，若有向其他象限转移趋势时应制订对策。

3. 机会—威胁综合环境分析

一般情况下，营销环境都是威胁和机会并存、利益与风险结合在一起的综合环境。在一定条件下，两者可相互转化，从而增加了环境分析的复杂性。企业可以运用机会—威胁矩阵加以综合分析和评价，从而更清楚认识企业在环境中的营销状况，见图2-11所示。

威胁的严重性 \ 威胁出现的可能性	大	小
大	Ⅱ	Ⅰ
小	Ⅲ	Ⅳ

图 2-10　威胁分析矩阵图

机会水平 \ 威胁水平	高	低
高	冒险环境	理想环境
低	困难环境	成熟环境

图 2-11　机会—威胁综合环境分析矩阵图

（1）冒险环境。营销机会水平和威胁水平均高，也就是说在环境中机会与挑战并存，成功与风险同在。面对这种冒险环境，企业应进行全面分析，抓住机会充分利用，同时审慎决策以降低风险。

（2）理想环境。营销机会水平高，威胁水平低，利益大于风险。这说明企业有非常好的理想的发展环境，企业要抓住机会，开拓市场，万万不可错失良机。这样的情况是很少见的。

（3）成熟环境。营销的机会和威胁水平均低。这是一种比较成熟的环境。面对这样的环境，企业一般能够维持运营。但企业应研究环境营造的新机会，进一步开拓，否则将影响企业的生存。

（4）困难环境。营销面临较大的环境威胁，而营销机会也很少。企业陷入经营困难的境地，必须设法扭转局面。如果大势已去，企业必须果断决策，主动从该环境中撤离，摆脱无法扭转的困境。

三、SWOT 分析

企业内外情况是相互联系的，将外部环境所提供的有利条件（机会）和不利条件（威胁）与企业内部条件形成的优势与劣势结合起来分析，有利于制定出正确的经营战略（见表2-3）。

表 2-3　SWOT 分析矩阵

内部条件 \ 外部环境	优　势(S)	劣　势(W)
机　会(O)	SO 战略 ● 依靠内部优势 ● 抓住外部机会	WO 战略 ● 利用外部机会 ● 克服内部劣势

续表

内部条件 外部环境	优　势(S)	劣　势(W)
威　胁(T)	ST 战略 ● 利用内部优势 ● 抵制外部威胁	WT 战略 ● 减少内部劣势 ● 回避外部威胁

营销思考

BCX 彩管企业 SWOT 分析

　　BCX 公司是我国主要彩色显像管生产企业之一,主要生产 19 英寸、21 英寸、25 英寸和 29 英寸普通彩色显像管,1999 年产量约 300 万只。随着国内外彩电市场的变化,彩电市场竞争日益白热化,1998 年全国有彩电生产企业 11 家,彩管生产能力约 5000 万只,实际产量 3490 万只,约占全球产量 2.4 亿只的 14.5%。电视机生产企业利润日益摊薄,电视机企业对彩管企业讨价还价能力增强,彩管价格不断下降;同时,大屏幕彩电、纯平彩电、背投电视、液晶电视、等离子电视等开始出现,对彩管的需求正在发生变化。BCX 公司利润水平持续下降,面对市场变化,需要调整企业战略。2000 年 BCX 经过企业内外部环境分析,提出若干战略方案供决策层选择。其评价见表 2-4。

表 2-4　BCX 的 SWOT 分析矩阵

	优　势(S)	劣　势(W)
内部条件	● 企业组织与管理能力较强,有能力与同行竞争 ● 通过改制上市,企业负债率低,银行信誉好,具有较强的融资能力 ● 产品质量好、成本低,产品能够适应进一步降价的压力 ● 产品国产化率较高,受国际因素影响较小	● 自主开发和创新能力弱,大屏幕、纯平等技术来源不稳定,在技术上无法占领制高点 ● 彩管行业投资大,设备专用性强,行业退出能力弱 ● 竞争对手大部分都是上下游一体化,同时生产彩管和整机,而 BCX 较难进入上下游行业 ● 产品品种单一,其他多元化产业未形成规模,抗风险能力弱
	机　会(O)	威　胁(T)
外部环境	● 市场需求分析表明,彩管仍有较强的生命力,可能维持缓慢成长 15 年,还有市场空间和获利机会 ● 彩管行业进入壁垒较高,其他企业难以进入 ● 加入 WTO 后,出口机会增加存在低成本扩张的机会	● 大屏幕、超平纯平 CRT、背投电视、等离子电视和 LCD 液晶显示器等能够大幅度地降低成本,目前的产品将面临被替代威胁 ● 彩管业竞争激烈,受彩电厂商的价格打压,讨价还价能力较弱,可能会引起利润下滑 ● 未来生产和利润可能受玻壳供应紧张及涨价因素影响,存在同行的竞争威胁

续表

企业战略选择	SO 战略——增长性战略	ST 战略——多元化战略
	利用优势和机会,保持现有的经营领域,并且继续全力以赴地在该领域扩大产品规模和品种,加大技术研发,增加大屏幕产品,引进纯平产品生产线,积极拓展国内和海外市场 缺点:没有考虑到威胁和劣势	利用优势避免威胁,保持现有的经营领域,不再在该经营领域进行扩张。利用自身融资能力,向其他领域进军,发展 LCD、PDP 等相关显示产品,实行多元化经营的原则 缺点:放弃了潜在的机会
	WO 战略——扭转性战略	WT 战略——防御性战略
	利用机会改进内部弱点,在保持、稳定、发展和提高现有经营领域的同时,开展多元化经营,与电视生产企业联合,培养核心竞争能力 优点:利用了机会和优势,避免威胁,克服劣势	为了克服弱点、避免威胁,放弃现有的经营领域,全力以赴地转到高新技术领域。争取占领技术制高点 缺点:放弃了现有的、潜在的机会和自身优势

复习思考

1. 为什么人口是营销人员最感兴趣的环境因素?

2. 请举例说明,政府与公众对环境保护的关心既能给企业经营带来压力,也能给企业造成营销机会。

3. 宏观营销环境与微观营销环境有何区别?

4. 中央电视台报道:国家有关部门下达文件,整顿电子游戏机市场。紧接着,一些市场上的电子游戏室纷纷关门,为什么?

5. 微观营销环境由哪些方面构成?竞争者、消费者对企业营销活动产生何种影响?

6. 结合我国实际说明法律环境对整个营销活动的重要影响。

实训练习

1. 了解你所在社区的一家规模较小的百货商店,试想,如果一家大型的连锁店计划在其附近开设一家分店。如果你是商店老板,你将如何分析商店面临的处境,如何对付这个新的竞争对手?

2. 确定一个在淘宝网上开店的项目,充分发挥自己的想象力和逻辑思维能力,并利用SWOT 原理对其进行客观和全面的分析。项目作业参照格式如下。

××××项目的 SWOT 分析

一、项目简介

略。

二、项目的 SWOT 分析

(1) 项目优势

（2）项目劣势

（3）面临的机会

（4）面临的威胁

（5）战略选择

三、结论

略。

案 例 分 析

1. 2000 年 11 月 8 日，对美的空调事业部总经理方洪波来说是一个很高兴的日子。这天，美的空调 2001 年工商恳谈会在广东顺德召开，来自中国内地、中国香港以及日本等地的 300 多名供应厂商聚在一起，共同探讨在新经济条件下，谋求下一步战略合作和长远发展的问题。据有关数据显示，2000 年整个销售年度中，美的空调销售 165 万套，实现销售收入 60 亿元，同比增长 40%，占全国空调市场 13% 左右的市场份额。

对此，总经理方洪波说，取得这样的成绩，除了严格按照市场策略行事外，美的还有四大优势：一是规模和品牌优势；二是技术优势；三是美的集团多元化发展的辐射力；四是渠道优势。美的目前的渠道建设是两块：一是和上游供应商之间的战略伙伴关系；二是和销售商之间的合作关系。目前，美的已与很多供应商之间达成了战略伙伴关系合作协议。美的空调自 1996 年开始创建性地提出与供应商建立永久性的战略合作伙伴关系以来，三年多的生产实践证明，与供应商之间的良好协作关系是企业优化资源配置，强化成本和品质管理工作的基础，是全面参与市场竞争和提高核心竞争力的必然选择。

在企业发展规划中，他们明确提出：制造系统的工作要密切围绕品质和成本两大主题，以战略性合作伙伴关系为纽带，积极探索制造模式的创新和生产组织体系的发展，最大限度地发挥资源配置和规模效应。2000 年，美的集团的空调销售量能达到 165 万套的好成绩，与上游供应商的支持是密不可分的。2000 年，很多企业在旺季都因供应链不顺畅而导致产品断货，但美的空调却从来未出现过断货。同样，针对下游的经销商来说，美的又成了他们的供应商，所以，与下游经销商也是战略伙伴关系。美的与上游供应商和下游经销商之间的战略伙伴关系是"同心、同步、同超越"的。所谓"同心"，指的是真正稳定的上下游关系，意味着要建立长期的战略合作关系，意味着上下游各企业对各自发展目标、经营理念、市场前景的认同和理解。只有上下游各级企业同心，才能谋求发展；只有上下游各级企业同心，才能实现共荣。"同步"的意思是，美的是个大命运共同体，美的的发展离不开上下游企业的发展，上下游企业的发展不能离开美的空调长期的市场策略。"同超越"则是指，美的空调是创新领导者，创新的本质在于不断地自我否定，不断地自我超越；经历了多年的发展，上下游企业都会不可避免地遇到进一步发展的瓶颈，因此上下游各企业都应该抛弃旧有的思想习惯，改变旧有的行为方式，共同突破发展的瓶颈，共同实现新一轮的快速增长。

分析：

（1）企业与供应商之间存在哪些关系？企业为什么要与供应商搞好关系？在共生关系下企业可以采取哪些方式与供应商合作？

（2）企业进行市场营销活动应该研究哪些微观环境？

2．某烟草公司的宇宙牌香烟基本上处于无库存状态，销路畅通，但近年来形势发生了变化，不容乐观。市场部经过市场调查和市场试验得到如下信息：①越来越多的城市禁止在公共场所吸烟；②发达地区吸烟人数在减少，落后地区吸烟人数在增加；③实验表明，高档香烟由每包 10 元升至每包 12 元，销量变化不大，而低档香烟由 5 元降至 4 元，销量能提高 18％。据此，公司市场部提出如下应对策略：①将高档香烟过滤嘴加长，同时由 10 元调至 12 元；②低档香烟价格不变；③研制利用莴苣叶制造无害烟叶；④推出不同档次的产品，将价格低廉产品重点推向不发达地区。

分析：

（1）该公司市场部需要考虑的环境因素主要有哪些？

（2）试分析评价市场部提出这四项应对策略的基本依据。

（3）烟草公司具体有哪些环境威胁和环境机会？应采取什么措施？

第三章

市场购买行为分析

　　企业生产的产品和提供的服务最终要进入市场，但市场是否需要还是一个大问题。要解决产品和服务能够有效满足市场需要的问题，就必须在生产之前进行市场购买行为分析。市场购买行为分为消费者市场购买行为和组织市场购买行为。分析市场购买行为对于企业正确把握消费行为、有针对性地开展市场营销活动，具有极其重要的意义。

营销名言

我们不能等待消费者,而是必须去寻找他们。

——[德]莱恩哈德·摩恩

引导案例

"速食时尚"的六条法则

我们有这样的习惯:当一种新时尚产生的时候,我们已经在心里盘算它的末日。无论我们怎样小心翼翼地看护我们的钱包,服装商人总是能赚得盆满钵溢。商场已经不仅是经济学的范畴,研究一下心理学也是必不可少的,让我们看一下他们的成功秘诀吧。

1. 体谅顾客,省时省力

现代人被生活搞得晕头转向,去连锁店购物就图个省事。走进任何一家 GAP 店,抓几件,试一试,付款走人,第二天就穿上了。GAP 甚至针对忙碌的纽约人搞起了外卖服务,你在商品目录上挑选你想要商品的型号、颜色,通过电话订购,一天之内就可以收到了。

2. 引导顾客,注意节奏

购物者以为自己是随便看看,但却从橱窗开始就被商家引导了,就算你不爱逛街,杂志上的图片也在无形中影响了你,要不你怎么想起来去买一条白色的麻布裤子呢?他们知道顾客失去耐心或犹豫片刻,会使他们失去可观的销售额,开放货架上的衣服总吸引你去摸摸,售货员都是她们按一定的标准挑选安排的。

柏高·安德西尔在《我们为什么买东西》一书中曾提道:"我们所买下来的百分之六七十的衣服都不是我们想买的。"服装店希望人们待在店里的时间越长越好,每季的新货不是一下子上柜,而是隔一个星期抖一些出来,新货总是那么光鲜亮丽,打折的衣服在减价的大招牌下熠熠生辉。顾客流连得越久,花掉的冤枉钱就越多。

3. 塑造形象,简便易行

不过,一个服装店如果想获得成功的话,最终还是要靠它的货色。我原来的一个同事挺爱美的,她在前台工作,特给公司提气。有一次,她从网上订购了一套"维多利亚的秘密"牌泳装,当东西邮来的时候,我们觉得真好看,在北京打着灯笼也找不着,似乎没有人在乎邮费贵不贵的问题。我记得这个牌子,去它的店里,也看到了他们成功的秘密。前面是一排美艳绝伦的丝织内衣和睡衣,衬裙在中心的桌子上呈扇形打开,文胸挂在后面,顾客毫不费力就能找到想要的东西,同时抵不住诱惑,买下几件本来没打算买的东西。

4. 时髦氛围,作风亲和

不仅是服装令你感到安全,还有购物的环境。去世界名牌的精品店,必须老练一点才行,否则怎么受得了售货员瞥过来的目光。熟悉的号码在这里好像也不通用,看上的样式是试还是不试呢?全然不像在平民品牌店里,他们才不管你有多酷呢。相反,他们鼓励你去摸、去试,他们对每个人张开双臂欢迎。店里放着欢乐节奏的音乐,售货员不卑不亢,设计看上去也时髦,以致让你产生了是在大都市的黄金地段和最时尚的东西打交道的错觉。

5. 时尚杂志,推波助澜

"速食时尚"靠的是它便宜的价格。就连时尚杂志也兴起这样的专栏:编辑们在小品牌店里找来与价格高昂的名牌货相差不多的货品,叫你只花几十分之一的价格就可以穿得和名牌一样。有一个女性杂志找来超级名模海蒂·克鲁姆,让她在超市里任意挑选能让自己看上去可爱的衣服。她选了一件儿童用的浴袍裹在身上,权当无肩上衣,不知道海蒂是否增加了人们在超市购衣的信心,要知道这个模特有十全十美的身体,她甚至可以用从机动车部找来的汽车靠垫遮体,并用一个漏油斗做帽子。

6. 价格低廉,减少内疚

H&M 店门口的模特远看穿得好像卡文·克莱恩,里面分男装部、女装部和童装部。夏天还没到,就上了成堆的比基尼、沙滩裤,他们在欧洲卖出了 4 亿件衣服。H&M 成功的秘诀,既不是他们可以满足男女老幼从里到外的着装需求,也不是诱人的广告,而是因为他们是如此的便宜,以致把人们为一件衣服只穿过一两次就不要了而产生的内疚感降至最低。

"速食时尚"把服装变得平淡无奇,但好歹让人买得起,花色也算繁多。花不多的钱,它给顾客带来短暂的欢愉,获得某种程度的心理安慰和自信。因为那些衣服的廉价,我们总忍不住把他们当做一次性消费品,即使丢弃了也不觉得可惜,我们也忘记了为我们的行为感到羞耻,因为只是几十块钱的 T 恤而已。

(资料来源:经济观察报,2003 年 6 月 16 日)

思考:

消费者为什么会喜爱赶着时尚、潮流消费? 既然时尚、潮流很快都会成为过眼云烟,企业应如何应对这种"速食时尚"呢?

第一节　消费者市场购买行为分析

所谓消费者市场购买行为,是指个人、家庭为满足自己生活需要而购买商品的行为。这种购买是不以赢利为目的的购买,是最终市场的购买。这在整个市场中占有非常重要的地位,是其他市场购买行为的基础。

▶ 一、消费者主要购买行为

消费者购买行为具有显著的特点:购买分散,量少频繁;需求差异大,经常变化;大多缺乏专业知识,易受舆论和促销的影响,产生购买冲动;需求弹性较大,受价格影响明显。

1. 冲动购买

冲动购买常常与无计划的和突然的购买有关,伴随着强大的催促力和愉快兴奋的感觉。它包括两个核心因素:一是认知方面缺乏对所购产品的计划、了解和详尽考虑;二是感情方面有情感反应,这种情感反应可能在一个无计划购买的同时或之后被引出,如愉快、兴奋和内疚等。有的消费者甚至以冲动购买作为释放紧张和沮丧情绪的手段,如购物狂。

2. 习惯性购买

习惯性购买是指消费者由于对某种商品或某家商店的信赖、偏爱而产生的经常、反复的购买。由于经常购买和使用,他们对这些商品十分熟悉、体验较深,再次购买时往往不再花费时间进行比较选择,注意力稳定、集中。当产品被重复购买或者产品相对不重要时,习惯性购买的"惰性"及所购买商品低廉的价格注定消费者不会深度涉入,所以消费者往往在购买价格低廉的日常实用品(如盐、大米)时才会有习惯性购买。

3. 寻求多样化购买

寻求多样化购买行为在现象上表现为频繁的品牌转换,而制约品牌转换的最重要的因素是"转换成本",所以消费者只有在购买成本较低的产品(如饮料、饼干、小饰品)时才会有频繁的品牌转换。寻求多样化购买的原因,其一是察觉了同类产品中其他品牌的优点(差异性),对另一个品牌的属性满意;其二是希望通过尝试不熟悉的品牌或多种品牌,体验一种新鲜、刺激的感觉。比如购买饼干,他们上次购买的是巧克力夹心,而这次想购买奶油夹心。这种品种的更换并非是对上次购买饼干的不满意,而只是想换换口味。

4. 忠诚购买

品牌忠诚的消费者可能愿意为品牌支付更高的价格,因为他们察觉了品牌中蕴涵其他品牌不能提供的独特价值。忠诚购买者会长期、持续、重复选择众多替代品中的一个品牌,过往的消费经历使消费者对该品牌"独特的价值"非常了解。消费者越是察觉各种品牌间的质量差异,就越觉得区别这些品牌的重要性,因而就越可能忠诚购买。忠诚消费者对该品牌所具有的独特品质深信不疑,在购买时不会过多思考、付出认知,也不会再反复评价和比较品牌。通常情况下消费者持续、重复购买的产品都是实用型的产品。

5. 促销反应购买

促销反应购买行为是促销倾向和价值意识两方面的表现,消费者履行促销行为是因为价格降低和价值增加双重原因。在价值意识的作用下,消费者不仅关心低价,还会关心产品质量、关心是否物有所值。另外促销倾向的消费者最有可能购买他们从来不用的东西,因此可以设想消费者购买的促销品不是为了实用,而是从购买促销品的过程中得到一种心理的享受。例如,促销活动降低购买价格从而增加交易效用,使消费者感觉自己得了便宜,或者觉得自己很精明。

6. 复杂购买

复杂购买表现为较长且较为复杂的认知过程、有广泛且深入的信息搜集行为、有品牌比较的行为、对商品的种种属性进行深入的理解与比较。消费者一般对花钱多的产品、偶尔购买的产品、风险大的产品和引人注目的产品的购买都非常专心仔细,这些产品多是功能型的实用产品。

7. 减少失调购买

失调来源于认知错位。决策过程中,判断难度越大或决策越重大,这种失调效应越强烈。在消费者购买产品前,往往把一些产品的许多替代品牌看成是基本相似的,但实际上所有的品牌都不可能完全相同,即使非常相似的品牌也都有各自的优缺点。这种认知上的错位使消费者无论购买哪个品牌,事后都会发现该品牌的缺点或其他品牌的优点,从而产生失调感。失调的购买者会产生后悔的感觉,事后设法自圆其说来圆满其实有缺点的消费。

8. 影响购买

在影响型的购买行为中,消费者的购买行为之所以要受外界因素的影响,多是因为消费者对产品缺乏了解,凭眼看、手摸难以对商品品质及品牌间差别做出判断,此时亲朋好友的使用口碑及专家、权威人士的推荐或广告代言人的宣传被视为非常有力的证据,弥补了消费者关于这个品牌的信息知识的不足,导致认可和接受某一产品或品牌。

二、消费者购买行为分析模式

消费者购买行为是指消费者为获取、购买、使用、评估和处置预期能满足其需要的产品和服务所采取的各种行为。

1. 消费者购买行为分析的主要内容

关于如何分析消费者的购买行为,市场营销学家归纳出以下 7 个主要问题,如图 3-1 所示。

2. 消费者购买决策的参与者

消费一般以家庭或个人为单位,从事购买活动的通常却是家庭中的一个或几个成员。在购买决策中,人们可能会扮演下列一种或几种角色。

（1）发起者:是第一个建议或想到要购买某种产品或服务的人。

（2）影响者:是对最后决策有直接或间接影响的人。

（3）决策者:是对是否购买,怎样购买有权进行最终决策的人。

（4）购买者:是执行具体购买任务的人。

（5）使用者:是实际消费、使用产品或服务的人。

谁在购买（Who）	购买主体
为何购买（Why）	购买目的
购买什么（What）	购买对象
什么时间（When）	购买时间
什么地方（Where）	购买地点
怎样购买（How）	购买方式
购买多少（How many）	购买数量

图 3-1　消费者购买行为"5W2H"

3. 刺激—反应模式

研究消费者购买行为的理论中最有代表性的是刺激—反应模式。该模式表明,可控的市场营销因素和不可控的环境因素刺激消费者,他们根据自己的特性处理这些信息,经过一定的决策过程产生一系列购买决定,即消费者对刺激因素的反应(见图 3-2)。

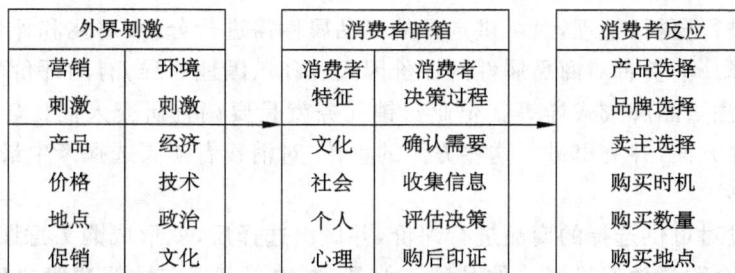

外界刺激		消费者暗箱		消费者反应
营销刺激	环境刺激	消费者特征	消费者决策过程	产品选择
				品牌选择
产品	经济	文化	确认需要	卖主选择
价格	技术	社会	收集信息	购买时机
地点	政治	个人	评估决策	购买数量
促销	文化	心理	购后印证	购买地点

图 3-2　刺激—反应模式

刺激—反应模式是一种标准程式的行为过程。消费者的购买行为从心理活动过程来看,是一种对市场营销刺激的反应。这个反应过程是暗中进行的,外人不能察觉,我们称为"暗箱"过程。

企业通过市场营销活动所发出的"市场营销刺激"和"环境刺激"被消费者接受后,进入不可见的消费者"心理暗箱",经过某种心理活动过程,再表现为可见的消费者反应。市场营销人员的任务,就是要尽量弄清这个"暗箱"中所发生的事情。然后,采取相应的对策,发出合适的市场营销信息,去刺激影响消费者的心理过程和购买行为。其实,消费者购买行为分析就是要对这一"暗箱"进行分析,而对消费者"暗箱"的研究,主要包括两个部分,一部分是对影响消费者行为的各种因素的分析;另一部分是对消费者购买决策过程的研究。

三、消费者购买决策过程

消费者的购买并非就是简单的即时交换行为,而是一个动态发展的过程。消费者的购买决策在实地购买前就已经开始,而且还延伸到实地购买以后。如图3-3所示,这是一种典型的购买决策过程,这种购买决策过程适用于分析复杂的购买行为。

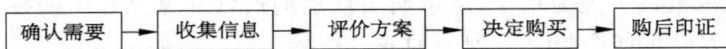

确认需要 → 收集信息 → 评价方案 → 决定购买 → 购后印证

图 3-3　消费者购买决策过程

1. 确认需要

当消费者意识到对某种商品有需要时,购买过程就开始了。消费者需要可以由内在因素引起,也可以由外在因素引起。此阶段企业必须通过市场调研,认定促使消费者确认需要的具体因素,营销活动应致力于做好两项工作:①发掘消费驱动力;②规划刺激、强化需要。

2. 收集信息

在多数情况下,消费者还要考虑买什么品牌的商品、花多少钱到哪里去买等问题,需要寻求信息,了解商品信息。寻求的信息一般有:产品质量、功能、价格、品牌、已经购买者的评价等。消费者的信息来源通常有四个方面:①商业来源;②个人来源;③大众来源;④经验来源。总体说来,信息主要来自商业来源,而最有影响力的是个人来源,公共来源的信息可信度较高。企业营销任务是设计适当的市场营销组合,尤其是产品品牌广告策略,宣传产品的质量、功能、价格等,以便使消费者最终选择本企业的品牌。

3. 评价方案

消费者进行比较评价的目的是识别最适合自己需要的商品品牌和类型。消费者对收集到的信息需要进行分析、整理,对可供选择的商品属性需进行分析、对比和评估,并在此基础上进行最后选择。消费者对商品属性的评价因人、因时、因地而异,有的评价注重价格,有的注重质量,有的注重品牌或式样等。企业营销任务就是要调查研究人们比较评价某类商品时所考虑的主要方面,并突出进行这些方面的宣传,对消费者购买选择产生最大影响。

4. 决定购买

消费者通过对可供选择的商品进行评价,并做出选择后,就形成购买意图。在正常情况下,消费者通常会购买他们最喜欢的品牌。但是,在购买意图与购买决策之间,有三种因素还会产生影响作用(见图3-4)。

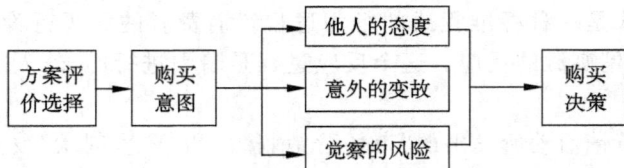

方案评价选择 → 购买意图 → 他人的态度 / 意外的变故 / 觉察的风险 → 购买决策

图 3-4　对购买决策的影响因素

（1）他人的态度。他人的态度影响力的大小主要取决于两点：否定的强烈程度以及其在消费者心目中的地位。

（2）意外的变故。消费者原本做出的购买决策，可能会受到如涨价、失业、收支状况的变化等影响而发生改变。

（3）觉察的风险。"觉察风险"的大小，由购买金额大小、产品性能优劣程度，以及购买者自信心强弱决定。

5．购后印证

消费者购买了产品并不意味着购买行为过程的结束。消费者购买以后，往往通过使用或消费以及他人的评价来检验自己的购买决策，由此形成购后印证，即满意、疑虑和不满意三种心理状态和行为方式。这必将影响到消费者下一次的购买行为，并对相关群体产生影响。

营销思考

我该怎么办

2009 年 2 月 18 日，张先生在 A 电器商场购买了一台 B 品牌洗衣机。买回家后洗衣机的脱水桶就不能正常使用，存在明显的质量问题。2 月 23 日实在无法使用时，特向 A 商场售后服务部反映情况。工作人员来后，未经检查就草率答复属于正常，解释时甚至连洗衣机的基本原理都胡乱编造。洗衣机无法正常使用张先生非常着急，又向工商局消费者维权电话反映寻求帮助，工商局答复要市质检局出具质检证明才能处理，而市质检局又告知没有检测设备，无法检测家电的质量问题。3 月 7 日当地日报记者、A 商场售后经理及张先生当面使用该洗衣机，发现质量确有问题，记者与售后经理协商，要求售后经理给这台新洗衣机进行维修或退换；多天后售后无动于衷，没有维修、更无退换，记者也毫无办法。最可恨的是，数次电话求助 B 总部和 A 电器商场，都答复 24 小时之内回话，但仍未接到一个回复电话。

A 商场是国内数一数二的电器零售服务商，却是这种出店不认货、一推二六五的态度，令人气愤；同时，B 也是号称国内知名洗衣机民族品牌，竟有如此质量低劣的产品出厂，而且质量三包变成口号，售后服务又死不认账。另外，一旦出现家电质量问题，作为国家执法部门如何保护消费者的合法权益？ 一个明显的家电质量问题却无法检测、投诉无门。

（资料来源：315 消费电子投诉网）

如果你遇到类似情况，你会怎么办？ 企业又如何让消费者满意呢？

对企业而言，消费者的购后印证是一种极其重要的信息反馈，关系到企业及其产品在市场上的命运。西方许多企业信奉一句名言"满意的顾客是最好的广告"就很好地说明了这一道理。因此，企业宣传产品要实事求是，售后要注意及时、有效地加强售后服务，收集消费者的购后感受，以便主动采取相应的营销措施，提高消费者的满意度和忠诚度。

▶ 四、影响消费者购买行为的因素

消费者的需求、消费习惯和购买行为深受社会、文化、个人和心理因素的影响（如图 3-5 所示），且每种因素对消费者购买行为的影响程度都有所不同。尽管其中大部分因素是营销

人员无法控制的,但是企业可以通过对这些因素的分析,把握消费者的购买行为的规律性,为营销决策提供依据。

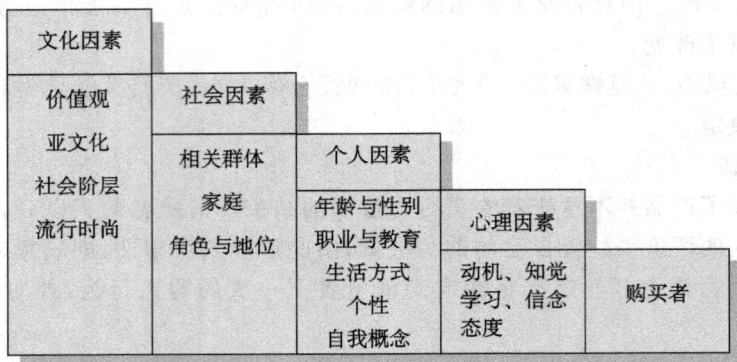

图 3-5　影响消费者购买行为的因素

1. 文化因素

在消费者行为研究中,文化是指一定社会经过学习获得的、用于指导消费者行为的信念、价值观和习惯的总和。文化因素对于消费者的购买行为有着最广泛和最深远的影响,而且是潜移默化、根深蒂固的。文化因素对消费者购买行为的影响主要从价值观、亚文化、社会阶层、流行时尚等方面进行分析。

营销思考

中国传统文化对人们消费行为的影响

中国人历来视勤俭持家、精打细算、未雨绸缪、量入为出为美德,而将超过自身支付能力的消费视为奢侈浪费。借债消费更是为人所不齿的行为。体现在消费观念上,人们普遍崇尚"勤俭节约、量入为出",忌讳"寅吃卯粮,举债度日",因而即期收入成为当前消费的最大极限。人们宁愿省吃俭用,也不愿意"负债消费"或者"超前消费"。与此相对的是,人们认为"无债一身轻",欠债是不光彩和无能的表现,对"寅吃卯粮"则持鄙视的态度。由此可见,受中国传统文化的影响,我国消费者对"花明天钱圆今天梦"的消费信贷方式还是难以全面接受的,要改变千百年来形成的传统消费观念并非易事。

中国人相信缘分,深受所谓"天人合一"的思想影响。所以,许多中国人把一切不愉快或不幸的事归咎于天数。如遇到产品使用失败或者服务很差的时候,中国人较少做出投诉,但是中国人在选择消费的时候又很注重与销售人员的"缘分"。

中国人注重团体取向、权威主义、面子和人情。重视家人、亲属、朋友的意见,习惯压抑自我的感受以求得和谐的关系。因此,团体对产品的购买具有直接的、重要的影响。

中国人容易形成自我萎缩的性格,由于集体主义的倾向,使中国消费者经常改变其预定的购买行为。

中国人缅怀过去,所以容易有较高的品牌忠诚。

（资料来源:渤海大学《消费者行为学》精品课程网站 webclass.bhu.edu.cn）

2. 社会因素

消费者的购买行为也经常受到一系列社会因素的影响。影响消费者购买行为的社会因素主要包括消费者的相关群体、家庭、角色与地位等。在人的社会交往中,相关群体如公司、会员俱乐部、演艺界对身处其中的消费者个人有相当大的影响,个人的态度、偏好、判断和意见一般不会明显区别于所处的相关群体。就消费者个人而言,其家庭或家族的影响更加直接和有约束力,个人的价值观、消费观、审美观以及对问题的评价和选择常常带有家庭背景的烙印。在家庭中,不同成员对不同产品、服务的购买选择权也有区别或分工,进而使某些产品的购买行为带有一定程度的普遍性。此外,同一消费者在不同的场合和条件下分别扮演不同的角色。如一个人在家是女儿,结婚成家是妻子和母亲;在单位可能是经理或职员。后者与前者的角色与地位显然有区别,那么她的消费观念和购买决策就会表现出不同的特点。

营销思考

相关群体概念在营销中的运用

相关群体就是指影响一个人态度、价值观和行为的所有群体,它包括血缘的、地理的、社会的、经济的、职业的和爱好的等类型的组织。相关群体分为两类:一类是成员群体,自己身为成员之一的群体,如家庭、同事、同学、老乡等;另一类是理想群体,自己虽非成员之一,但非常向往、愿意归属的群体,如追星族。

群体成员间相互影响和学习,对消费者行为产生潜移默化的影响,甚至会产生"从众心理压力"。企业应充分运用相关群体对消费者购买行为的影响,获取良好的营销效果。

1. 名人效应

名人或公众人物如影视明星、歌星、体育明星,作为参照群体对公众尤其是对崇拜他们的受众具有巨大的影响力和感召力。研究发现,用名人作支持的广告比不用名人的广告评价更正面和积极,这一点在青少年群体上体现得更为明显。

运用名人效应的方式多种多样。如可以用名人作为产品或公司代言人,即将名人与产品或公司联系起来,使其在媒体上频频亮相;也可以用名人作证词广告,即在广告中引述广告产品或服务的优点和长处,或介绍其使用该产品或服务的体验;还可以采用将名人的名字使用于产品或包装上等做法。

2. 专家效应

专家是指在某一专业领域受过专门训练,具有专业知识、经验和特长的人。医生、律师、营养学家等均是各自领域的专家。专家所具有的丰富知识和经验,使其在介绍、推荐产品与服务时较一般人更具权威性,从而产生专家所特有的公信力和影响力。当然,在运用专家效应时,一方面,应注意法律的限制,如有的国家不允许医生为药品作证词广告;另一方面,应避免公众对专家的公正性、客观性产生质疑。

3. "普通人"效应

运用满意顾客的证词、证言来宣传企业的产品,是广告中常用的方法之一。由于出现在荧屏上或画面上的证人或代言人是和潜在顾客一样的普通消费者,这会使受众感到亲近,从而使广告诉求更容易引起共鸣。如一些公司在电视广告中展示普通消费者或普通家庭如何使用广告中的产品解决其遇到的问题,如何从产品的消费中获得乐趣等。由于这类广告贴近消费者,反映了消费者的现实生活,因此,它们可能更容易获得认可。

4．经理型代言人

自 20 世纪 70 年代以来,越来越多的企业在广告中用公司总裁或总经理做代言人。例如,克莱斯勒汽车公司的老总李·艾柯卡在广告中对消费者极尽劝说,获得很大成功。同样,我国广西三金药业集团公司,在其生产的桂林西瓜霜上使用公司总经理和产品发明人邹节明的名字和图像,也是这种经理型代言人的运用。

（资料来源:中国营销网,www.sellcn.com）

3．个人因素

在文化与社会因素相同的背景下,每个消费者的行为仍有差别,这同其年龄、性别、职业、教育、生活方式、个性以及自我概念等诸多个人因素的差别有直接关系,而上述个人因素的逐渐变化,使同一消费者在不同时间,对不同的产品或服务形成有差别的购买行为。如夫妇俩逛街时,女士爱看服装与化妆品,男士却关心音响和运动产品。

案例分析

自我概念带来的高消费

小王是某名牌大学的毕业生,在一家知名公司里工作不到一年就当上了总经理助理。虽然工资不太高(月薪 2000 元左右),可她经常出入专卖店购买名牌服装,使用高档化妆品,从来不到农贸市场或者地摊上买东西(她认为这样做有失身份)。

营销启示

每个人都有自我概念。所谓自我概念,就是自己对自己的认识,包括认识自己的身体状况、心理状态以及社会地位等各方面。消费者购置商品的许多决定背后的动机往往是想获得某种商品、劳务、品牌、商店等所象征的意义。当某项商品所象征的意义与消费者已有的或希望获得的自我概念一致时,他就想购买该商品。在本案例中,小王购买和使用高档名牌商品的主要原因之一,是她认为这样做既符合她的身份和地位,同时又可以维持和提升其自我形象。因此,营销人员应该努力塑造产品形象并使之与目标消费者的自我意识相一致。

4．心理因素

消费者心理是消费者在满足需要活动中的思想意识,它支配着消费者的购买行为。影响消费者行为的心理因素主要有动机、知觉、学习、信念和态度等。

（1）动机。动机是推动个人进行各种活动的驱策力,它能够及时引导人们去探求满足需要的目标。动机由需要而生,不同的人有不同的需要。每个人的具体情况不同,解决需要轻重缓急的顺序自然各异。亟须满足的需要,会激发起强烈的购买动机。

（2）知觉。知觉是指个人选择、组织并解释投入的信息,以便创造一个有意义的个人世界图像的过程。知觉不但取决于刺激物的特征,而且还依赖于刺激物同周围环境的关系以及个人所处的状况。知觉过程是一个有选择性的心理过程,它有三种机制:选择性注意、选择性曲解和选择性保留。

（3）学习。消费者的学习是指消费者在购买和使用商品的活动中,不断地获取知识、经验与技能,通过积累经验,掌握知识,不断地提高自身能力,完善自身的购买行为的过程。

(4)信念。信念是指人们对事物所持有的、自己认为是可以确信的看法。这个看法的根源是消费者对某事物带给自己或自己所代表的群体的利益。因此,消费者对企业产品或服务的信念可以建立在科学的、经验的、偏见的、误传的基础上。如:"吸烟有害健康"是以科学为基础的信念;"汽车越小越省油"则可能是建立在偏见之上。

(5)态度。态度是指个人对某些事物或观念长期持有的、好与坏的认识评价,情感感受和行动倾向。态度导致人们对某一事物产生或好或坏、或亲或疏的感情。

营销思考
青少年的消费心理有哪些特征

在一般的家庭中,特别是独生子女家庭中,青少年具有很高的消费地位,可谓是"父母赚钱,孩子花钱"。在生长发育阶段,他们需要更多的食物来满足生理需要;为了配合学校的教育,他们需要各种学习用品,包括书、学习机、文曲星、计算机以及各种补脑健脑饮品;为了提高学习效率,做到劳逸结合,他们需要各种体育用品、音像制品以及 CD 机、DVD、MP4,他们还要逛商店、上网吧、参加同学聚会、外出旅游;随着与社会的频繁接触,他们大多重视个人仪表、追求外在和内在的美,所以他们对时尚、文艺作品、娱乐圈内的事都十分感兴趣。在这样的成长环境中,青少年的消费心理有以下三个特征。

第一,追求新颖时尚。青少年大多思想解放、富于幻想,容易接受新事物,喜欢猎奇。他们购买的商品首先要求"新、奇、美",然后才是实用,他们往往是某些新产品的首批购买者和消费带头人。为了追求时尚,他们也会去模仿所崇拜的明星,他们之间也会相互观察、议论、模仿,使得自己在消费流行中能尽量赶在前头。

第二,追求个性化。青少年的自我意识加强了,有他们自己的性格、志向、兴趣等,他们在各类活动中都会有意无意地表现他们的特殊性。因此,青少年不仅仅喜欢追新逐异,而且要求在消费中反映他们的个性,喜欢购买能反映其个性的商品。当然,单个商品是很难反映各类青少年的不同个性的,因此青少年是在他们全部消费活动中来表现其个性的。为了在消费活动中反映自己的个性,他们就不只是对名人、明星进行模仿或简单地猎奇,还必须有独创性,因此他们在消费上的学习方式是多样化的。

第三,注重感情和直觉,冲动性购买色彩浓烈。青少年虽然已有较强的思维能力和决策能力,但仍然容易感情用事。他们特别看重商品的外形、款式、颜色、牌子、商标,当直觉告诉他们商品是好的,他们就会产生积极的感情,从而迅速做出购买决策,非买到不可。至于商品的内在质量、价格、是否会很快过时等问题则较少考虑。

(资料来源:免费论文网,www. mianfeilunwen. com)

综上所述,消费者的购买行为是文化、社会、个人和心理因素之间相互影响和作用的结果。其中很多因素是企业及其市场营销活动无法改变的,但这些因素在识别诸如哪些消费者对产品有兴趣等方面颇有用处。其他因素则受到企业及其市场营销活动的影响,企业借助有效的产品、价格、渠道和促销管理,可以诱发消费者的强烈反应。

第二节 组织市场购买行为分析

组织市场是购买商品和服务以用于生产性消费,以及转卖、出租,或用于其他非生活性消费的企业或社会团体。就卖主而言,消费者市场是个人市场,组织市场是法人市场。组织市场一般包括生产者市场、中间商市场、非营利性组织市场和政府市场。

一、组织市场的购买特征

1. 购买者少,购买规模大

组织市场的客户数量比消费者市场要少得多,但单位规模和总体规模都要大得多。由于很多客户的购买频率较低,因而每次的购买量非常大。很多工业客户,其主要设备往往若干年才购买一次,原材料和零配件也大都签有购销合同,一年或半年购买一次。商业客户进货次数稍多一些,但不会比个人和家庭购买更频繁。政府更是不可多得的大主顾。所以在组织市场上,一些企业的业绩往往取决于少量大客户的大订单。

2. 购买者在地域上相对集中

由于资源和区位条件等原因,各种产业在地理位置的分布上都有相对的集聚性,所以组织市场的购买者往往在地域上也是相对集中的。例如中国的重工产业大多集中在东北地区,石油化工企业云集在东北、华北以及西北的一些油田附近,金融保险业在上海相对集中,而广东、江苏、浙江等沿海地区集聚着大量轻纺和电子产品的加工业。这种地理区域集中有助于降低产品的销售成本,这也使得组织市场在地域上形成相对的集中。

3. 衍生需求,需求波动大

组织市场上的购买需求最终来源于消费品的需求。例如,由于消费者购买皮包、皮鞋,才导致生产企业需要购买皮革、钉子、切割刀具、缝纫机等生产资料。因此,消费者市场需求的变化将直接影响组织市场的需求。有时消费品需求仅上升 10%,就可导致生产这些消费品的企业对有关生产资料的需求增长 200%。而若需求下降 10%,则可导致有关生产资料需求的全面暴跌。这种现象在经济学上被称为"加速原理",这导致许多企业促使其产品线和市场多样化,以便在商业波动周期中实现整体性平衡。

4. 需求缺乏弹性

组织市场的需求受价格变化的影响不大。皮鞋制造商在皮革价格下降时,不会打算采购大量皮革,同样,皮革价格上升时,他们也不会因此而大量减少对皮革的采购,除非他们发现了某些稳定的皮革替代品。需求在短期内特别无弹性,因为厂商不能对其生产方式做许多变动。

5. 直接采购

由于组织市场购买者少,又是大宗买卖或技术复杂的设备仪器等,因而购买者多数希望直接与供应者打交道。一方面,供应商能够保证按照自己的要求提供产品;另一方面又能与供应商保持密切关系,保证在交货期和技术规格上符合自己的需求。

6. 租赁现象

许多生产者并不是以购买的方式而是以租赁的方式取得设备。这种方式一般适用于价值较高的机器设备、交通工具等，因为这种设备单价高，通常用户需要融资才能购买，加上技术更新越来越快，为减少投入和避免技术升级带来的风险，租赁已成为近年来生产者获得生产资料，特别是生产设备的一种重要形式。现在，租赁方式已扩大到小型次要设备，甚至连办公室家具也都可以租赁。

7. 购买更专业、决策更慎重

与消费品购买者相比，组织购买者常常会面临涉及资金量大、技术和经济因素复杂的交易，所以会动用更多的人、花更多的时间来制定购买决策。许多组织在做出重大的购买决策时，不仅有高层领导、主管的负责人参加，还要邀请有关专家从工程技术、经济效益等方面进行可行性论证，购买过程中要求供应商报价、提供详细的产品说明、签订正式的采购合同等。如果供应商要获得订单，要与客户保持长期往来，就必须在顾客的购买决策过程中给予良好的配合。

营销思考

政府采购有哪些特点

一般而言，政府采购与个人、家庭、企业采购等非公共采购有一定的相同之处，比如它们都是一种交换或交易行为，都要求以尽可能经济的方式及时有效地获得符合要求的商品或劳务等。但是与个人采购、家庭采购、企业采购相比，政府采购还具有以下显著特点。

1. 资金来源的公共性

政府采购的资金来源为财政拨款和需要由财政偿还的公共借款，这些资金的最终来源为纳税人的税收和公共服务收费。在财政支出中具体表现为采购支出，即财政支出减去转移支出的余额。

2. 采购主体的特定性

政府采购的主体，也称采购实体，为依靠国家财政资金运作的国家机关、事业单位和社会团体，不包括国有企业等。

3. 采购活动的非商业性

政府采购为非商业性采购，它不是以赢利为目标，也不是为卖而买，而是通过买为政府部门提供消费品或向社会提供公共利益。

4. 采购对象的广泛性

政府采购的对象包罗万象，既有标准产品也有非标准产品，既有有形产品也有无形产品，既有价值低的产品也有价值高的产品，既有军用产品也有民用产品。为了便于统计，国际上通行的做法是按性质将采购对象划分为货物、工程和服务三大类。

5. 政策性

采购实体在采购时不能体现个人偏好，必须遵循国家政策的要求，包括最大限度地节约财政资金、优先购买本国产品、保护中小企业发展、保护环境等。

6. 规范性

政府采购不是简单地一手交钱、一手交货，而是按有关政府采购的法规，根据不同的采购规模、采购对象及采购时间要求等,采用不同的采购方式和采购程序,使每项采购活动都规范运作,体现公开、竞争等原则,接受全社会的监督。

7. 影响力大

政府采购不同于个人采购、家庭采购和企业采购,它是指一个整体,这个整体是一个国家最大的单一消费者,其购买力非常巨大,有关资料统计,通常一国的政府采购规模要占到整个国家国内生产总值(GDP)的10%以上,因此,政府采购对社会的影响力很大。采购规模的扩大或缩小、财政结构的变化都将对整个社会的总需求和供给、国民经济产业结构的调整等产生举足轻重的影响。

(资料来源:莱州市政府采购信息网,www.laizhou.tv/zfcg/)

▶ 二、组织市场的购买类型和决策参与者

1. 组织市场购买的类型

组织购买行为的复杂程度和采购决策项目的多少,取决于采购业务的类型。其购买行为分为直接重购、修正重购和全新采购三种类型。

(1) 直接重购。直接重购是指采购方按既定方案不做任何修订直接进行的采购业务。这是一种重复性的采购活动,按一定程序办理即可,基本上不用做新的决策。在这种情况下,采购人员的工作只是从以前有过购销关系的供应商中,选取那些供货能满足本企业的需要和能使本企业满意的供应商,向他们继续订货。入选的供应商应该尽最大的努力,保持产品和服务的质量,以巩固和老客户的关系,落选的供应商则应努力做一些新的工作,消除买方的不满,设法争取新的订单。

(2) 修正重购。修正重购是指组织购买者对以前已采购过的产品通过修订其规格、价格、交货条件或其他事项之后的购买。这类购买比直接再购买要复杂,购销双方需要重新谈判,因而双方会有更多的人参与决策。在备选名单中的供应商压力会很大,为了保持交易将加倍努力。而对名单之外的供应商来说,这是一次机会,他们将会提供更好的条件以争取新的业务。

(3) 全新采购。全新采购是指组织购买者第一次购买货品的购买行为。全新采购的成本费用越高,风险越大,参加决策的人数就越多,所需信息量也越多,制定决策的时间也越长。新购没有什么可采用的老供应商,所以对一切供货方来说都是好机会。企业应设法接触主要的采购影响者,并向他们提供有用的信息和协助。许多公司设立专门的机构负责对新客户的营销,它们称其为"访问使用推销队伍",一般由最好的推销人员组成。

2. 组织购买决策的参与者

购买类型不同,购买决策的参与者也不同。直接重购时,采购部门负责人起决定作用。全新采购时,企业的高层领导起决定作用。在多数情况下,买方的采购决策受许多人直接或间接的影响,这些人分别扮演以下不同角色(见图3-6)。

(1) 使用者:指组织中将使用产品或服务的成员。在许多场合中,使用者首先提出购买建议,并协助确定产品规格。

(2) 影响者:指影响购买决策的人,他们协助确定产品规格,并提供方案评价的情报信息。作为影响者,技术人员尤为重要。

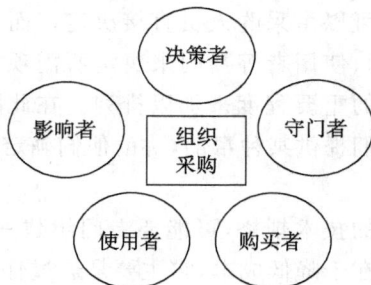

图 3-6 组织购买决策的主要参与者

（3）决策者：指一些有权决定产品需求和供应商的人。在重要的采购活动中，有时还涉及主管部门或上级部门的批准，构成多层决策的状况。

（4）守门者：是有权阻止销售员或信息员与采购中心成员接触的人。主要是为了控制采购组织的一些信息不外露。例如，采购代理人、接待员和电话接线员都可以阻止推销员与用户或决策者接触。

（5）购买者：指正式有权选择供应商并安排购买条件的人。购买者可以帮助制定产品规格，但主要任务是选择卖主和交易谈判。在较复杂的购买过程中，购买者中或许也包括高层管理人员一起参加交易谈判。

在任何组织内，采购中心会随不同类别产品的数量及构成发生变化。显然，参与购买一台重要机器设备的决策人数肯定会比参与购买办公文具的人数要多。

三、组织市场的购买决策过程

组织市场的购买决策过程与消费者的购买决策过程相比，一般更为复杂。组织市场的购买决策过程可分为 8 个阶段，如图 3-7 所示。

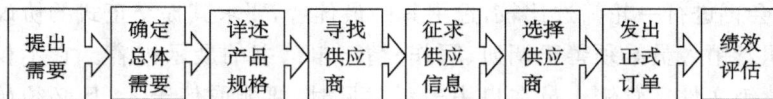

图 3-7 组织市场的购买决策过程

1. 提出需要

当组织中有人认识到了某个问题或某种需要可以通过得到某一产品或服务得到解决时，便开始了采购过程。提出需要一般由两种刺激引起：①内部刺激。如企业决定推出一种新产品，于是需要购置新设备或原材料来生产这种新产品；企业原有的设备发生故障，需要更新或需要购买新的零部件；或者已采购的原材料不能令人满意，企业正在物色新的供应商关系。②外部刺激。主要指采购人员在某个商品展销会引发了新的采购主意，或者接受了广告宣传中的推荐，或者接受了某些推销员提出的可以供应质量更好、价格更低、售后服务更优质的产品的建议等。可见，组织市场的供应商应主动推销，经常开展广告宣传，派人访问用户，以发掘潜在需求。

2. 确定总体需要

提出了某种需要之后，采购者便着手确定所需项目的总特征和需要的数量。如果是简单的采购任务,这不是大问题,可以由采购人员直接决定。而对复杂的任务而言,采购部门要会同其他部门人员,如工程师、使用者等共同来决定所需项目的总特征,并按照产品的可靠性、耐用性,价格及其他属性的重要程度来加以排列。在此阶段,组织营销者可通过向购买者描述产品特征的方式向他们提供某种帮助,协助他们确定其所属公司的需求。

3. 详述产品规格

采购组织按照已确定产品的技术规格,可能要专门组建一个产品价值分析技术组来完成这一工作。价值分析的目的在于降低成本,它主要是通过仔细研究一个部件,看是否需要重新设计、是否可以实行标准化、是否存在更廉价的生产方法,此技术小组将重点检查既定产品中成本较高的零部件——通常是指数量占了 20% 而成本占了 80% 的零部件。该小组还要检查出那些零件寿命比产品本身寿命还长的超标准设计的零部件。最后,该小组要确定最佳产品的特征,并把它写进商品说明书中,它就成为采购人员拒绝那些不合标准的商品的依据。同样,供应商也可把产品价值分析作为打入市场的时机。供应商通过尽早地参与产品价值分析,可以影响采购者所确定的产品规格,以获得中选的机会。

4. 寻找供应商

采购者现在要开始寻找最佳供应商。为此,他们会从多处着手,可以咨询商业指导机构;查询计算机信息;打电话给其他公司,要求推荐好的供应商;或者观看商业广告;参加展览会等。供应商此时应大做广告,并到各种商业指导或指南宣传机构中登记自己公司的主要信息,争取在市场上树立起良好的信誉。组织购买者通常会拒绝那些生产能力不足、声誉不好的供应商;而对合格的供应商,则会登门拜访,考察他们的生产设备,了解其人员配置。最后,采购者会归纳出一份合格供应商的名单。

5. 征求供应信息

此时采购者会邀请合格的供应商提交申请书。有些供应商只寄送一份价目表或只派一名销售代表。但是,当所需产品复杂而昂贵时,采购者就会要求待选供应商提交内容详尽的申请书。他们会再进行一轮筛选比较,选中其中最佳者,要求其提交正式的协议书。

因此,组织营销人员必须善于调研、写作、精于申请书的展示内容。它不仅仅是技术文件,而且也是营销文件。营销人员在口头表示意见时,要能取信于人,且必须始终强调公司的生产能力和资源优势,以在竞争中立于不败之地。

6. 选择供应商

采购中心在做出最后选择之前,还可能与选中的供应商就价格或其他条款进行谈判。营销人员可以从好几个方面来抵制对方的压价。如当他们所能提供的服务优于竞争对手时,营销人员可以坚持目前的价格;当他们的价格高于竞争对手的价格时,则可以强调使用其产品的生命周期成本比竞争对手的产品生命周期成本低。此外,还可以列举更多的理由来抵制价格竞争。

此外,采购中心还必须确定供应商的数目。许多采购者喜欢多种渠道进货,这样一方面可以避免自己过分地依赖于一家供应商;另一方面也使自己可以对各供应商的价格和业绩进行比较。当然,在一般情况下,采购者会把大部分订单集中在一家供应商身上,而把少量订单安排给其他供应商。这样,主供应商会全力以赴保证自己的地位,而次要供应商会通过多种途径来争得立足之地,再伺机以图自身的发展。

营销思考

供应商投标技巧的八个招数

招标采购方式是政府采购重要的采购方式之一,为广大供应商提供了一个公开、公平、公正的竞争场所,供应商要从激烈的竞争中胜出,掌握专业的投标知识和技巧显得尤为重要。对此,笔者根据工作实践,总结了八个供应商如何提高投标成功率的技巧。

1. 搜集信息 分析应用

供应商在投标过程中,需要进行全程信息追踪,搜集有关招标项目的各方面信息进行分析,从而把握投标竞争的发展态势、掌握竞争对手和采购人的情况、跟踪项目招标动态,从源头上介入项目的竞争。同时,供应商应积极地与采购人进行技术交流。一方面,了解采购人对招标的总体设想、供货范围、技术规格及性能要求;另一方面,将自身的规模、技术水平、产品性能、商业信誉加以介绍和宣传,给采购人留下良好的印象。

2. 字斟句酌 吃透标书

在购买招标文件后,供应商应仔细阅读并领会招标文件所有条款的精神实质,逐条进行分析和判断,并将实质性响应招标文件要求的重要内容一一列出,尤其是资质条件、商务条件和技术参数部分。投标供应商应按照要求准备制作投标文件,在这个环节上,首先要按照要求响应资质条件、商务条件;其次要根据产品情况,在技术参数和性能质量方面积极响应招标文件要求;最后要注意密封、签字、盖章等容易被忽略的地方,小处也不能大意。但在实际工作中,许多投标人往往会在一些看似并不重要的内容和要求上出现失误与疏漏,导致投标失败,实在令人惋惜。因此,一定要把握好阅读招标文件和制作投标文件这个基本环节。

3. 分析项目 找准策略

在投标竞争中,供应商要根据项目情况分析比较,采用灵活的策略应对投标。首先,可以在保持价格不变的前提下,提高货物规格性能。一般来说,提高货物的规格与性能是要增加费用的,若保持原有报价不变,实际是降低了投标的价格,采购人可以花更少的钱买到更高性能的产品,这对采购人很有吸引力。其次,可以适时抛出优惠条件。实践证明,供应商在澄清投标文件时明确优惠条件,是提高中标机会行之有效的手段。再次,供应商可适当延长质量保证期而不增加费用,这个条件对采购人的吸引力也很大,中标成功率由此提高。最后,可以提供灵活的付款条件,增加供应商的竞争力。

4. 找准问题 及时提出

投标人在购买招标文件后,如对招标文件中认为有歧视性、倾向性或门槛设置不合理、需要澄清修正的条款要及时向招标机构反映或提出疑问,采购机构会经过市场了解、专家论证等形式查找招标文件中存在的问题及不合理条款,及时更正并通知所有投标人,以保证招标的公正性和投标的合法权益。

5. 方案周详 选准报价

投标报价是评标的重要指标,虽然最低投标报价不是中标的唯一依据和砝码,但却是中标的主要条件。在运用不同的报价策略和技巧之前,首先要计算出高、中、低三套标价。基础标价即中等水平价,是用常规计算方法得出的标价;保本标价即低水平价,为无任何利润的盈亏平衡点报价;最高标价即高水平价,把不可预见费估在最高值上,并加上最满意的利润,从而计算出封顶价。投标人要根据项目的不同特点来选择报价策略,如对专业要求高的技术密集项目,工期短、设备劳力要求超出常规的项目,自身在各方面占据绝对优势的项目可以采用高价策略;对于基础标价来说,一般用在一些技术要求不明确,技术条件、参数不精确,有可变幅度的项目上。

6. 响应政策 选好产品

按照《政府采购法》和财政部出台的《节能产品政府采购清单》、《自主创新产品政府首购管理办法》、《政府采购进口产品管理办法》的要求,投标人应充分考虑所选产品是否是自主创新、环保、节能和强制认证的产品。在参与政府采购活动中,应充分体现政府采购的政策调控功能,积极倡导和支持民族品牌、自主创新品牌、节能环保产品,在同等条件下按照财政部规定的评审办法,可予以加分或优先考虑。

7. 标书规范 仔细琢磨

评标委员会评标、定标是非常关键的程序,投标文件是唯一的评标证据,编制一本高质量的投标文件是企业在竞争中能否获胜的关键。要想编制一本高质量的投标文件,必须仔细琢磨:一方面,投标人应该根据招标项目的特点,细致分析编制标书,一定要按照招标文件要求确保投标文件完全响应招标文件的所有实质性要求和条件。还有一些细节问题,虽然很小,但是如果不注意,就会影响全局,导致全盘皆输。另一方面,投标人要特别注重标书制作的美观、大方、精致,而且要具有较强的逻辑推理性,这样不仅能让评委眼前一亮,留下良好的印象,而且也表明了投标的决心和态度。

8. 信誉为本 诚信经营

投标人若想投标成功,良好的信誉也必不可少,信誉往往体现在企业的报价、供货和售后服务等方面。报价方面主要是不能恶性竞价,要严格按照招标文件要求进行报价;供货方面要求企业一定要按照合同办事;售后服务更是各企业竞争的重要内容。各投标人只有把信誉放到第一位,严格按照合同办事,良好地履行合同义务才会赢得政府采购机构和采购人的好评,才会在今后的招投标活动中占得先机。

(资料来源:崔新宏,张晓敏. 供应商投标技巧的八个招数. 政府采购信息,2009 年 10 月)

7. 发出正式订单

采购者选定供应商之后,就会发出正式订货单,写明所需产品的规格、数目、预期交货时间、退货政策、保修条件等项目。通常情况下,如果双方都有着良好信誉的话,一份长期有效合同将建立一种长期的关系,而避免重复签约的麻烦。在这种合同关系下,供应商答应在一特定的时间内根据需要按协议的价格条件继续供应产品给买方。存货由卖方保存,因此,它也被称做"无存货采购计划"。这种长期有效合同导致买方更多地向一个来源采购,并从该来源购买更多的项目。这就使得供应商和采购者的关系十分紧密,外界的供应商就很难介入其中。

8. 绩效评估

在此阶段,采购者对各供应商的绩效进行评估。他们可以通过三种途径:直接接触最终用户,征求他们意见;或者应用不同的标准加权计算来评价供应商;或者把绩效不理想的开支汇总,以修正包括价格在内的采购成本。通过绩效评价,采购者将决定延续、修正或停止向该供应商采购。供应商则应该密切关注采购者使用的相关变量,以便确信为买主提供了预期的满足。

购买阶段指的是一个组织在购买前所进行的、从组织产生需要到对即将购买的商品进行评估的一系列过程。但并非每次采购都要经过这八个阶段,这要依据采购业务的不同类型而定(见表 3-1)。

表 3-1 不同采购类型下采购决策过程的比较

购买阶段 \ 购买类型	全新采购	修订重购	直接重购
1. 提出需要	是	可能	否
2. 确定总体需要	是	可能	否
3. 详述产品规格	是	是	是
4. 寻找供应商	是	可能	否
5. 征求供应信息	是	可能	否
6. 选择供应商	是	可能	否
7. 发出正式订单	是	可能	否
8. 绩效评估	是	是	是

从表 3-1 中可以看出,全新采购最为复杂,需要经过所有八个阶段;直接重购最简单,只需经过两个阶段;而在修订重购或直接重购的情况下,其中有些阶段可能被简化、浓缩或省略。这要求组织营销者对每一情况分别建立模型,而每一情况都包含一个具体的工作流程。这样的购买流程能为营销人员提供很多线索。

总之,组织市场是一个富有挑战性的领域,其中最关键的问题就是要了解采购者的需要、购买参与者、购买标准以及购买步骤。了解了以上各点,营销人员就能够因势而动,为不同的组织购买者设计不同的营销计划。

▶ 四、影响组织市场购买决策的因素

组织采购人员在做出购买决策时受到许多因素影响。有些营销人员认为经济因素是最为重要的,而另一些营销人员则认为采购者对偏好、注意力、避免风险等个人因素反应敏感。实际上,在组织市场的购买决策中,经济因素同个人因素对采购人员的影响是同样重要的。一般来说,如果所采购的商品效用和价格差异较大,经济因素就会成为采购人员所考虑的主要因素;而如果效用和价格差异很小,个人因素的影响就可能增大。一些采购人员会根据个人所得利益的大小以及个人的偏好来选择供应商。

我们可以把影响组织购买者的因素归为四类:环境因素、组织因素、人际因素和个人因素,如图 3-8 所示。

1. 环境因素

市场营销环境和经济前景对企业的发展影响甚大,也必然影响到其采购计划。例如,在经济衰退时期组织购买者会减少对厂房设备的投资,并设法减少存货。组织营销人员在这种环境下刺激采购是无能为力的,他们只能在增加或维护其需求份额上做出艰苦的努力。

原材料的供给状况是否紧张,也是影响组织用户采购的一个重要环境因素。一般企业都愿购买并储存较多的紧缺物资,因为保证供应不中断是采购部门的主要职责。同样,采购者也受到技术因素、政治因素以及经济环境中各种发展因素的影响。他们必须密切关注所有这些环境作用力,测定这些力量将如何影响采购的有效性和经济性,并设法使问题转化为机会。

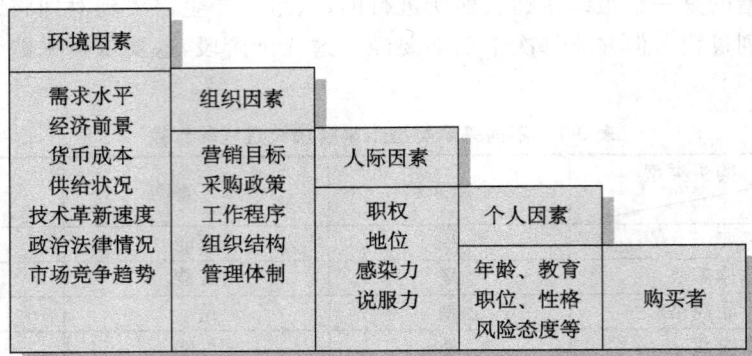

图 3-8　影响组织采购行为的主要因素

2. 组织因素

每一采购组织都有其具体目标、政策、程序、组织结构及系统。营销人员必须尽量了解这些问题。例如,有的地方规定只许采购本地区的原材料;有的国家规定只许买本国货,不许买进口货,或者相反;有的购买金额超过一定限度就需要上级主管部门审批等。

组织内部采购制度的变化也会对采购决策带来很大影响。如对于大型百货商厦来说,是采用集中采购的进货方式还是将进货权下放给各个商品部或柜组,采购行为就会有很大差别;一些组织会用长期合同的方式来确定供应渠道,另一些组织则会采用临时招标的方式来选择其供应商。又如,在西方发达国家近年来兴起一种"正点生产系统(Just-in-time production systems)",即适量及时进货,零库存、供量100%合格的生产系统,它的兴起大大地影响了组织采购政策。

营销思考

沃尔玛展开绿色采购,中国企业如何应对

全球最大的零售商沃尔玛制订了绿色采购计划,这对作为沃尔玛最大供应商的中国企业而言,将产生重大影响。

根据报道,沃尔玛 CEO 李·斯科特宣布公司接下来针对商品包装的一项改革计划。这个计划 2008 年开始正式执行,目的是当年减少 5% 的包装材料。显然,沃尔玛的绿色计划实际上是对供应链的标准化处理,而这个标准建立在产品品质及其生产过程中固化了的社会责任上。但对于大多数中国制造企业来说,此前关注的一般都只是品质这样一个单函数,那么,沃尔玛采购加上绿色这样的变量后,对于中国企业意味着什么呢?

1. 大众评判台

昌先生:长久来看是利好。

从短期来看,"中国制造"肯定会受影响,中国一部分无法快速适应的供应商将遭到淘汰;但"中国制造"是有一定产业基础的,在经过一番产业升级和技术升级后,相信"中国制造"会夺回其竞争优势。另一方面,这也从客观上促使国内厂商要改善员工工作条件及待遇。如果企业从长远战略发展的角度来积极应对,对企业来说也是一个长久的利好。

霍小姐:希望影响力能延伸到更多的行业。

沃尔玛绿色计划拥有巨大的影响力,因为不仅仅是连锁店本身参与其中,其众多的供货商也包含了进来。沃尔玛对市场价格拥有巨大的影响力,它也可以向其商品的生产者和竞争者施压,真希望见到更多的公司能像沃尔玛一样采取可持续发展的策略。

曹中铭:节约开支,赢得口碑。

绿色采购一方面能节约开支;另一方面能为沃尔玛赢得较好的口碑,增强其在世界各地的品牌竞争力,可谓一举两得。另外,沃尔玛以企业的社会责任作为衡量的标准,对国内那些不规范的企业也是一个促进。

励俊:整合供应商链,降低成本。

有句话说得好,"一流企业做标准"。沃尔玛的绿色采购无疑有利于进一步整合供应商链,从而达到降低成本的目的,实施新标准肯定会增加短期费用,但长期来说有利于创造更多的就业机会。但"中国制造"如果只是 OEM 而没有自己的品牌和知识产权,对长期发展肯定不利。

2. 沸点特稿

时卫干:企业需要这样的绿色压力。

随着"Made in China"的旗帜插遍全球,中国商品在沃尔玛销售的比例也越来越高,保守估计也占 60% 以上。所以沃尔玛此举必然给中国的供应商们带来巨大压力,因为这意味着供应商在劳资标准、后勤管理、消防设施、环保等方面都必须达到沃尔玛的认证标准,而其中的环保及劳动者保护是重中之重。沃尔玛专门设有供应商管理部门——全球采购道德标准部,该部门 60% 以上的员工都供职于中国地区,可见沃尔玛对中国供应商的重视,而沃尔玛对中国供应商的现场检查力度也比以往有所加强。

作为全球生产基地,中国一直以廉价劳动力而闻名,产自中国的商品亦以价廉物美著称,因此,许多跨国企业纷纷把生产基地转入中国。但是,因为各种复杂的原因,中国的劳动者保护方面依然有待加强,而企业的社会责任感普遍薄弱。对于中国的生产企业而言,如果达不到沃尔玛的标准将是极大的损失,但如果要想达到目标,则意味着成本的大大提高,产品的竞争力也许得不到保障。

但是,中国企业应该看得更远一点,如果中国想成为真正意义上的"世界工厂",必须树立社会责任感,必须保障员工利益。沃尔玛只是一个开始,今后还会有越来越多的国际企业提出类似的要求。对于中国企业而言,与其事到临头措手不及,不如练好内功及早准备。

以中国目前的现状,要想提高中国企业的劳动者保护力度和环保意识,国际压力比国内法律、法规更有效。政府方面颁布了许多关于环保的政策法律,但屡有企业违规的消息传出,有关部门监管时疲于奔命、效果不好。从某种意义上讲,沃尔玛提出企业的环保及社会责任标准,对企业的约束力更大,那些达到沃尔玛标准的中国企业也将由此获得全球代工的通行证,其经济利益可想而知,其示范效应不可低估。

随着中国经济的快速发展,企业的社会责任感这一问题越来越重要,而这与中国的"和谐社会"发展目标在本质上是一致的。所以,对于沃尔玛的这一举动,我们举双手欢迎,而沃尔玛之后,我们希望有更多的跨国企业能对中国企业提出这样的要求。

(资料来源:凌建平,祝裕. 沃尔玛在华展开绿色采购企业如何应付. 每日经济新闻,2006 年 9 月 26 日)

3. **人际因素**

采购中心通常包括一些具有不同地位、职权、兴趣和说服诱导力的参与者。一些决策行为会在这些参与者中产生不同的反应:意见是否容易取得一致、参与者之间的关系是否融洽、是否会在某些决策中形成对抗,这些人际因素会对组织市场的营销活动产生很大影响。营销人员若能掌握这些情况并有的放矢地施加影响,将有助于消除各种不利因素,获得订单。

4. 个人因素

购买决策过程中每一个参与者都带有个人动机、直觉和偏好,这些因素受到参与者的年龄、收入、教育、专业知识、个性以及对风险意识的态度的影响,因此,供应商应了解客户采购决策人的个人特点,并处理好个人之间的关系,这将有利于营销业务的开展。

组织市场购买行为的重要特点往往表现为组织与组织之间的交易关系,看起来应当比消费者购买行为更为理性,而不涉及个人情感。但实际上并非如此,因为在组织采购过程中的每一个过程都是由具体的人员去完成的。执行组织采购任务的具体人员的个性与情感对于其做出相应的采购决策同样发挥着重要的影响。所以,注意研究组织购买行为中的个人因素,并有的放矢地开展相关的营销活动是十分重要的。而且组织之间的交易关系一旦建立,就会比较稳定,所以长期维护同购买者之间的稳定关系就变得十分重要。

复习思考

1. 组织购买市场同消费者购买市场相比,有哪些主要特征?
2. 请举例说明,自己购买商品时是如何决策的,在决策过程中受到哪些因素的影响。
3. 假如你在网上购买了一件衣服,但货到后发现实物与图片有一定的差距,并且穿在身上还有点小。此时你会怎么做?
4. 政府采购有哪些特点?企业如何应对政府采购?
5. 消费者购买行为和组织购买行为在决策过程中都有哪些人参与了决策?

实训练习

1. 组织学生对传统百货商店与网上零售进行调查和分析,撰写两者在购买决策过程中的优劣比较的小组报告。学生可以在实地观察和调查,了解销售资料和接触消费者的实际感受,结合消费者行为理论剖析消费者两种至三种行为过程,说明其有可能受哪些心理活动的影响。分析的具体内容由教师指导学生拟定,如超市有需要,可作为真正的实训。

2. 假如一家大型企业投产前拟采购全套办公设备,其购买过程已进入"寻求供应商"阶段,而你恰恰是该地某较有竞争实力的办公设备供应公司的销售部门主要负责人,你将做出哪些努力使自己的公司成为该企业选中的供应商?

案例分析

1. 解读"80后"消费

CASON是一名广告公司的年轻设计师,刚刚买了一部蓝色的索尼爱立信手机。可是三个月后,同事就发现CASON的手机变成了红色,手机音乐的铃声从《两只蝴蝶》变成了《童话》——正当大家以为CASON换了一部新手机时,CASON得意洋洋地告诉大家,他只不过将手机的外壳换了,并下载了新的手机音乐、新的待机画面,而这些细节的改变,就使他获得了一部新手机的感觉。

手机可以更换外壳、MP3 随身听可以变换背景的颜色、家具可以自由组合,相比以往,许多产品的设计变得更加灵活多变——"80 后"消费群对于产品新鲜感追求的倾向性比其他年代消费群更为明显。在这种心理趋势驱动下,许多产品的本身核心功能反倒成了次要因素,而一些额外的附加功能却完全可以成为他们决定购买的关键。对于他们来说,手机不再是通信的工具,而是一种时尚的炫耀品,佩戴某款价格昂贵的手表更不是为看时间,而是为了得到某个群体的认可或者获得一种时尚的标签。"好好时尚,天天向上"这一生活准则不仅反映了"80 后"消费群的突出心理特征,更成为许多企业制定营销策略时的关键考虑因素。

"80 后"消费群对于品牌、时尚的追求,对于产品品牌精神与消费感受的注重,使得许多企业必须对产品赋予新的定义——在产品功能使用的基础上,要想赢得这批年青一代消费者的青睐,就必须为产品注入一种容易打动他们的品牌精神——比如动感地带用周杰伦的"酷"来表现"我的地盘听我的"的理念,百事可乐用 F4 等明星的"时尚"来演绎"年青一代的选择"的品牌内涵。

"80 后"作为一个正在不断崛起的消费群体,他们的消费权利、消费意识、消费话语正在深刻影响着许多企业的市场策略。如何深刻地解读他们的消费心理,把握时代潮流的发展趋势,这对于任何一家企业抢占未来市场都具有非常重要的意义。

(资料来源:林景新.解读"80 后"消费密码.销售与管理,2006(5))

分析:

(1) 你认为"80 后"有哪些消费特点?

(2) 影响"80 后"购买行为的因素主要有哪些?

2. 怎样成为跨国零售巨头的供应商

据《北京青年报》报道,家乐福 2001 年在中国的采购额是 2000 年的 5 倍,从 3 亿美元增加到 15 亿美元。沃尔玛 1996 年以深圳作为起点进入中国市场,虽然其在中国铺店的速度显得有点慢,但却源源不断地采购中国的商品,并输出到其全球连锁店中。据业内人士透露,沃尔玛在广东仅一年的采购额就达 80 亿美元,占其在中国采购商品总额的 80%,并且这个采购量还将以每年 20% 的速度递增。对于中国企业来说,如果能成为跨国零售商的供应商,就意味着自己的产品能够通过它们的供货渠道,走出国门,得到在世界各国的舞台上展示的机会。

国内企业如何成为跨国零售企业的供应商呢?家乐福(中国)公司有关人士表示,它们主要是采取一种"政府搭台,企业唱戏"的方式,即通过政府推荐可选择的企业,在家乐福举办的大型订货会上达成交易意向。

家乐福选择供应商又有哪些标准呢?家乐福的有关人士表示,家乐福选择供应商不只看规模,更注重产品质量。如果企业虽然规模小,但是产品具有不可替代性,那么家乐福也会把他们考虑在内。要成为家乐福全球采购供应商,必须具备以下条件:有出口权的直接生产厂商或出口公司;有价格竞争优势;有良好的质量;有大批生产的能力;有迅速的市场反应能力;有不断学习的精神;能够准时交货。企业通过家乐福公司的审核,即能加入家乐福的全球采购系统,把产品出口到全球的 30 多个国家。

在以上条件中,家乐福尤其看中产品的质量。同时,随着人们对环保的要求越来越高,家乐福在产品品质方面也对供应商有着更详细的要求。一旦通过家乐福的审核,家乐福将对企业在改进产品外包装和设计等方面给予指导与帮助。

沃尔玛新成立的全球采购办事处列举了成为沃尔玛供应商的条件。例如,提供有竞争力的价格和高质量的产品、供货及时、理解沃尔玛的诚实政策、评估自己的生产和配额能力是否能接受沃尔玛的订单(因为通常沃尔玛订单的数量都比较大)等。此外,沃尔玛需要供货商提供其公司的概括,其中包含完整的公司背景和组织材料,以及供应商工厂的资料,包括每年的库存周转率、生产能力、拥有的配额、主要的客户有哪些等。

零售业的采购环节都有一个不可避免的问题,即有些供应商会想方设法通过一些"灰色手段"贿赂采购员。对此,家乐福(中国)公司的人士表示,即使产品通过"灰色手段"进入了家乐福全球采购系统,如果没有价格上的优势,也会被自然淘汰。家乐福会尽量与供应商建立健康的联系。而沃尔玛打算引进到中国的技术中包括一套"零售商联系"系统,这个系统使沃尔玛能够和主要的供应商实现业务信息的共享。

分析:

(1) 跨国零售巨头的采购方式有哪几种?

(2) 跨国零售巨头是根据哪些变量或属性来评价和选择它们的供应商?

(3) 国内企业怎样做才能成为跨国零售巨头的供应商?

第四章

市场调研与预测

　　市场营销调研是获取市场营销信息的重要手段,企业的有效经营又离不开科学的预测和决策。准确的预测和正确的决策都来自对市场的了解和认识。只有通过市场营销调研,才能获得客观和系统的市场信息资料;在占有足够信息的基础上,企业才能够对市场的变化和未来进行准确的预测,并在此基础上进行科学的决策。

营销名言

只有科学规范的调研才能直达消费者的内心。

——黄旭辉

引导案例

"当当"的天使之翼

"没有信息化，就没有当当今天的业务"，当当网联合总裁俞渝这样评价。

互联网的一个最大优势就在于信息的快速传递，对于网上开店，在这个特点上发掘更大的潜力是毫无疑问的。1999年，当当网正式投入运行时，网站还是找人做的。而到今天，当当网的信息化系统已经日渐庞大，包括了内容管理、信息发布、反馈行为分析、CRM、供应链、生产、财务以及办公系统等。

俞渝认为，网上购物最有魅力的地方就在于，互联网可以追踪客户的行为，"就像你去任何一个商场100次，或许也没有人认得你，但你到当当网一次，系统就认识你了"。与传统企业的运行方式不同的是，网上交易的前端主要是消费者，所以对他们的管理便成了一切的源头。这也是当当网信息化的重点，即客户关系管理系统。客户关系管理系统是一个不断加强与顾客交流、不断了解顾客需求、并不断对产品和服务进行改进与提高以满足顾客需求的连续过程。

当当网开始做CRM系统时，并没有找到数据和架构完全匹配的软件，所以全靠自己开发。到了现在，对每一个在当当网上购物的客户，当当网都可以从金额、频次、级别等方面对他进行统计和消费行为分析。

俞渝一开始就意识到，作为零售企业，对消费行为进行分析相当重要。从图书销售起家的当当网，通过对顾客行为的分析，逐步地发掘着自己的市场。

比如2003年开始涉足百货业。根据对客户群特点的分析，当当网发现客户群的构成中60%是女性，这样的数据就让当当网有一定的把握去尝试化妆品。再比如，看到育儿类图书的畅销，当当网就开拓了母婴类产品。就是这样一个简单的推理，当当网不断地拓展着产品类别，一直到数码产品、个人洗护用品等。

虽然不是制造企业，但当当网也有自己的生产系统，它不生产产品，而是后端供应和前端服务的衔接。生产系统提供订货和退货层面的支持，需要监控的信息是：每天订单进入的数量、配齐后发出的数量，以及可能需要做缺货处理的数量。

当当网的生产系统从客户端做起，首先就是订单处理。对商品的管理，通常按照类别进行。当当网有不同的产品组，比如图书音像、家居、电子类消费等，支撑其发展的是同一个信息系统。然而，各类产品需要的数据不同，在生产系统的管理上，也有不同的体现，也就是说需要提供给顾客的信息是不一样的。比如图书需要提供的是书号、定价、作者、出版社等信息，对于音像制品则是演员、歌手、作曲家、乐队等信息更重要。

所以，生产系统需要通过互联网数据中心，简称数据中心（Internet Data Center，IDC），同步支持后端信息实施和前端供应。而其中最大的任务，就是自己要制作大量的信息。虽然有很多工作可以从供应商那儿抓取，比如说图书音像出版社的网站上，但仍有大量的信息需要自己去做。可以说，生产系统是当当网信息化最重要的部分。俞渝现在正致力于增强这个系统的自动化，各部门的运作方式会有所不同，但目标就是能够让系统做得更完善。在当当，没有部门不提信息化的要求,为了利用有限的资源做尽可能多的事情,每个部门都是定期做改善。

俞渝希望能把信息化做得再细一些。她发现,当当网现在所能提供给供应商的信息虽然有用,但表现形式并不一定合适。比如当当网可能提供的是某种商品 2004 年的销售情况,但或许对方关心的是昨天的销售是多少。再有,当当网现在所能做到的还只限于告诉供应商,昨天卖了多少件东西出去,但产品的具体流向,还并不能提供。从提高响应速度、追求销量、降低成本等方面考虑,当当网如此大的产品线跨度,开发的优势还是靠供应商做,当当最多就是对一些成熟的产品进行二次包装。此外,当当网客流很大,要想办法利用。俞渝表示,就类似普通商场一样,无论是出版物还是非出版物,只要是适合当当网这种销售模式的品种,当当都可以去尝试着做。这样,随着产品线的不断增加,丰富提供给客户的信息也成了当务之急。俞渝相信,很多产品都是顾客发掘出来的,通过顾客间的相互影响建立起的友好氛围,当当会有更大的发展。

信息化是当当网发展的基石,构建了当当的商场,铺建了渠道。同时,它又是连接供应商、客户、配送服务的纽带。对于 B2C 的商业模式,俞渝表示,当当会毫不犹豫地坚持下去。在俞渝看来,当当网的核心竞争力不仅仅是单纯通过信息知道顾客的需要,更重要的是,理解了销售和采购的交接点,尽可能充分地利用信息化实现价值。

（资料来源:浙江物流网 http://www.wl668.com）

思考:

你认为当当网还需要以何种方式得到哪些营销信息?请分析当当网是如何利用它所获得的营销信息的,有值得改善的地方吗?

第一节　市场调研

市场调研就是运用科学的方法,有目的、有系统地搜集、记录、整理有关市场营销信息和资料,分析市场情况,了解市场的现状及其发展趋势,为市场预测和营销决策提供客观的依据。

▶ 一、市场调研的类型

由于市场变化的因素很多,因而市场调研的内容也十分广泛,如宏观经济调研、用户需求调研、产品销售调研、竞争对手调研等。市场营销调研经常遇到不同性质的问题,需要以不同的方法取得不同的资料。

1. 探测性调研

探测性调研用于探询企业所要研究的问题的一般性质。如果研究者对所需要研究的问题或范围不甚明确时,可采用探测性调研,以便发现问题,确定研究的重点。例如,某公司近几个月来产品销售量一直在大幅度下降,是什么原因造成的?是竞争者抢走了自己的生意?或是经济衰退的影响?或是顾客的爱好发生了变化?或是广告支出的减少?显然,影响的因素很多,公司无法一一查知。企业只好先用探测性研究法来寻求一些最可能的原因,从一些用户或中间商那里去搜集多方面的信息资料,从分析中发现问题,以便进一步调查。

探测性调研的目的是明确的,但研究的问题和范围较大。在方法上比较灵活,事先不需要进行周密的策划,在研究过程中可根据情况随时进行调整。探测性调研的资料主要来源于二手资料或请教一些内行、专家,让他们发表意见、谈自己的想法,或参照过去类似的实例来进行,多以定性研究为主。

2. 描述性调研

描述性调研主要进行事实资料的收集、整理,着重回答消费者买什么、何时买、如何买等问题,是通过详细的调查和分析,对市场营销活动的某一方面进行客观的描述,是对已经找出的问题做如实的反映和具体回答。多数的市场营销调研都为描述性调研。例如对市场潜力和市场占有率、竞争对手的状况描述等。在调查中,搜集与市场有关的各种资料,并对这些资料进行分析研究,揭示市场发展变化的趋势,为企业的市场营销决策提供科学的依据。这类调研的目的在于对某一专门问题提出意见,所以比探测性调研更为深入细致,研究的问题更加具体。在研究之初,通常根据决策的内容,把研究的问题进一步分解。描述性调研需要事先拟订周密的调研方案,并做详细的调研计划和提纲,包括各项准备工作,以确保调研工作的顺利进行。

3. 因果性调研

因果性调研的目的就是要找出关联现象或变量之间的因果关系,一般是为回答调研中"为什么"的问题提供资料。如要了解企业可控制的变量(产品产量、产品价格、各项销售推广费用等)与企业无法控制的变量(产品销售量、市场的供求关系等)之间的变化关系和影响程度,需通过因果性调研得知。因果性调研是在描述性调研的基础上进一步分析问题发生的因果关系,弄清原因和结果之间的数量关系,揭示和鉴别某种变量的变化究竟受哪些因素的影响及影响程度如何。

4. 预测性调研

对未来市场的需求进行估计,即预测性调研,是企业制订有效的营销计划和进行市场营销决策的前提。它是在前述调研的基础上进行组织处理信息,估计市场未来需求,对于企业今后发展有着一定的意义。预测性调研涉及的范围比较广,可采用的研究方法比较多,研究方式也较为灵活。

营销思考

中小企业如何做市场调研

市场调研是一个令很多中小企业营销管理者感到迷茫的问题:人力上,既没有专职的市场调查人员,更没有独立的市场部门;财力上,请不起专业的市场调研公司。而市场调研工作又不能不做,不做就不知道你要营销的对象是谁,他在想什么、做什么;不做就不知道自己的竞争对手过去、现在和未来是怎么做的及将怎么做……

市场调研是一项繁杂的工作,即便是具备独立的市场部门、专职的市场调查人员的大公司,市场调研工作也不是由市场调查人员"包干到底"的,市场调查人员的工作是负责策划、组织、指导、控制调研活动,对中小企业而言,具体执行工作可借助于销售人员。

1. 由公司销售人员借工作之便进行调研或临时执行调研任务

销售人员是冲锋在第一线的战士,他们最了解"敌情",也是最需要了解"敌情"的人,借助销售人员一方面可以节省公司人力、物力和财力,起到事半功倍的效果;另一方面,可以督促销售人员加深对市场的了解。

2. 借助公司的经销商或代理商来完成调研工作

代理商在做好本地市场这一基本愿望上是与公司完全一致的。在这一前提下,公司可以策划、指导经销商或代理商做好本地区的市场调研工作,包括本地区基本状况、消费者状况、竞争品牌状况调查,以及当地媒介状况调查,当地政府、民间活动调查等;同时,实施"动态企划",抓住机会,巧妙借势,做好在当地的广告、促销活动。这样不仅解决了调研的一大难题,也有助于巩固双方的合作关系。

3. 收集研究二手信息

总经理不仅应做好市场调研的策划、组织、指导、控制工作,还必须做好二手信息的收集研究工作。很多中小企业虽然订有各种专业报纸杂志,拥有自己的网站,但并未能有效地利用这些宝贵的资源,从中淘金。专业报纸杂志也并非多多益善,订几种综合性、权威性的即可。通过专业报纸杂志,公司可以尽快地了解业界动态。

自己的网站应有效利用,利用网络可以便捷地查询各种有用信息。网上传播省时、省力,当前很多专业的市场调研公司已开始利用网站开展调研活动,中小企业为什么不可以利用自己的网站进行市场调研呢?

地方报纸及营销类杂志不可或缺,一些中小企业对专业报纸杂志还是相当重视的,但对地方报纸及营销类杂志却不那么热情,笔者认为这种做法有些欠妥。很多中小型企业的产品仅供当地及周边市场,地方报纸是我们的耳目,有助于我们了解发生在身边的人和事。营销类杂志则向公司打开了一扇学习别人市场调研和营销经验的窗口,只有虚心学习,才能有所进步。

(资料来源:百度百科,baike. baidu. com/view/3194. htm)

▶ 二、市场营销调研的程序

市场营销调研必须根据人们的认识规律,科学地安排市场调研的程序。一般而言,市场营销调研程序如图 4-1 所示,主要有明确调研主题、拟订调研计划、收集信息、分析信息和提交报告五个阶段。

明确调研主题 ➤ 拟订调研计划 ➤ 收集信息 ➤ 分析信息 ➤ 提交报告

图 4-1 市场营销调研的程序

1. 明确调研主题

在这个阶段中,市场营销调研的主要职能是对所要进行的调研主题及目标进行非正式的探测性摸底调研。调研前要在综合分析的基础上,根据调研目的确定好调研主题。如果主题发生错误,整个调研将前功尽弃。

案例分析

是否在空中提供通话服务

美国航空公司的一位经理提出在高空为乘客提供电话通信的想法。其他的经理们认为这是激动人心的,并同意对此做进一步的研究。于是,提出这一建议的营销经理自愿为此做初步调查。他同一个大公司接触,研究波音 747 飞机从东海岸到西海岸的飞行途中,电话服务在技术上是否可行。电信公司表示,这种系统的每次成本大约是 1000 美元。因此,如果每次电话收费 25 美元,则在每航次中至少要有 40 人通话才能保本。于是这位经理与本公司的市场营销调研经理联系,请他研究旅客对这种新服务将会做出何种反应。

如果营销经理对营销人员说:"去探求凡是你能够发现的空中旅客所需要的一切。"结果,这位经理将得到许多不需要的信息。另外,如果营销经理说:"探求是否有足够多的乘客在从东海岸到西海岸的波音 747 飞行中,愿意付足电话费,从而使美国航空公司能够保本提供服务。"这样提出问题就太狭窄了。

美国航空公司的调研人员对此问题应该这样确定。

(1) 航空公司的乘客在航行中通话的原因是什么?

(2) 哪些乘客喜欢在航行中通电话?

(3) 有多少乘客可能会打电话?价格对他们有何影响?收取的最好价格是多少?

(4) 这一新服务会增加多少乘客?

(5) 这项服务对公司的形象将会产生什么影响?

(6) 其他因素,诸如航班次数、食物和行李处理等与电话服务相比,对公司做出选择的相对重要性是什么?

(资料来源:百度文库 http://wenku.baidu.com)

营销启示

调研主题和目标的确定非常重要。确定目标的原则是:不要太宽,也不要太窄。如果调查目标过于宽泛,除了使调查成本增加外,过多的资料往往使决策者无所适从。如果目标过于狭窄,则决策者容易做出片面的决策。

2. 拟订调研计划

企业在开展深入市场营销调研之前,必须对调研项目有一个总体的设计和规划,并做好充分的准备工作。计划要具体、明确,其内容主要包括资料来源、调研方法、调研工具、调研日程、经费预算等。这些内容要以"调研项目建议书"的形式上报主管领导,获准后才可以调研。

范文

为××饰品连锁进行的市场调研计划书

一、前言

饰品行业是最近几年迅速发展的时尚消费品之一。据市场反应观测,该市场成长曲线呈急剧上升之势。但是,由于在饰品连锁加盟运营中出现一些素质低下、欺骗加盟商和极度模仿的行为,造就了加盟商的信任度问题。

为配合××饰品连锁进入市场,评估饰品行业环境及市场进入可行性分析,制定相应的广告策略及营销策略,预先进行全国饰品连锁市场调查大有必要。

本次市场调查将围绕策划三个立足点:消费者、市场、竞争者来进行。寻找××饰品连锁进入市场新的市场定位和创新性。

二、调查目的

1. 为该产品进入市场提供客观依据。

2. 为该产品的销售提供客观依据,具体为:①了解全国饰品连锁行业的目前状况。②了解消费者对饰品的消费观念、习惯。③了解消费者的人口统计学资料,测算市场容量及潜力。

3. 了解购买饰品的消费者情况。

4. 了解竞争对手的销售策略、广告策略。

5. 了解该项目的市场可行性。

三、市场调查内容

（一）消费者

1. 消费者统计资料。

2. 消费者对饰品的消费形态。

3. 消费者对饰品的购买形态。

4. 消费者对希望购买的饰品描述。

5. 消费者对饰品的了解途径及广告的反应。

（二）市场

1. 国内饰品的目前销售形式、品牌及销售状况。

2. 消费者对饰品的需求及购买力状况。

3. 饰品连锁的市场潜力测评。

4. 饰品销售通路状况。

（三）竞争者

1. 目前有哪些饰品连锁的运营商,了解其品牌、价格。

2. 市场上现有饰品连锁加盟店的销售状况。

3. 目前饰品连锁的定位和形态。

4. 竞争对手的广告策略及销售策略。

四、调查对象及抽样

因饰品连锁有一定的市场成熟度,并有一部分运营相对比较成功,但定位和形式非常雷同。所以,在确定调查对象时,应适当针对目标消费者,点面结合,有所侧重,从而寻找到新的突破口,形成自己的市场定位和运营模式。

调查对象组成及抽样如下:

调查城市:北京、杭州、广州、成都、武汉。

消费者:1000人,其中饰品店消费者500人,主要目标消费群500人。

饰品加盟店:30家。

商场专柜:20家。

消费者样本要求:

1. 家庭成员没有人从事饰品行业工作。

2. 家庭成员中没有人从事市场调查公司工作。

3. 家庭成员中没有人从事广告公司工作。

4. 家庭成员中没有人在最近半年中接受过类似产品的市场调查测试。

五、市场调查方法

以访谈为主,观察为辅。

1. 消费者:售点访问、在校学生访问、闹市区流动目标年龄段人员访问。

2. 竞争者:踩点。

访问员要求:

1. 仪表端正、大方。

2. 举止谈吐得体,态度亲切、热情,具有把握谈话气氛的能力。

3. 经过专门的市场调查培训,专业素质较好。

4. 具有市场调查访谈经验。

5. 具有认真负责、积极的工作精神及职业热情。

六、市场调查程序及安排

市场调研总共用时 30 天。

第一阶段:初步市场调查 2 天;

第二阶段:计划阶段:制订计划 2 天;审核确定计划 1 天;

第三阶段:问卷阶段:问卷设计 2 天;问卷调整、确认 2 天;问卷印制 3 天;

第四阶段:实施阶段:访问员培训 2 天;实施执行 10 天;

第五阶段:研究分析:数据输入处理 2 天;数据研究、分析 3 天;

第六阶段:报告阶段:报告书写 2 天;报告打印 1 天。

七、经费预算报价

市场调研总体服务费用:略。

(资料来源:胡敏胜,www.4a98.com)

3. 收集信息

(1)资料来源。资料来源分为第一手资料和第二手资料。资料无论来源于哪里,都要注意资料的有效性和可靠性。

第一手资料是指调研所需的信息没有被别人收集或别人已经收集但调研单位无法获取的资料,通常需要调研人员通过现场实地调查直接收集。

第二手资料是指经过他人收集、记录、整理所积累的各种数据和资料的总称。第二手资料主要来源于企业内部各部门,如档案部门、资料室等;企业外部,如图书馆、档案馆、政府机构、国际组织、新闻出版部门等;行业组织与其他企业等。

(2)调研方法。第二手资料是他人调查和整理的现成资料,取得这部分资料比较容易,付出的精力也比较少。第一手资料是通过自己进行调查取得的原始资料,其获取的方法主要有观察法、询问法和实验法。

① 观察法。观察法分为直接观察法和实际痕迹测量法两种。

所谓直接观察法,是指调查者在调查现场有目的、有计划、有系统地对调查对象的行为、言辞和表情进行观察记录,以取得第一手资料,它最大的特点是在自然条件下进行,所得材料真实生动,但也会因为所观察对象的特殊性而使观察结果流于片面。

实际痕迹测量法是通过某一事件留下的实际痕迹来观察调查,一般用于对用户的流量、广告的效果等方面的调查。例如,企业在几种报纸、杂志上做广告时,在广告下面附有一张表格或条子,请读者阅读后剪下,分别寄回企业有关部门,企业从回收的表格中可以了解哪种报纸、杂志上刊登广告最为有效,为今后选择广告媒介和测定广告效果提出可靠资料。

② 询问法。询问法是将所要调查的事项以当面、书面或电话的方式,向被调查者提出询问,以获得所需要的资料,它是市场调查中最常见的一种方法,可分为面谈调查、电话调查、邮寄调查、留置询问表调查四种。这四种方法各有各的优缺点。面谈调查能直接听取对方意见,富有灵活性,但成本较高,结果容易受调查人员技术水平的影响。电话调查速度快、成本最低,但只限于在有电话的用户中调查,整体性不高。邮寄调查速度快、成本低,但回收率低。留置询问表调查可以弥补以上缺点,由调查人员当面交给被调查人员问卷,说明方法,由之自行填写,再由调查人员定期收回。

③ 实验法。实验法应用范围很广,凡是某一商品在改变品种、品质、包装、设计、价格、广告、陈列方法等因素时都可以应用这种方法,调查用户的反应。这种方法是在一定条件下进行小规模实验,然后对实际结果做出分析,研究是否值得推广。实验法的缺陷是时间长、费用大;选择实验的市场不一定有代表性;影响市场需求的可变因素很多且不易把握;所得结论不容易互相比较等。

案例分析

错失良机的北华公司

1999年东北北华饮业公司在新产品开发过程中,组织了细致的问卷调查,调查结果显示:超过60%的被访问者认为不能接受"凉茶",他们认为中国人忌讳喝隔夜茶,冰茶更是不能被接受的。面对事与愿违的调查结果,不甘心放弃的公司新产品开发组认为,下一步只有进行实际的口味测试才能判别这种新产品的可行性。

为了慎重起见,新产品开发组实施了系统的口味测试,组织了5场"双盲"口味测试,以了解公司计划开发推广的新口味饮料能不能被消费者认同。

口味测试在一间宽大的单边镜访谈室(即深度访谈室,室内装有特殊的单边镜,里面的被访者看不到外面,外面的观察者则可以观察到里面被访者的一举一动,以便了解到被访者真实的反应)里进行。桌子上摆满了没有标签的杯子,被访者逐一品尝着不知名的饮料,并且把口感描述出来写在面前的卡片上……面对最终的调研结论,营销总监的信心被彻底动摇了:被测试的消费者表现出对冰茶的抵抗,一致否定了装有冰茶的测试样本。新产品在调研中被彻底否定,公司也只好把这一项目束之高阁。

然而,在随后的2000年和2001年,以旭日升为代表的冰茶在中国全面旺销,此时北华饮业再想迎头赶上为时已晚,一个明星产品就这样因详尽的市场调研而与北华饮业擦肩而过。提起这一教训,营销总监惋惜:"我们举行口味测试时是在冬天,被访问者从寒冷的室外来到现场,还没暖和就进入测试,寒冷的状态、匆忙的进程都影响了被访者对味觉的反应。被访者对口感温和浓烈的口味表现出了更多的认同,而对清凉淡爽的冰茶则表示排斥。测试状态与实际消费状态的偏差让结果走向了反面。"

(资料来源:张卫东.市场营销禁忌100例.北京:电子工业出版社,2009)

营销启示

东北北华饮业公司在新产品开发过程中进行了精心细致的调研,并对"中国人都不喜欢喝冰茶"的调研结论进行了不折不扣的执行,但并没有得到应有的市场回报。这是因为,市场营销调研虽然有科学的程式化的步骤,但在这个动态化的过程中任何环节都需要创意的帮助。有创意思维的调研人员,总能十分敏感地抓住那些有价值的信息,从不让它们与自己失之交臂。他们会根据这些信息,提出一个个很有创意的假设,然后运用各种调研方法进一步证明这种假设是否确实存在。

当然,调研结果的失败并不能否定调研本身的价值。北京普瑞辛格调研公司副总经理邵志刚先生的话似乎道出了很多企业的心声:"调研失败如同不准确的天气预报给渔民带来的灾难,无论多么惨痛,你总还是要在每次出海之前,听预报、观天气、看海水。"

(3)抽样技术。抽样技术就是指在抽样调研时采用一定的方法,抽选具有代表性的样本,以及实施各种抽样操作技巧和工作程序的总称。抽样技术适用于调查对象众多、涉及面广的市场调研。市场调研的抽样方法分为随机抽样和非随机抽样,如表 4-1 所示。

表 4-1 调研的抽样方法

大 类	小 类	方 法 特 征
随机抽样	简单随机抽样	将样本标号后随机抽样,如抽签法、乱数表抽样
	分层随机抽样	防止样本过于集中,按某属性将总体分层,然后按层抽样
	分群随机抽样	防止样本过于分散,将总体分群,抽出某一群后全面调查
非随机抽样	任意抽样	在总体中任意抽取一定数量样本调研
	判断抽样	由调研员或专家依据主观判断抽样
	配额抽样	按属性将总体单位分类后分配样本数额进行调研

4. 分析信息

分析信息的主要目的包括:分析得到信息的渠道的可靠性;分析信息内容的准确性;分析信息之间的相互关系和规律性。通过调查和实验得来的原始数据必须加以分析和鉴别,剔除那些错误、虚假以及不完整的信息;通过整理,务求资料系统化、简单化和表格化,达到准确、适用的目的。如果资料采用计算机处理,还要对资料进行分类编码。

5. 提交报告

调研报告的写作要抓好三个主要环节:调查、研究、报告。调研报告一般包括标题、摘要、目录、报告主体、结论和建议、附录六个部分。调研报告要紧密围绕调研的目的与要求,做到有的放矢,同时应力求简明、准确、完整、客观,作为科学决策的依据。调研报告的编写与提交,并不是整个调研过程的结束,需要继续追踪调研,对原结果进行补充、修正和完善。

▶ 三、调查问卷的设计

调查问卷是迄今用于收集第一手资料的最普遍的工具。调查问卷是按一定项目和次序,系统记载调查内容的表格。采用调查问卷的形式进行调查,可以使调查内容标准化和系统化,便于资料的收集和处理,而且它又具有形式短小、内容简明、应用灵活等优点,所以在市场调查中被广泛采用。

1. 设计原则

调查问卷要按照调查目的的要求设计调查项目,它虽然没有固定的格式,但要遵守两个最基本的原则。

（1）易于被调查对象接受和理解。首先，由于被调查者没有必须回答问题的义务，所以只有被调查者接受并愿意回答，才能达到调查的目的。这就要求调查问卷的设计要用新颖的形式和巧妙手段吸引被调查者参与，问卷所提问题要尽量有吸引力，如果涉及隐私和敏感问题要尽可能委婉提出，调查问卷中语言要平实，语气要诚恳。其次，调查问卷中所提的问题，应力求明确，用语应避免使用含混不清的词语，使问卷具有较强的可答性和合理性。最后，要注意被调查者的身份和文化水平，少用专业术语，避免提出被调查者难以回答的问题。

（2）便于调查单位数据整理和利用。一方面，调查问卷设计的每个问题，都是为了取得必要的资料。因此，所列问题要根据调查目的突出重点，问题的排序也应有一定的逻辑顺序。问卷中所提出的问题不宜过多、过细、过繁，应言简意赅。另一方面，调查问卷的设计还应该便于调查单位对资料的整理、传递和存档。特别是在当前计算机技术被普遍运用以后，问卷的形式更应有利于计算机读入和进行数据处理。

2. 基本结构

一份完整的调查问卷通常由前言、正文、附录三大部分组成。

（1）前言。主要说明调查主题、调查目的和意义、向被调查者致意、填写说明、注意事项等。最好强调调查者与被调查者的利害关系，以取得消费者的信任和支持，使其更好地配合调查。

（2）正文。它是问卷的主体部分。

① 被调查者基本情况。这是指被调查者的一些主要特征，如在消费者调查中，消费者的性别、年龄、民族、家庭人口、婚姻状况、文化程度、职业、单位、收入、所在地区等。在实际调查中，列入哪些项目，列入多少项目，应根据调查目的、调查要求而定，并非多多益善。

② 调查内容的具体项目。调查内容的具体项目是调查者所要了解的基本内容，也是调查问卷中最重要的部分。它主要是以提问的形式提供给被调查者，这部分内容设计的好坏直接影响整个调查的价值。

③ 编码。大多数调查问卷需加以编号，以便分类归档，或便于计算机处理和统计分析。需要指出的是，有些内容比较简单的调查问卷可以省略某些部分。

（3）附录。用于记录被调查者的意见、建议；或是记录调查情况，以明确调查人员完成任务；也可以是感谢语及其他补充说明。

3. 提问技术

调查问卷的提问技术可以分为两类：一类是封闭式问题，即在问卷中已经拟定了各种可能的答案，被调查者只能从中选择。这种提问法便于统计，但是回答者只能在规定的范围内被迫回答，无法反映其他真实的想法。另一类是开放式问题，即问卷所提的问题没有事先确定答案，由被调查者自由回答。这类问卷可以真实地了解被调查者的态度与情况，但调查不易控制，答案很难归纳统计。在问卷调查中用的较多的是封闭式问题。

（1）是非题，答案明晰，但只适用于不需要反应态度程度的问题。

例：你国庆节是否有外出旅游的计划？

□是　　　　　□否

（2）单项选择题。

例：你购买方便面最主要的原因是什么？

□方便　　　□好吃　　　□便宜　　　□营养　　　□无替代品

(3) 多项选择题。

例:你喜欢下列哪一种品牌的手机?(可以选择多项)

□诺基亚　　□摩托罗拉　□三星　　　　□联想　　　　□夏普

例:你到某餐厅就餐的主要原因是什么?

□菜品味道好　　　□就餐距离近　　　□卫生环境好　　　□服务水平高　　　□经济实惠

(4) 李克特量表,被调查者可以在同意与不同意之间进行选择。

例:你认为"外国航空公司比中国航空公司的服务要好"吗?

①很赞成　　②同意　　③不同意也不反对　　　④不同意　　　⑤坚决不同意

(5) 分等量表,即对事物的某些属性从优到劣进行分等。

例:你认为××品牌汉堡包的口味如何?

□很好　　　□好　　　　□尚可　　　□差　　　□很差

(6) 重要性量表,对某些属性从"非常重要"到"根本不重要"进行分等。

例:价格对于我买计算机来说:

①非常重要　　②很重要　　③重要　　④无所谓　　⑤不重要　　⑥根本不重要

(7) 顺位式问题,便于被调查者对其意见、动机、感觉等做衡量和比较性的表达,也便于对调查结果加以统计。

例:您选购空调的主要条件是(请将所给答案按重要顺序 1,2,3…填写在□中)

价格便宜□　　　外形美观□　　　维修方便□　　　品牌有名□

经久耐用□　　　噪声低□　　　制冷效果□　　　其他□

(8) 自由式,被调查者不受任何限制回答问题。

例:谈谈你对学校食堂的看法和建议。

(9) 词汇联想法。

例:当你听到下列文字时,你脑海中涌现的第一个词是什么?

酒店_____冰箱_____老字号_____海尔_____

(10) 语句完成法。

例:当我运动后,我想喝_____。

　　当我饮酒后,我想喝_____。

　　当我睡觉前,我想喝_____。

范文

洗发用品市场调查问卷

女士们,先生们:您好!我是前锋市场调查公司的访问员王硕,我们正在进行一项洗发用品的市场调查。为了带给顾客更优质的产品,特此想知道您对此类产品的意见,以求改进。调查大约需要 10 分钟,耽误您一些时间,希望您能配合。该问卷不记名,回答也无对错之分,务请照您的实际情况回答,请在符合您的情况项目旁的□内打"√"或填上你的答案。谢谢!

1. 您的性别:

□男　□女

2. 您现在是否工作了？

☐是　☐不是

3. 请问您在过去的一个月内有没有接受过任何形式的市场调查访问？

☐有　☐没有

4. 请问您对洗发水的品牌了解有多少？（单选）

☐很了解　☐一般　☐不了解

5. 请问您知道哪些牌子的洗发水？（多选）

☐飘柔　☐海飞丝　☐力士　☐潘婷　☐润发100年　☐伊卡璐　☐沙宣
☐舒蕾　☐霸王防脱　☐其他

6. 请问您通常使用什么牌子的洗发水？（多选）

☐飘柔　☐海飞丝　☐力士　☐沙宣　☐伊卡璐　☐其他

7. 您是通过什么方式了解到您使用洗发水的洗后效果的？（多选）

☐杂志　☐广告　☐销售人员的介绍　☐网络

8. 您通常在什么地方购买洗发水？（单选）

☐超市　☐大型百货商店　☐洗发用品专营店　☐个体经营户

9. 请问在您所使用的洗发用品中,哪一品牌的洗发水最受您喜爱？（单选）

☐飘柔　☐海飞丝　☐力士　☐潘婷　☐润发100年　☐伊卡璐　☐沙宣
☐舒蕾　☐霸王防脱　☐诗芬

10. 请问洗发水的哪一方面特性吸引您去购买？（多选）

☐价格　☐包装　☐容量　☐香味　☐洗后效果

11. 请问您是通过什么渠道了解到您所使用的洗发产品的？（单选）

☐杂志　☐广告　☐销售人员的介绍

12. 您关于洗发水广告的态度是:（单选）

☐看完洗发广告会选择去尝试购买　☐认为洗发广告都是骗人的
☐洗发广告做的吸引人　☐洗发广告对我购买洗发水的选择并无很大影响
☐认为洗发广告就是一种浪费

13. 请问您对您现在所使用的洗发水是否满意？（单选）

☐非常满意　☐比较满意　☐一般　☐不太满意

14. 请问您最近一次购买洗发水是在什么时候？（单选）

☐过去一周　☐一个月前　☐前几天

15. 请问您最近一次购买的洗发水是什么品牌的？（单选）

☐飘柔　☐海飞丝　☐力士　☐潘婷　☐润发100年　☐伊卡璐　☐沙宣
☐舒蕾　☐霸王防脱　☐诗芬

16. 请问您最近一次购买洗发水的容量是多少？（单选）

☐100ml　☐200ml　☐400ml　☐600ml　☐其他

17. 您会将这种产品推荐给您的朋友吗？

☐肯定会　☐可能会　☐可能不会　☐肯定不会

18. 请问您在购买洗发水时会考虑以下哪些因素？（多选）

☐进口/合资品牌　☐价格　☐去头屑　☐能止痒　☐产品香味好

□泡沫丰富　　□清洁头发好　　□用后头发有光泽　　□包装独特

19. 您购买洗发水时所考虑的最重要的因素是什么？（单选）

□品牌　　□价格　　□包装　　□效果　　□香味　　□其他

20. 请问您在未来的一年中对洗发水的态度是什么呢？（单选）

□会继续使用原来的产品　　□会尝试新的产品　　□其他

21. 请问您为什么这么说？（开放）

_____

22. 请问您大多会购买什么价位的洗发水？（单选）

□贵的　　□价格中等的　　□便宜的

23. 请问您为什么选择这种价位的洗发水呢？（开放）

_____

24. 请问您对您现在使用的洗发水的建议是什么？（开放）

_____

（资料来源：改编自 AskForm 问道）

▶ 四、网络调研

网络调研将从一股新生力量向主流方向发展。网上调研有两种主要方式，一种是利用互联网直接用问卷调查等方式收集一手资料；另一种是利用互联网的媒体功能，从互联网收集第二手资料。

1. 网络调研的特点

网络调研已成为一种不可忽视的市场调研方法。与传统市场调研方法相比，利用互联网进行市场调研有很多优点。

（1）无时空和地域限制。网络调研具有不受时空限制，数据采集过程中不受地域限制，而且还可以 24 小时全天候进行调查，减少许多诸如制度、天气和时间等因素的影响，因而可以使调查组织简单、快速，且调查范围更广。

（2）便捷性和低成本。网络调研在一定程度上可以降低调查成本，省去调查实施过程中访问员费用等人工介入成本、产品费、交通费等支出项。网络调查还可以减少数据录入和数据转换等的工作。

（3）交互性和充分性。网络的最大好处是交互性，而且不需要和用户进行面对面的交流，因此在网上调查时，被调查对象可以及时就问卷相关问题提出自己更多看法和建议，可以减少因问卷设计不合理而导致的调查结论偏差。网络调研还减少了传统的"入户难"的问题，在一定程度上提高了问卷的应答率。

（4）客观性和共享性。实施网络调研，被调查者完全在自愿的前提下参与调查，可以不受调查员经验、情绪等主观因素的影响，能获得真实可靠的信息。网络调研是开放的，被调查者在信息经过统计分析软件初步自动处理后，当即就可以看到阶段性的调查结果。

2. 网络调研的常用方法

（1）网上搜索法。利用网上搜索可以收集到市场调研所需的大部分第二手资料，如大型调查咨询公司的公开性调查报告，大型企业、商业组织、学术团体、著名报刊等发布的调查资料,政府机构发布的调查统计信息等。

（2）网站跟踪法。网上每天都出现大量的市场信息,即使功能最强大的搜索引擎,也不可能将所有信息都检索出来,而且很多有价值的信息并不是随便可以检索得到的。作为市场调研的日常资料收集工作,这就需要对一些提供信息的网站进行定期跟踪,对有价值的信息及时收集记录。

（3）加入邮件列表。一些网站为了维持与用户的关系,常常将一些有价值的信息以新闻邮件、电子刊物等形式免费向用户发送,通常只要进行简单的登记即可加入邮件列表,将收到的邮件列表信息定期处理也是一种行之有效的资料收集方法。

（4）在线调查表。在网站上设置调查表,访问者在线填写并提交到网站服务器,这是网上调查最基本的形式,广泛地应用于各种调查活动。这实际上也就是问卷调查方法在互联网上的延伸。

（5）电子邮件调查。同传统调查中的邮寄调查表的道理一样,将设计好的调查表直接发送到被调查者的邮箱中,或者在电子邮件正文中给出一个网址链接到在线调查表页面。这种方式在一定程度上可以对用户成分加以选择,并节约被访问者的上网时间。如果调查对象选择适当且调查表设计合理,往往可以获得相对较高的问卷回收率。

（6）对网站访问者的抽样调查。利用一些访问者跟踪软件,按照一定的抽样原则对某些访问者进行调查,类似于传统方式中的拦截调查。

（7）固定样本调查。同传统调查中的固定样本连续调查法一样,用合理的抽样技术选定固定样本用户。当然,这些用户必须是可以经常上网的用户,对固定样本用户给予必要的培训,说明调查目的,提出一定的要求,由各样本用户按照要求将所要调查的内容记录下来,定期提交给市场调研项目的负责人。

营销思考

网上调查有缺陷吗

网上市场调研的优点很明显,但同时也不应忽视其所存在的问题,主要表现在调查表的设计、样本的数量和质量、个人信息保护等因素的影响。

1. 在线调查表本身的问题

由于在线调查占用被访问者的上网时间,因此在设计上更应讲究技巧,应该具备简洁明了的特点,尽可能少占用填写表单的时间和上网费用。

2. 样本的数量

对于一些访问量较低的网站来说,如何吸引人参与调查是一种挑战,如果网站访问量小,为了达到一定的样本数量,就需要较长时间。如果为了调查而加大网站推广力度,需要增加不小的推广费用,可能得不偿失。

3. 样本的质量

网上调查的局限不仅受样本数量少的影响,样本分布不均衡同样可能造成调查结果误差大。由于网上调查的对象仅限于上网的用户,即使在上网用户中,网民结构也有明显的特征,同时用户地理分布和不同网站的特定用户群体也是影响调查结果的不可忽视的原因。

4. 个人信息保护

由于人们担心个人信息被滥用,通常不愿在问卷调查中暴露准确的个人信息,往往会因为涉及过多的个人信息而退出调查。为了尽量在人们不反感的情况下获取足够的信息,在线调查应尽可能避免调查最敏感的资料。

5. 被调查者的因素

除了上述主要问题之外,被调查者提供信息的准确性也直接影响到在线调查结果的准确性。因此,筛选无效问卷是在线调查的必要环节之一。

可见,尽管网络市场调研具有一定优越性,但也应看到,网上调查并不是万能的,调查结果有时会出现较大的误差。网上调查也不可能满足所有市场调研的要求,应根据调研的目的和要求,采取网上调研与网下调研相结合、自行调研与专业市场调查咨询公司相结合的方针,以尽可能小的代价获得尽可能可靠的市场调研结果。

第二节 市场预测

所谓市场预测,是指企业在通过市场调查获得一定资料的基础上,针对企业的实际需要以及相关的现实环境因素,运用已有的知识、经验和科学方法,对企业和市场未来发展变化的趋势做出适当的分析与判断,为企业的经营决策提供可靠依据。

预测一般分为三个阶段进行,首先进行宏观经济预测;其次进行行业预测;最后进行企业市场预测。总体上来说,预测有两种基本方法:定性预测法和定量预测法。

一、市场预测的内容

从商品市场来看,市场预测的主要内容如下。

1. 市场环境预测

市场环境预测应及时收集外部环境变化的信息、分析环境变化带来的威胁和机会、分析企业的优势与劣势,才能得出较为中肯的预测结论。

2. 市场需求预测

市场需求预测是指对特定时空内的市场需求量、需求水平、需求结构、需求变动因素进行分析预测。一般来说,市场性质和市场层次不同,市场需求预测的内容和方法也有所不同。

3. 市场供给预测

市场供给预测是指对特定时空内的市场供应量、供应水平、供应结构、供应变动因素等进行分析预测。

4. 市场供求状态预测

市场供求状态预测是指对特定时空内的市场供求总量失衡或结构性失衡进行分析预测,把握市场运行的供求态势,以便从供求两个方面寻找治理对策。

5. 消费者购买行为预测

消费者购买行为预测是指分析预测消费者购买什么、购买多少、何时购买、何地购买、何处购买、由谁购买、如何购买等购买行为及其变化。其预测结果为市场潜力测定、目标市场选择、产品研发、营销策略制定提供依据。

6. 产品市场预测

产品市场预测是指对产品的生产能力、生产成本、价格水平、市场占有率、市场覆盖率、技术趋势、竞争格局、产品要素、产品组合、品牌价值等进行预测分析,为企业确定产品的市场前景,制定有效的营销策略提供依据。

7. 产品销售预测

产品销售预测是指对产品销售规模、销售结构、产销存平衡状态、销售变化趋势、销售季节变动规律、产品的市场占有率和覆盖率、销售客户分布、销售渠道变动、销售费用与销售利润变动等做出预测分析,寻求扩大产品销售的路径。

8. 市场行情预测

市场行情预测是指预测分析市场周期波动的规律,判别市场的景气状态和走势,分析价格水平的变动趋向,为企业经营决策提供依据。

9. 市场竞争格局预测

市场竞争格局预测是主要对产品产量、销售量的分布格局,以及产品质量、成本、价格、品牌知晓度和满意度、新产品开发、市场开拓等要素构成的竞争格局及其变化态势进行分析、评估和预测。

10. 企业经营状况预测

企业经营状况预测是指主要对企业的资产、负债、权益、收入、成本费用、利润等方面,以及经营效率、偿债能力、赢利能力的变化趋势进行预测分析,为加强经营管理提供支持。

▶ 二、定性预测法

1. 购买者意向调查法

购买者意向调查法是指通过一定的调查方式(如抽样调查、典型调查等)选择一部分或全部的潜在购买者,直接向他们了解未来某一时期(即预测期)购买商品的意向,并在此基础上对商品需求或销售做出预测的方法。在缺乏历史统计数据的情况下,运用这种方法,可以取得数据资料,做出市场预测。在预测实践中,这种方法常用于工业用品和中高档耐用消费品的销售预测,宜作短期预测。

企业应用购买者意向调查法时,首先,要把消费者的购买意向分为不同等级,用相应的概率来描述其购买可能性的大小。一般分为五个等级(见表 4-2)。其次,向被调查者说明所要调查的商品的性能、特点、价格,市场上同类商品的性能、价格等情况,以便使购买者能准确地做出选择判断,并请被调查者明确购买意向。最后,对购买意向调查资料进行综合,列出汇总表(见表 4-2)。

表 4-2　购买意向汇总

购买意向	肯定购买	可能购买	未定	可能不买	肯定不买
概率描述(P)	100%	80%	50%	20%	0
人数(户数)X_i	X_1	X_2	X_3	X_4	X_5

从表 4-2 中可以清楚知道,表示"肯定购买"有多少人(户);"可能购买"有多少人

(户);……"肯定不买"有多少人(户)。

最后,计算购买比例的期望值,再计算购买量的预测值。购买比例的期望值公式如下:

$$E = \frac{\sum P_i X_i}{\sum X_i}$$

式中,P_i 表示不同购买意向的概率值;X_i 表示不同购买意向的人数(户数)。

购买量预测值公式如下:

$$Y = E \cdot N$$

式中,E 表示购买比例的期望值;N 表示预测范围内总人数(总户数)。

例:某电器销售公司要预测某市下半年音响设备的销售量,对该市居民进行音响设备购买意向调查。该市居民为 12 万户,样本为 300 户。调查资料显示:肯定购买 4 户,可能购买 10 户,未定 20 户,可能不买有 110 户,肯定不买 156 户。

解:(1)计算购买比例期望值:

$$E = \frac{\sum P_i X_i}{\sum X_i} = \frac{100\% \times 4 + 80\% \times 10 + 50\% \times 20 + 20\% \times 110 + 0 \times 156}{300}$$

$$= \frac{4 + 8 + 10 + 22}{300} = 14.7\%$$

(2)计算下半年音响设备销售量预测值:

$$Y = E \cdot N = 14.7\% \times 12 = 1.764(万件)$$

该市下半年音响设备销售量预测值为 1.764 万件。

2. 销售人员意见综合法

销售人员意见综合法即分别收集销售人员对预测指标估计的最大值、最可能值及最低值及其发生的概率,集中所有参与预测者的意见,整理出最终预测值的方法。销售人员最接近消费者和用户,对商品是否畅销、滞销比较了解,对商品花色、品种、规格、式样的需求等也比较了解。所以,许多企业都通过听取销售人员的意见来预测市场需求。但有些销售人员为了能超额完成下年度的销售配额指标,获得奖励或升迁机会,可能会故意压低预测数字。

3. 专家意见法

专家意见法是指以专家为索取未来信息的对象,组织各领域的专家运用专业方面的知识和经验,通过直观的归纳,对预测对象过去和现在的状况、发展变化过程进行综合分析与研究,找出预测对象的变化和发展规律,从而对预测对象未来的发展趋势做出判断。

专家意见法的种类主要有个人判断法、专家会议法和德尔菲法。其中,德尔菲法依据系统的程序,采用匿名发表意见的方式,即专家之间不得互相讨论,不发生横向联系,只能与调查人员发生关系,通过多轮次调查专家对问卷所提问题的看法,经过反复征询、归纳、修改,最后汇总成专家基本一致的看法,作为预测的结果。这种方法具有广泛的代表性,较为可靠。

4. 市场试销法

市场试销法是指试销商品在小范围内进行销售实验,直接调查消费者对试销商品的反映和喜爱程度,并以此调查资料为依据进行市场预测的方法。这种方法应用范围广泛,凡是试制的新产品或老产品改变了性能、款式、花色、包装、价格等,预测其市场销售前景,均可采用此法。应用市场试销法进行预测,其公式如下:

$$Y = Q \cdot N \cdot D$$

式中，Y 表示年销售量预测值；Q 表示每单位用户（家庭）年内平均消费量；N 表示整个市场的用户（家庭）总数；D 表示用户重复购买率。

例：某日用化工厂试制出一种新型洗衣粉，选择某城市一典型区域试销该产品。试销结果显示，有 35% 的家庭购买过该种洗衣粉，其中又有 24% 的家庭重复购买。每户家庭平均购买 4.5 袋该新型洗衣粉。该市有居民 16 万户。根据试销资料，预测该新型洗衣粉在该市的年销售量。

根据题意，可知：$N = 16$（万户），$Q = 4.5$（袋），D 是未知的。

解：（1）计算重复购买率：
$$D = 35\% \times 24\% = 8.4\%$$

（2）计算该新型洗衣粉的年销售量预测值：
$$Y = Q \cdot N \cdot D = 4.5 \times 16 \times 8.4\% = 6.048 \text{（万袋）}$$

这表明，在该市该新型洗衣粉年销售量预测值达 6.048 万袋。

▶ 三、定量预测法

1. 平均数预测法

（1）简单平均法是指将过去各数据之和除以数据总点数，求得算术平均数，为预测值。这种预测方法简单，当预测对象变化较小且无明显趋势时，可采用此法进行短期预测。其公式为

$$y = \frac{\sum\limits_{t=1}^{n} x_t}{n}$$

式中，y 表示预测值；x_t 表示第 t 期的实际值；n 表示所选期数。

例：某企业 1～6 月份某产品的销售量如表 4-3 所示。

表 4-3 某企业产品销售量统计　　　　　　　　　　　　　　　　单位：万元

月 份	1	2	3	4	5	6	合 计
销售收入	300	302	304	298	296	306	1 806

根据上述资料，用简单平均法预测 7 月份销售收入如下：
$$7 \text{ 月份销售收入预测值 } y = 1806 \div 6 = 301 \text{（万元）}$$

（2）加权平均法，是利用过去若干个按照发生时间顺序排列起来的同一变量的观测值并以时间顺序数为权数，计算出观测值的加权平均数，以这一数字作为预测未来期间该变量预测值的一种趋势预测方法。其公式为

$$y = \frac{\sum (x_t \cdot w_t)}{\sum w_t}$$

式中，y 表示预测值；x_t 表示各期观测值；w_t 表示各期观测值的对应权数。

例：采用表 4-3，采用自然数 $1,2,3,4,5,6$ 作为权数，用加权平均法预测 7 月份销售收入如下：

$$y = \frac{\sum (x_t \cdot w_t)}{\sum w_t} = \frac{300 \times 1 + 302 \times 2 + 304 \times 3 + 298 \times 4 + 296 \times 5 + 306 \times 6}{1 + 2 + 3 + 4 + 5 + 6}$$

$$= \frac{300+604+9012+1192+1480+1836}{21} = 301（万元）$$

（3）移动平均法是指在一组观测值中，利用与预测值相邻的近期资料来计算平均值的一种方法。在计算时，随着预测期的向前推移，只采用一定移动期数的近期数据来计算平均数预测值。其公式为

$$y = \frac{x_t + x_{t-1} + x_{t-2} + \cdots + x_{t-n+2} + x_{t-n+1}}{n}$$

式中，y 表示预测值；t 表示资料期数；n 表示移动期数。

例： 采用表 4-3，取移动期为 3，用移动平均法预测 7 月份销售收入如下：

$$y = \frac{x_6 + x_5 + x_4}{3} = \frac{306+296+298}{3} = 300（万元）$$

2. 指数平滑预测法

指数平滑预测法是根据历史资料的上期实际数和预测值，用指数加权的办法进行预测。此法的优点是只要有上期实际数和上期预测值，就可计算下期的预测值，这样可以节省很多数据和处理数据的时间，减少数据的存储量，方法简便。这是国外广泛使用的一种短期预测方法。其公式为

$$F_{t+1} = aD_t + (1-a)F_t$$

式中，F_{t+1} 表示 $t+1$ 期的预测值；D_t 表示最近一期的实际值；F_t 表示最近一期的预测值；a 表示平滑系数（$0 \leqslant a \leqslant 1$）。

a 的确定原则是：当原预测值同实际值差距较大时，a 要取得大一些；反之，当原预测值同实际值差距较小时，a 要取得小一些，因为差距较小说明预测值较准确。

3. 一元线性回归预测法

一元线性回归预测法，是根据自变量 x 和因变量 y 的相关关系，建立 x 与 y 的线性回归方程进行预测的方法。由于市场现象一般是受多种因素的影响，所以应用一元线性回归预测法，必须对影响市场现象的多种因素做全面分析。只有当诸多的影响因素中，确实存在一个对因变量影响作用明显高于其他因素的变量，才能将它作为自变量，应用一元线性回归预测法分析市场预测法进行预测。

一元线性回归预测法的预测模型为

$$y_t = a + bx_t$$

式中，y_t 代表第 t 期因变量的值；x_t 代表第 t 期自变量的值；a、b 代表回归系数。

根据最小二乘法求得回归系数的公式为

$$a = \bar{y} - b\bar{x}$$

$$b = \frac{\sum x_t y_t - \bar{x}\sum y_t}{\sum x_t^2 - \bar{x}\sum x_t}$$

式中，x_t 表示 x 在第 t 期的实际值；y_t 表示 y 在第 t 期的实际值；$\bar{x}$ 表示 x 各期的平均值；$\bar{y}$ 表示 y 各期的平均值。

复习思考

1. 比较四种市场调研类型的目的、适用方法和阶段。

2. 市场调研的过程有哪些？市场调研的主要内容有哪些？

3. 市场预测的方法有哪些？这些方法一般适用于什么情况？

4. 试比较三种主要市场调研方法的优缺点。

5. 你参加过网上调查吗？你认为网上调查有哪些优缺点？

实训练习

1. 根据以下要求拟订一份市场调研计划书。

某啤酒公司,在本市近期销售额明显下降,市场推广中遇到阻力。为找出市场下滑原因,以新的形象把该啤酒品牌重新推向市场,找到新的目标消费者、挖掘潜在的目标市场,并最终通过调查制定出能够使消费者认可的啤酒产品以及营销思路。

2. 根据下述企业要求,设计一张市场调查问卷。问卷尽量采用多种题型,并适合消费者答题。

某 MP3/MP4 制造企业想要了解以下信息:①企业的目标顾客在哪里？②消费者在购买时主要考虑哪些因素？③行业宏观环境如何？④市场潜力有多大？⑤产品的核心竞争力在哪里？⑥消费者获取产品信息的途径有哪些？⑦竞争对手以及潜在竞争者的情况如何？⑧消费者可接受的价格是多少？⑨消费者认为产品哪些地方需要改进？

案例分析

某市春花童装厂近几年沾尽了独生子女的光,生产销售连年稳定增长。谁料该厂李厂长这几天却在为产品推销、资金周转大伤脑筋。原来,年初该厂设计了一批童装新品种,有男童的香槟衫、迎春衫,女童的飞燕衫、如意衫等。借鉴成人服装的镶、拼、滚、切等工艺,在色彩和式样上体现了儿童的特点,活泼、雅致、漂亮。由于工艺比原来复杂,成本较高,价格比普通童装高出了 80% 以上,比如一件香槟衫的售价在 160 元左右。为了摸清这批新产品的市场吸引力如何,在春节前夕厂里与百货商店联合举办了"新颖童装迎春展销",小批量投放市场十分成功,柜台边顾客拥挤,购买踊跃,一片赞誉声。许多商家主动上门订货。连续几天亲临柜台观察消费者反应的李厂长,看在眼里,喜在心上。不由想到,"现在都只有一个孩子,为了能把孩子打扮得漂漂亮亮的,谁不舍得花些钱？只要货色好,价格高些看来没问题,决定趁热打铁,尽快组织批量生产,及时抢占市场"。

为了确定计划生产量,以便安排以后的月份生产,李厂长根据去年以来的月销售统计数,运用加权移动平均法,计算出以后月份预测数,考虑到这次展销会的热销场面,他决定生产能力的 70% 安排新品种,30% 为老品种。二月份的产品很快就被订购完了。然而,现在已是四月初了,三月份的产品还没有落实销路。询问了几家老客商,他们反映有难处,原以为新品种童装十分好销,谁知二月份订购的那批货,卖了一个多月还未卖 1/3,他们现在既没有能力也不愿意继续订购这类童装了。对市场上出现的近 180° 的需求变化,李厂长感到十分纳闷。他弄不明白,这些新品种都经过试销,自己亲自参加了市场调查和预测,为什么会事与愿违呢？

分析:

(1) 你认为春花童装厂产品滞销的问题出在哪里？

(2) 为什么市场的实际发展状况会与李厂长市场调查与预测的结论大相径庭？

第五章

目标市场营销

　　世界上任何一个企业,无论其实力如何雄厚都不能满足整个市场的需求,更何况每个顾客对任何一种商品的需求都是不同的。因此,每个企业进行市场营销,首先要解决一个中心问题:我们为哪些顾客服务?也就是我们的目标市场在哪里?只有明确了目标市场,才能优化市场资源配置,扬长避短;才能更好地满足市场的需求,提高营销活动的效率。

　　对于为数众多、需求各异的购买者,每家企业都应该采取三个步骤:一是按照一定的标准对市场进行细分;二是评估选择对本企业最有吸引力的细分市场作为目标市场;三是确定自己在市场上的地位,搞好市场定位。

营销名言

正像挖金子一样,当你挖下 20 英尺但还没有发现金子时,你的战略会是再挖 2 倍的深度。但如果金子是在距你横向 20 英尺处,那么不论你挖多久也永远不会找到金子。

——[美]爱德华·德·伯诺

引导案例

小油漆厂如何选择目标市场

英国有一家小油漆厂,访问了许多潜在消费者,调查他们的需要,并对市场做了以下细分:本地市场的 60%,是一个较大的普及市场,对各种油漆产品都有潜在需求,但是本厂无力参与竞争。另有四个分市场,各占 10% 的份额。一个是家庭主妇群体,特点是不懂室内装饰需要什么油漆,但是要求质量好,希望油漆商提供设计,油漆效果美观;一个是油漆工助手群体,他们需要购买质量较好的油漆,替住户进行室内装饰,他们过去一向从老式金属器具店或木材厂购买油漆;一个是老油漆技工群体,他们的特点是一向不买调好的油漆,只买颜料和油料自己调配;最后是对价格敏感的青年夫妇群体,收入低,租公寓居住,按照英国的习惯,公寓住户在一定时间内必须油漆住房,以保护房屋,因此,他们购买油漆不求质量,只要比白粉刷浆稍好就行,但要价格便宜。

经过研究,该厂决定选择青年夫妇作为目标市场,并制定了相应的市场营销组合:①产品。经营少数不同颜色、包装大小不同的油漆。并根据目标顾客的喜爱,随时增加、改变或取消颜色品种和装罐大小。②分销。产品送抵目标顾客住处附近的每一家零售商店。目标市场范围内一旦出现新的商店,立即招揽经销本厂产品。③价格。保持单一低廉价格,不提供任何特价优惠,也不跟随其他厂家调整价格。④促销。以"低价"、"满意的质量"为号召,以适应目标顾客的需求特点。定期变换商店布置和广告版本,创造新颖形象,并变换使用广告媒体。

由于市场选择恰当,市场营销战略较好适应了目标顾客,虽然经营的是低档产品,该企业仍然获得了很大成功。

思考:

企业怎样辨认合适的细分市场? 怎样选定目标市场? 怎样搞好差异化市场定位?

第一节　市场细分

市场细分就是企业通过市场调研,根据整体市场消费者需求的差异性,以影响消费者需求和欲望的某些因素为依据,将某一产品的整体市场划分为若干个需求不同的消费者群的市场分类过程。市场细分有利于企业发掘新的市场机会,有利于企业扬长避短,获得竞争优势。

一、市场细分的模式

市场细分的实质是辨别不同的消费群体,并加以分类的过程,而不是通过产品分类来细分市场的。例如,请购买者回答他们对购买冰激凌中的甜分和奶油两种属性的需要程度如何,那么根据被询问者的回答,就能在市场中识别具有不同偏好的细分市场(见图 5-1)。

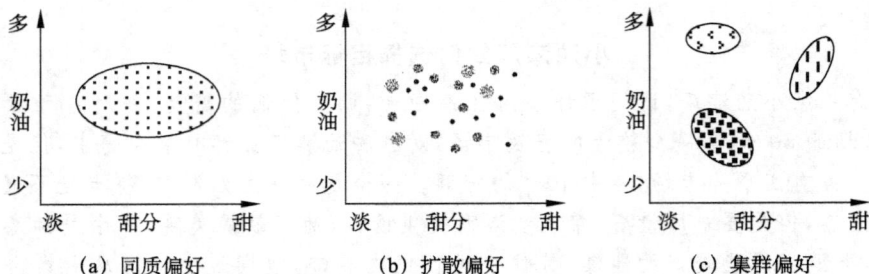

图 5-1　基本市场偏好模式

1. 同质偏好

同质偏好是指一个所有消费者有大致相同偏好的市场,如图 5-1(a)所示。这个市场显示出并不存在惯常的细分市场。对这些商品的所有现存品牌将会是雷同的,并且都处于偏好的中心。因此,对于同质市场没有必要细分。

2. 扩散偏好

扩散偏好是指消费者的偏好可能在空间四处散布,如图 5-1(b)所示。这表示消费者对商品的要求存在差异。假如有一个品牌存在于该市场中,它很可能定位于市场的中心;假如这个市场有好几个品牌,则它们很可能分布于市场的各处,各显示其实质差异,来迎合消费者偏好的差异。

3. 集群偏好

市场可能出现有独特偏好的密集群,这些密集群可称为惯常的细分市场,如图 5-1(c)所示。每一个进入此市场的公司有三种选择。它可以将商品定位于中心,以迎合所有的群体;它也可以将商品定位于最大的细分市场内;它还可以推出好几个品牌,分别定位于不同的细分市场内。

营销思考

市场细分就是找差别吗

市场细分(Market Segmentation)的概念是美国市场学家温德尔·史密斯(Wendell R. Smith)于 20 世纪 50 年代中期提出来的。这个概念的提出是市场营销思想和战略规划的重大突破,为企业经营开阔了视野。温德尔·史密斯认为,只要市场的产品或劳务的购买者超过两人以上,则可按照一定的准则对其需求加以识别、划分和归类为若干个细小市场,从这些细小市场中选择出自己的经营对象,采取相应的策略加以占领。由此可见,市场细分是基于市场上购买者对商品需求与欲望的不同,运用"求大同存小异"的方法,对整体市场需求差别进行识别,即区分"同质市场"和"异质市场"的过程。所谓"同质市场"是指购买者对商品的需求大致相同的市场;所谓"异质市场"是指购买者对商品需求千差万别的市场。

大多数商品属于异质市场,所以企业往往需要对市场进行细分。海尔"小小神童"洗衣机的成功上市就是市场细分的结果。海尔的研究人员发现,夏天的衣服量少、洗得勤,而传统的洗衣机利用率太低,于是推出小容量的"小小神童",大受市场欢迎;他们还发现有些地方的农民用洗衣机洗地瓜,排水道容易堵塞,于是又开发出既能洗衣服又能洗地瓜的"大地瓜"洗衣机,满足了这一细分市场的需求,迅速占领了当地的农村市场,受到农民的好评;海尔还对家用空调市场进行调研,发现随着住宅面积的不断增加,壁挂空调和柜机都已不能满足所有居室的降温,于是提出"家用中央空调"的概念,开发出新品,获得了良好的回报。因此市场细分不仅仅是找差别,而且是一种以"求大同存小异"为原则,对购买者需求和爱好进行分类的方法。

▶ 二、市场细分的标准

市场细分是一项创造性的工作,并不在于统一的标准因素。不同类型企业在对市场细分时应采取不同的标准。企业在选择细分标准时,可以采取单一标准,更多情况下则是采用多项标准的组合。

1. 生活资料市场细分标准

生活资料市场细分标准有很多,但一般概括为四个:地理标准、人口标准、心理标准和行为标准。每个标准又包括许多消费因素(见表 5-1)。

表 5-1　消费者市场细分的一般标准

细分标准	具 体 因 素
地理标准	区域、地形、气候、区域规模、人口密度、交通条件等
人口标准	民族、宗教、职业、教育、性别、年龄、收入、家庭状况等
心理标准	生活方式、性格、购买动机、消费偏好等
行为标准	追求利益、使用者状况、使用频率、忠诚程度、对营销因素的敏感程度

(1)地理标准。以地理环境为标准细分市场就是按消费者所在的不同地理位置将市场加以划分,是大多数企业采取的主要标准之一,这是因为这一因素相对其他因素表现得较为稳定,也较容易分析。地理环境主要包括区域、地形、气候、城镇大小、交通条件等。由于不同地理环境、气候条件、社会风俗等因素影响,同一地区内的消费者需求具有一定的相似性,不同地区的消费者需求则具有明显的差异。例如,对防暑降温、御寒保暖之类的消费品按照不同气候带细分市场是很有意义的。

应该指出,按照国家、地区、南方北方、城市农村、沿海内地、热带寒带等标准来细分市场是必需的,但是,地理环境是一种静态因素,处在同一地理位置的消费者仍然会存在很大的差异。因此,企业还必须采取其他因素进一步细分市场。

(2)人口标准。这是市场细分惯用的和最主要的标准,它与消费者需求以及许多产品的销售有着密切联系,而且这些因素又往往容易被辨认和衡量。企业进行市场细分,除了分析一个国家或地区的总人口以外,还要研究人口的具体构成情况,以便根据企业的特点和优势,准确选择自己的目标市场。

① 地理分布中的"人"。市场细分与人口密度、区域分布和流动迁移等密切相关。

- 人口密度。按照人口聚居地区的密集程度可分为三大类:即大范围集中区、小范围集中区和地广人稀区。一般来说,人口密度大的地区,市场容量大。
- 区域分布。由于人口居住、生活的自然条件和社会经济条件不同,所以消费品需求也就有差异。
- 流动迁移。随着社会经济的不断开放,我国人口的流动和迁移呈现出不断扩大的趋势,农村流向城市、不发达地区流向发达地区,城市和南方地区的人口膨胀速度明显加快。所以,企业必须注意人口流动和迁移问题。

② 不同年龄的"人"。不同年龄的消费者,由于生理、收入、价值观念、生活方式、社会角色等方面存在差异,必然会产生不同的消费需求。

- 儿童市场。目前,我国的儿童多数为独生子女,由于崇高的家庭地位和孩子的好奇心理及随意性,儿童消费日益成为家庭消费的中心。特别是儿童玩具、文具、书籍、运动器材、食品、服装等,存在巨大的市场容量。所以,"在孩子身上打主意,挣孩子的钱"已成为一些企业的重点目标。
- 中、青年人市场。这个市场最具活力,领导时代的消费潮流,"能挣会花"已经成为不少年轻人的追求口号和生活目标。在这个市场中,高档服装、家具、住宅、汽车、奢侈品等比较活跃,对品牌商品需求强烈。
- 老年人市场,也称"银色市场"。我国人均寿命不断提高,已经进入老龄化社会,老年人市场在不断扩大。"银色市场"对保健、食品、医疗、服务、娱乐有着特殊的需求,为不少企业创造了新的市场契机。

营销思考

零食消费男女儿童有别,细分市场有潜力

为了了解孩子对零食的消费情况,架起食品生产商与市场沟通的桥梁,北京一家调查公司曾对儿童零食消费市场进行了一次调研。本次调查涉及北京、上海、广州、成都、西安五大消费先导城市。调查以街头拦截式访问方式进行,调查对象为0~12岁儿童的家长和7~12岁的儿童。调查结果如下:

(1) 女孩偏爱果冻和水果,男孩偏爱饮料和膨化食品。

(2) 9岁以下儿童喜爱饼干和饮料,10岁以上儿童偏爱巧克力和膨化食品。

(3) 零食消费中果冻独占鳌头,城市儿童对果冻有特别的偏好。

本次调查显示,六成以上的儿童表示平时爱吃果冻;其次是水果,占57.2%;表示爱喝饮料的儿童占51.7%。

五个城市中经常购买果冻的家长一年用于果冻的花费大约为105.9元。分城市看,广州和成都的家长一年在果冻上的开销较高,分别达到了174.1元和170.7元,居前两位;北京和上海的家长一年用于果冻的花费分别大约为66.3元和56元,分列三、四位;相比之下,西安的儿童家长一年花费在果冻上的开销最低,仅为22.3元。

"喜之郎"以其强大的广告攻势及优良的品质不仅赢得了孩子们的喜欢,也赢得了家长

们的心。本次调查显示,"喜之郎"在儿童和家长中的综合知名度最高,提及率达到90%;"乐百氏"和"旺旺"的提及率也超过五成,分别为66.2%和53.9%;"徐福记"和"波力"的提及率分别为42.8%和35.2%,分列四、五位。

男女孩消费品种和比例不同的调查,可以帮助相关企业在儿童零食商品市场开发、宣传等方面准确定位。

(资料来源:北京现代商报,2002年8月9日)

③ 不同性别的"人"。随着我国妇女就业机会的增加和地位的提高,她们在消费方面越来越发挥重要的主导作用。女性消费市场重点主要体现在时装和首饰、健美及美容用品、厨房用品等几个方面。

④ 家庭单位中的"人"。家庭是市场消费和购买的基本单元。随着经济的发展和家庭观念的更新,家庭规模趋于小型化——家庭单位增加、家庭人口减少。在我国城镇,多数家庭为三口之家,一些大城市出现了不少"两人世界"的"丁克家庭"。

⑤ 社会因素中的"人"。消费者的民族、职业、文化教育程度、经济收入等社会构成因素都直接影响其消费需求和购买行为。我国从个人消费来看,经济发达地区的消费者大致可以分为五个层次(见表5-2)。

表 5-2　我国个人消费层次

类　型	构成及所占比例	消 费 特 点
富豪型	主要是私营业主、合资企业中的老板、体育和艺术明星等;1%	消费一般不考虑价格,以自己的喜好为购物标准,崇尚名牌、洋货
富裕型	工商企业中的高级管理人员、工程承包商等;10%	购物既问价格,又十分注意显示自己的经济实力和身份
小康型	企业中的中层管理人员、从事第二职业的知识分子、个体户等;20%	既赶潮流,又讲实惠
温饱型	效益良好企业的职工;60%	消费以实惠为主要标准,追求价廉、高质量的商品
贫困型	下岗职工、待业者、无劳动能力的人等;9%	对商品的品牌、款式等不多挑剔,购物只求价格便宜

(3) 心理标准。人们常常发现,同一人口统计变量的消费者对同种产品的需求表现出差异性甚大的心理现象。尤其是在比较富裕的社会中,顾客购物已不限于满足基本生活需要,因而消费心理对市场需求的影响更大。

越来越多的企业,尤其是服装、化妆品、家具、餐饮、旅游等行业的企业越来越重视按照人们的生活格调来细分市场。例如,大众汽车公司按照不同的生活方式设计不同的汽车:有专为强调经济、安全和生态环境的"好公民"而设计的汽车;也有专为强调容易操纵、转动灵活和运动型的"玩车者"而设计的汽车。一家男士牛仔裤的厂商为几种特定生活方式的消费者设计新的牛仔裤:"积极进取型"、"放纵自我型"、"寻欢作乐型"、"传统家居型"、"蓝领阶层的户外劳动者"和"企业家"等。

案例分析

灰发市场的心理障碍

从生理角度讲,随着年龄的增长,人们头发的颜色会变得灰白;从心理角度考虑,由于年龄偏高,人的心理也趋于郁闷,而灰色在各种色彩中属不活跃的一种。因此,用灰发市场特指老年市场和准老年市场。

20世纪70年代,美国最大的生活日用品制造商——强生公司(Johnson)针对老年人的发质特点,推出一种新型的洗发香波。公司本意是有针对性地开拓老年市场,但在进行广告促销时,使用了诸如"干脆"、"营养不足"等词语来描述50岁以上老年人头发的特点,并非凡指出"此香波极适于年龄在50岁以上的老年人"。市场细分到此地步,按理销售应不成问题。然而没过多长时间,公司发现销售情况极为不佳,在有些地区甚至一瓶也未售出。为了弄清事情真相,公司做了一次市场调查,结果发现许多老年人和行将进入老年的中年人都在试图掩藏他们的真实年龄。他们不愿面对不断增长的年龄,不愿接受自己正在衰老这一事实,不愿购买一种会把自己局限在一个苦恼圈子里的产品。

(资料来源:中华硕博网,管理文库,2009年2月24日)

营销启示

强生公司进行广告促销时犯了大忌。虽然目标市场十分明确,尽管产品质量也十分优良,但由于没有充分考虑灰发市场的细微之处和具体特点,触及了许多老年人和准老年人的痛处,使他们对产品敬而远之,不去购买。那么,应如何对待灰发市场呢? 在具体营销时,应充分考虑灰发市场的独特心理。最棘手的问题是如何界定老年人,并且使他们能够接受这种界定而不感到受伤害。据一项调查表明,大多数老年人心理上感觉的年龄要比实际年龄小5~10岁。希望自己永远年轻,或至少希望在别人眼里不像实际那么老。市场营销人员必须把握住这种微妙的心理。用一种积极、乐观、对生活充满信心的方式把产品介绍给老年人,才会收到良好的效果。对消费者心理的把握是市场营销诸环节中十分重要的一环。灰发市场是这样,其他如儿童易于转移爱好、青年人爱赶时髦等,对这些不同心理特点的市场也是如此,都需引起足够的重视。

(4) 行为标准。按行为因素的市场细分是根据消费者对产品的理解、态度、使用情况及反应等因素将消费者细分成不同需求的群体。消费者的行为变量最直观、最直接,因此许多人认为,行为变量是进行市场细分的最佳依据。

① 购买习惯。即使在地理环境、人口状态等条件相同的情况下,由于购买习惯不同,仍可以细分出不同的消费群体。如新学期开学前学习用品热销,春节前副食品销售达到高峰,重阳节前各类保健食品吃紧。又如购买地点习惯,一般日用品人们愿意去超市、便利店购买,高档商品则去大店、名店挑选,这就为各类零售企业市场定位提供了依据。

② 追求利益。进行利益细分市场时,必须确定人们在产品种类中寻找的主要利益,如,有谁在寻求这些利益、哪些品牌可以提供这些利益。

美国学者赫雷(Haley)曾运用利益细分法对牙膏市场进行细分而获得成功。他把牙膏需求者寻求的利益分为经济实惠、防治牙病、洁齿美容和口味清爽四类(见表5-3)。牙膏公司可以根据自己所服务的目标市场特点,了解竞争者是什么品牌,市场上现有品牌缺少什么利益,从而改进自己现有的产品,或再推出新的产品,以满足未被满足的需要。

表 5-3　牙膏市场的利益追求

利益细分	人口特征	行为特征	心理特征	符合利益的品牌
经济实惠	男性	大量使用者	自主性强者	大减价的品牌
防治牙病	大家庭	大量使用者	忧虑保守者	佳洁士
洁齿美容	青少年	吸烟者	社交活动多者	美加净
口味清爽	儿童	薄荷爱好者	喜好享乐者	高露洁

③ 品牌忠诚。消费者对企业和产品品牌的忠诚程度，也可以作为细分市场的依据，企业借这一细分可采取不同的营销对策（见表 5-4）。

表 5-4　顾客忠诚度细分

忠诚程度	购买特征	销售对策
专一品牌忠诚者	始终购买同一品牌	用俱乐部制等办法保持老顾客
几种品牌忠诚者	喜欢几种品牌，交替购买	分析竞争者的分布，竞争者的营销策略
转移忠诚者	不固定忠于某一品牌，一段时间忠于 A，一段时间忠于 B	了解营销工作的弱点
犹豫不决者	从来不忠于任何品牌	使用有力的促销手段吸引他们

④ 购买频率。企业可根据品牌的轻度、中度和重度使用者等情况来细分市场。品牌重度使用者也许在市场上所占比例不大，但他们的消费量在全部消费中所占比率却很高。以啤酒为例，调查对象中，68％的人不喝啤酒，32％喝啤酒的人又可分为两类，其中 16％的人是轻度饮用者，其消费量仅占啤酒总消费量的 12％，而重度饮用者虽然也占 16％，但其消费量却占总消费量的 88％，是轻度饮用者消费量的 7 倍多。因此，啤酒公司宁愿吸引一个重度饮用者，而放弃几个轻度饮用者。大多数营销策划者都把重度饮用啤酒者作为目标市场。

美国一家市场调研公司还发现，大量喝啤酒者大多是体力劳动阶层，年龄在 25～50 岁，每天看电视约 3～5 小时，喜欢观赏体育节目。这些宝贵资料有助于营销者制定产品价格、选择分销渠道和广告媒体、决定促销策略等。

⑤ 使用状况。许多市场可细分为某品牌的未使用者、曾使用者、潜在使用者、初次使用者和经常使用者。市场占有率高的品牌特别重视将潜在使用者转变为实际使用者，而小企业则努力将使用竞争者品牌的顾客转向使用本企业的品牌。企业对于处于不同使用状况的顾客群，要有不同的营销方案，才能促进销售。

案例分析

资生堂细分"岁月"

日本的化妆品，首推资生堂。近年来，它连续名列日本各化妆品公司榜首。20 世纪 80 年代以前，资生堂实行的是一种不对顾客进行细分的大众营销策略，即希望自己的每种化妆品对所有的顾客都适用。80 年代中期，资生堂因此遭到重大挫折，市场占有率下降。1987 年，公司经过认真反省以后，决定由原来的无差异的大众营销转向个别营销，即对不同顾客采取不同营销策略，资生堂提出的口号是"体贴不同岁月的脸"。它们对不同年龄阶段的顾客提供不同品牌的化妆品。为十几岁少女提供的 RECIENTE 系列，20 岁左右的是 ET-TUSAIS，40～50 岁的中年妇女则有长生不老 ELIXIR，50 岁以上的妇女则可以用防止肌肤老化的资生堂返老还童 RIVITAL 系列。

资生堂不像一般的化妆品公司那样,对零售商有较大的依赖,它有自己独立的销售渠道,旗下专卖店(柜)达 25 000 多家。为配合产品销售,资生堂又推行了"品牌店铺"策略,即结合各品牌的具体情况,在每一专卖店(柜)中只集中销售一种或几种品牌。例如在学校、游乐场、电影院附近年轻人较多的地方,设立 RECIEN 系列专卖店,在老年人出入较多的地方则设立 RIVITAL 专卖店。为使其对市场的细分达到最彻底的程度,资生堂制定的战略是,未来旗下的每一家店铺只出售一种品牌的资生堂产品。

（资料来源:中国营销传播网 http://www.emkt.com.cn)

营销启示

资生堂根据顾客的年龄、收入、购买心理对女性市场进行了细分,特别是考虑到公司产品的特殊性(化妆品),因此以年龄这个因素作为市场细分的重点,也由此而抓住了目标顾客的心。同时,公司还对不同的细分市场使用了不同的品牌,这其实是一种差异化的营销战略。更具特色的是,公司对每一种品牌使用不同的分销策略,使产品可以更方便地接触到目标顾客。而且,公司在与其他企业的竞争中突出其咨询服务的能力,形成了自己在每个细分市场中的竞争优势。

2. 生产资料市场细分的标准

生产资料市场细分除了使用生活资料市场的细分标准外,还要根据生产资料的特点进行细分(见表 5-5)。

表 5-5　生产资料市场的细分变量

细分变量	可能涉及的因素
用户要求	商品的规格、型号、品质、功能、价格等
用户规模	大量、中量、小量用户,购买次数,购买力等
用户地点	资源条件、自然环境、企业地理位置、交通运输、通信条件等

(1) 用户要求。不同的用户对同一工业品的规格、性能、质量、品种、价格等方面往往有不同的要求。例如,用于飞机的轮胎比拖拉机所用轮胎质量标准高。同样是半导体,军事用户特别重视产品质量,要求绝对可靠,而价格不是主要因素;工业用户则重视半导体的质量和售后服务;对于商业用户来讲,则特别注意价格。依据用户要求来细分市场,便于企业制定相应的营销策略,开展营销活动。

(2) 用户规模。用户规模也是产业市场细分的重要标准。许多生产企业以用户的规模为标准,把客户分为大量用户、中量用户和小量用户。大量用户数量虽少,但购买力很大;小量用户则相反,户数甚多,但购买力不大。大量用户对产品质量、供货期以及运输方式等一般要求比较苛刻,供货厂家竞争也比较激烈,但是,一旦达成购货协议,就具有相对的稳定性。小量用户采购的批量较小,购销关系不稳定。企业通过市场细分,掌握不同规模用户的特点,采取不同的经营方式。对大量用户一般直接供货,并在价格上给予一定的优惠;对小量用户则通过中间商渠道供货,以保证一定的市场覆盖面。

(3) 用户地点。由于用户地点涉及企业地理位置、自然环境、通信条件等,对于货物运输关系很大,所以这也是市场细分的标准之一。对于用户较为集中的地区,企业可以采取直接销售的方式,降低销售成本。对于较为分散的用户则可充分利用中间商网络进行分销。

营销思考

什么是生产资料市场细分的最好途径

现在的产业、公司和行业间的市场也可以并且需要进行细分。作为客户的公司也可以根据其经营规模、公司驻地、经营模式或企业文化来分类。

客户在销售、员工以及产品使用方面的规模或数量将决定这个客户是否值得成为营销目标。客户对公司竞争对手的依赖程度以及忠诚度也应当考虑在内。记住,对某产品依赖性很强、使用量很大的客户是大客户,他们往往会成为激烈竞争的对象。

位置指的是地理位置,如一个工厂所处的地点。位置也可以指分支的数量和方位。本地客户作为营销目标是否比遥远的海外客户更适合？是否所有的公司都在经营全球市场？

企业文化指的是一个公司的价值观和基本观念,是勇于创新还是比较保守？也指其组织机构是中央集权还是权力分散？企业文化可以决定一个公司是否适合于某一市场类别。

职务和职位也可以作为分类的依据。例如,一个销售安全产品的公司对渴望健康和安全的管理人员将非常感兴趣。

对于产业或客户市场进行分类是十分必要的,但要做好并不容易,总会出现一些复杂情况,例如缺乏明晰的分类目录,目标不确定,或者存在真实度方面的障碍。

总之,市场细分分析是一种对消费者思维的研究。对于营销人员来说,谁能够首先发现新的划分客户的依据,谁就能够获得丰厚的回报。

▶ 三、市场细分的原则

企业进行市场细分的目的是通过对顾客需求差异予以定位,来取得较大的经济效益。众所周知,产品的差异化必然导致生产成本和营销费用的相应增长,所以,企业必须在市场细分所得收益与市场细分所增成本之间做一权衡。由此,有效的细分市场还要遵循一些必要的原则。

1. 可衡量性

可衡量性是指该细分市场特征的有关数据资料必须能够加以衡量和推算。如果细分变数很难衡量的话,就无法界定市场。例如在电冰箱市场上,在重视产品质量的情况下,有多少人更注重价格,有多少人更重视耗电量,有多少人更注重外观,或者兼顾几种特性。当然,将这些资料进行量化是比较复杂的过程,必须运用科学的市场调研方法。

2. 可赢利性

可赢利性即所选择的细分市场要有足够的需求量且有一定的发展潜力,使企业赢得长期稳定的利润。应当注意的是:需求量是相对于本企业的产品而言,并不是泛指一般的人口和购买力。

3. 可进入性

可进入性是指所选定的细分市场必须与企业自身状况相匹配,企业有优势占领这一市场。可进入性具体表现在信息进入、产品进入和竞争进入。考虑市场的可进入性,实际上是研究其营销活动的可行性。

4. 可区分性

可区分性是指细分市场在观念上能被区别并对不同的营销组合因素和方案有不同的反应。比如女性化妆品市场可依据年龄层次和肌肤类型等变量加以区分。

案例分析

日本钟表进驻美国

20世纪70年代,日本钟表欲进入美国市场,原来一直以为美国消费者只需要名表,对美国手表市场需求了解不够。经过一番调查后发现,美国市场对手表的需求有三类不同的消费群体,如图5-2所示。

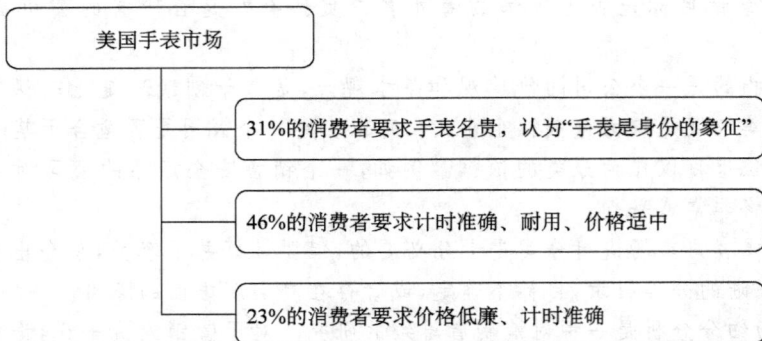

美国手表市场

- 31%的消费者要求手表名贵,认为"手表是身份的象征"

- 46%的消费者要求计时准确、耐用、价格适中

- 23%的消费者要求价格低廉、计时准确

图 5-2　美国手表市场的三类消费群体

美国本地钟表厂商和瑞士手表厂商一向只关注第一类消费者,着眼于生产和经营优质名牌、价格昂贵的手表,而近70%的消费者的需求都未得到满足。日本钟表厂商发现了这个市场机会,以式样新颖、售价便宜的电子表占领"价格低廉、计时准确"的细分市场,取得了很大的成功。

营销启示

美国市场向来被认为是最为复杂、要求最高,而竞争又最为激烈的市场。但日本企业还是以其非凡的营销技术挤了进去,并占据了相当大的市场份额。钟表业就是最好的例子。日本首先开发了石英科技,使它夺得了世界领先地位。由于这项技术,加上瑞士钟表业者反应迟缓,使得日本企业以横扫千军之势进入美国市场并占领了世界市场。进入美国市场时,日本企业进行了有效的市场细分,尤其注重了市场细分的可区分性、可进入性,才使得企业能够在美国消费者心目中建立起良好的市场形象,顺利进入市场并取得突破性成功。

▶ 四、市场细分的主要方法

1. 单一变量因素法

单一变量因素法就是根据影响消费者需求的某一个重要因素进行市场细分。如奶粉企业,按年龄细分市场,可分为婴儿、儿童、中老年等奶粉。

2. 多个变量因素组合法

多个变量因素组合法是根据影响消费者需求的两种或两种以上的因素进行市场细分。

如保健品可按年龄和收入两个变量细分市场；鞋业企业可按性别、年龄、价格三个变量细分市场（见图5-3）。

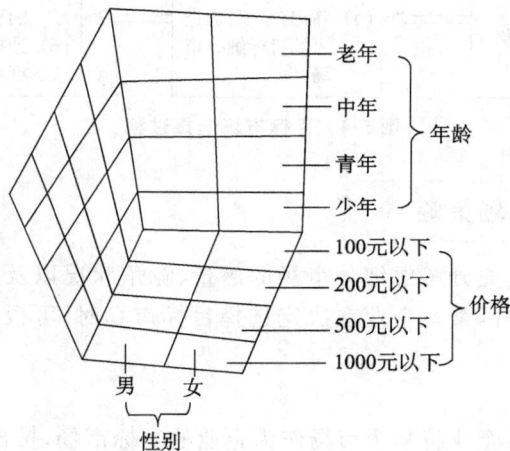

图 5-3 鞋业企业三维市场细分法

3. 系列变量因素细分法

系列变量因素细分法是根据两种或两种以上的因素，且按照一定的顺序，由粗到细依次地对市场进行细分，下一阶段的细分是在上一阶段选定的子市场中进行的。这种方法可使目标市场更加明确具体，有利于企业更好地制定相应的市场营销策略。如摩托车市场细分（见表5-6）。

表 5-6 摩托车市场细分法

年龄	性别	地理位置	职业	生活方式	追求利益	经济收入
儿童	男	城市	农民	浪漫	快速	高
青年	女	郊区	工人	朴素	中速	中
中年	—	农村	职员		慢速	低
老年	—	—	个体		—	—

第二节 目标市场选择

市场细分能使企业发现市场机会。要抓住这些机会，企业必须评估不同的细分市场，并决定要覆盖及准备服务的若干细分市场，这就是目标市场选择（见图5-4）。如娃哈哈集团开发的第一个产品是儿童营养液。当时国内做营养液的企业有30几个，市场已经饱和。但是娃哈哈集团总裁宗庆后的看法是，市场上的营养液虽多，但没有一种是针对儿童这一目标消费群的。娃哈哈抓住这一细分市场并挖掘出"吃饭香"这一卖点，采用了"喝了娃哈哈吃饭就是香"的感性广告语，产品上市一举成功。

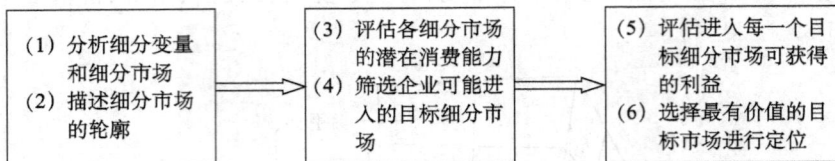

图 5-4　目标市场选择过程

一、选择目标市场策略

企业评估目标市场会充分考虑细分市场的潜量、竞争状况以及细分市场具有的特征是否与本企业优势相吻合等因素。企业在决定选择目标市场时,可根据具体条件考虑四种不同的策略。

1. 无差异市场策略

无差异市场策略是指企业将整个市场作为企业的目标市场,推出一种产品,实施一种营销组合策略,以满足整个市场尽可能多的消费者的某种共同需求(见图 5-5)。

无差异市场策略的最大优点是成本低、经济性好。一是品种少,可大批量生产、储运,发挥规模经济的优势,大大降低了生产成本;二是采用单一的营销组合,特别是无差异地集中广告宣传,节省了促销费用。

无差异市场策略只适用于少数有共同需要,差异不大的商品。一是不能满足消费者多样性的需求;二是容易导致竞争激烈和市场饱和;三是易于受到其他企业发动的各种竞争力的伤害。

2. 差异性市场策略

差异性市场策略是企业在市场细分的基础上,选择多个细分市场作为企业的目标市场,并针对各个细分市场的不同特点,分别设计不同的产品,运用不同的营销组合策略,以满足多个细分市场消费者的不同需求(见图 5-6)。

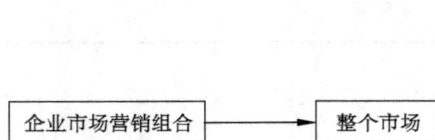

图 5-5　无差异市场策略　　图 5-6　差异性市场策略

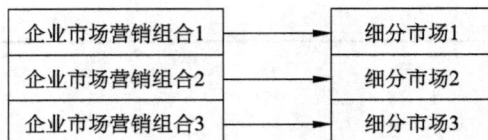

差异性市场策略是目前普遍采用的策略,它能够满足顾客多样性的需求,大大降低了经营风险,大大提高了企业的竞争能力。

差异性市场策略的不足之处在于:由于目标市场多,产品经营品种多,因而渠道开拓、促销费用、生产研制等成本高。同时,经营管理难度较大,要求企业有较强的实力和素质较高的经营管理人员。

3. 集中性市场策略

集中性市场策略也称密集性市场策略。它是选择一个或少数几个细分市场或一个细分市场的一部分作为目标市场,集中企业全部资源为其服务,实行专门化生产和营销(见图 5-7)。

图 5-7 集中性市场策略

这种策略适合资源稀少的中小企业,由于目标集中,可以大大节省营销费用和增加赢利;又由于生产、销售渠道和促销的专业化,也能够更好地满足这部分特定消费者的需求,企业易于取得优越的市场地位。

这一策略的不足是经营者承担风险较大,如果目标市场的需求情况突然发生变化,目标消费者的兴趣突然转移或是市场上出现了更强有力的竞争对手,企业就可能陷入困境。

案例分析

奥 普 浴 霸

澳大利亚的奥普卫浴(杭州)有限公司是专业从事卫浴电器研发、生产和营销的国际化现代企业。其代表产品"奥普浴霸"(浴室取暖产品)在国内外很受欢迎,多年前,由于热水器的大量上市,中国人"随时在家洗热水澡"的欲望得到了满足。但随之而来的问题又产生了,人们感觉到在浴室洗澡时,温度太低,尤其在冬季的南方地区。当"奥普浴霸"在中国的部分城市上市后,立即引起了强烈的反响,产品在许多销售点供不应求,至今已拥有了近300万用户。消费者对它的认识,也从消费品变为大众适用品,继而成为家庭浴室的必备品。在中国市场,奥普公司因"奥普浴霸"而成名,年销售额超过2亿元。浴霸因奥普公司在中国内地的引进和发展而成为一个行业。

营销启示

作为行业的开拓者和领先者,奥普公司是相当成功的。它集中了所有的技术优势、资源优势、品牌优势,定位于卫浴电器产品的开发和推广。在奥普的战略报告中,明确描述了奥普的战略目标是"集中资源优势努力建造一个品质卓越、品位高尚、品牌国际化的卫浴电器品牌"。从表面看,在这一战略目标下,产品开发的空间较小,但奥普公司认为,在卫生间这个空间里,其实是最需要体会生活品位的,由此产生的需求也是多种多样的,而且不断会有新的需求出现。只要有需求就会有市场。在中国居民生活质量不断提高的背景下,以家庭卫浴电器需求作为目标市场,实际上有无限的市场空间。

4. 定制营销策略

目标市场策略的最后一个层次是"细分到个人",即一对一营销。定制营销策略是指在大规模生产的基础上,将市场细分到极限程度——把每一位顾客视为一个潜在的细分市场,并根据每一位顾客的特定要求,单独设计、生产产品并迅捷交货的营销方式(见图 5-8)。

这种策略从顾客需要出发,与每一位顾客建立良好关系,并为其开展差异性服务,实施了一对一的营销,最大限度地满足了用户的个性化需求,提高了企业的竞争力。

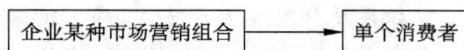

图 5-8 定制营销策略

这种策略容易导致市场营销工作的复杂化,经营成本的增加以及经营风险的加大。同时由于一对一营销,这就需要企业有过硬的软硬件条件来保证企业与顾客快捷的沟通。

定制营销不是简单的量体裁衣、量脚做鞋。如果要把定制营销搞成作坊式生产,那是生产力的倒退。以计算机、激光等为特征的高科技为解决定制的规模生产这一难题提供了极大帮助。著名美国学者、《第三次浪潮》的作者阿尔文·托夫勒设想将来采用这样的方式制衣:顾客打电话到工厂,报上自己要求的规格尺寸、式样款色等资料,或交给厂家一张自己的照片,由厂家对这些资料进行计算机处理,并指挥机器迅速生产出符合顾客要求的衣服。由于这样生产的自动化效率极高,所以可在一定时间内接收大批顾客的不同订单进行生产,形成了规模定制。

营销思考

一个顾客一个市场:如何"定制营销"

市场中的每一个客户都有可能成为一个潜在的独立市场,我们称之为完全细分。而定制营销就是在市场细分的基础之上,进一步针对个别消费者的特定需要提供个性化的产品与服务。例如,完全按照消费者个人的喜好来设计服装、手表;按照个人的设计来建造别墅;按照企业的需要来制订培训计划等。定制营销是更精确的目标营销,比通常意义上的目标营销更有针对性,从而也能更好地满足顾客的需求。开展定制营销能更牢固地把握其目标群体。

但摆在我们面前的一个问题是,当市场细分到每一个人的时候,还存在规模经济性吗?

我们都知道,只有大规模的标准化生产才可能使产品的生产成本降到最低,而这种完全的市场细分存在经济性吗?有人说"目标营销相对定制营销而言,是屈从于规模经济效应的一种无奈",此话是颇有道理的。

开展定制营销的关键就在于如何解决定制营销与规模化生产之间的矛盾。

今天,科技的进步让定制营销成为可能。20世纪90年代后期,数码控制系统在生产领域的广泛应用使个性定制和规模生产的矛盾得到了解决,即"柔性生产技术"。柔性生产通过数码控制技术可以在同一条流水线上生产出上百种不同规格和款式的产品,这样就使定制营销成为可能。

满足定制营销需要的另一种方法就是"组合技术",即由于许多产品和服务实际上是由各种部件或要素所组成的,消费者的个性需要往往只表现为对其中少数部件和要素的不同需要,有的甚至只是组合方式上的差异。所以在部件和要素的生产上仍然可以是批量化和规模化的,只需在最后的组合上按照顾客的特定需要来组合,就能解决定制营销中的规模效应问题。如戴尔公司完全按照顾客的个性需要来提供品牌计算机,主要就表现为根据顾客所提出的要求来进行计算机硬件的不同配置,而各种计算机硬件的生产和采购则完全可以是批量化的。

如果没有柔性生产技术,那么定制营销就不可能有大的发展——正如我们在《工业品如何进行市场细分》一文中所说的那样,只有当该市场客户数量不多,且需求分明时,完全细分才是可行的。

(资料来源:中国营销传播网,2009年4月1日)

二、选择目标市场的模式

企业通过评估细分市场,将决定进入哪些细分市场,即选择企业的目标市场。在选择目标市场时,有五种可供考虑的市场覆盖模式(见图5-9)。

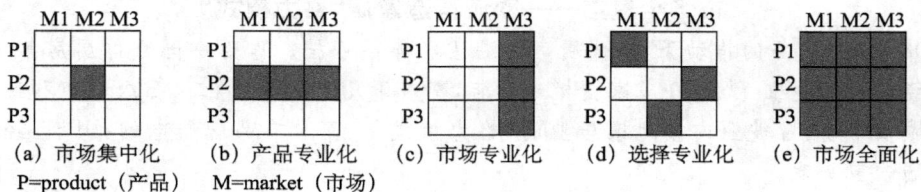

图 5-9　市场覆盖模式

1. 市场集中化

这是一种最简单的目标市场模式。市场集中化是指企业只选取一个细分市场,只生产一类产品,供应给一类顾客群,进行集中营销。例如童鞋厂只生产儿童鞋,满足儿童穿鞋的需求。选择市场集中化模式的企业一般基于以下几点考虑:具备在该细分市场从事专业化经营并能取胜的优势条件;限于资金能力,只能经营一个细分市场;该细分市场中没有竞争对手;准备以此为出发点,取得成功后向更多的细分市场扩展。

2. 产品专业化

产品专业化是指企业集中生产一类产品,并向各类顾客销售这类产品。如计算机生产商只生产计算机产品,可以同时向家庭、机关、学校、银行、企业等各类用户销售。产品专业化模式的优点是企业专注于某一种或某一类产品的生产,有利于形成生产和技术上的优势,在该专业化产品领域树立形象。其局限性是当该产品领域被一种全新的技术所代替时,该产品销售量有大幅度下降的危险。当然,这种全新的替代性技术并不是经常出现的,因此由于该市场的顾客类型较多,营销风险比市场集中化市场模式的风险要小得多。

3. 市场专业化

市场专业化是指企业生产满足某一类顾客群体的需要,专门生产这类消费者需要的各类产品。比如某工程机械公司专门向建筑业用户供应推土机、打桩机、起重机、水泥搅拌机等建筑工程中所需要的机械设备。市场专业化由于经营的产品类型众多,能有效地分散经营风险。但由于集中于某一类顾客,当这类顾客由于某种原因需求下降时,企业也会遇到收益下降的风险。

4. 选择专业化

选择专业化是指企业选取若干个具有良好的赢利潜力和结构吸引力,且符合企业的目标和资源的细分市场作为目标市场。该目标市场模式中的各个细分市场之间较少或基本不存在联系。其优点是可以有效地分散经营风险,即使某个细分市场赢利不佳,企业仍可在其他细分市场取得赢利。选择专业化模式的企业应具有较强资源和营销实力。

5. 市场全面化

市场全面化是指企业生产的多种产品能够满足各类顾客群体的需要。因此,只有实力雄厚的大型企业才能选用市场全面化模式,这种市场模式由于面广量大,能够收到良好的营销效果。例如,丰田汽车公司在全球汽车市场和索尼公司在全球电子产品市场上,均采取市场全面化的目标市场模式。

案例分析

市场全覆盖——欧派再造家居"格力模式"

2008年,在巨头的推动下,整体厨房大潮已经势不可挡。作为中国整体厨房第一品牌,欧派已经在全国建立了1000多家橱柜专卖店,覆盖了几乎所有一、二、三级城市和经济发达地区的城镇市场,曾被业内誉为家居业的"格力模式"。而自有品牌厨电的推广已经成为其销售终端的重头戏。

2008年,中国厨电市场容量200亿个,其中燃气灶、吸油烟机各70亿~80亿个,而欧派的厨电生产线早已满足了消费者对一体化购买的需求,今年年底即将投入生产的欧派新厂也将使其厨电生产能力进一步得到提升。

据悉,在厨电渠道的几种业态中,国美、苏宁等连锁家电卖场占有50%以上的市场份额,占据了厨电销售的统治地位。然而,近几年来家居建材渠道的兴起,已经成为厨电市场的一大看点。据家居产业观察员周忠介绍,随着整体厨房的兴起,消费者越来越清晰地意识到,燃气灶、吸油烟机属于家居装修设备产品,而非传统家电产品,欧派在全国推进的"整体厨房"直营模式,正是为了更好满足消费者一站式购买的需求。

据其介绍,目前在国内家居建材渠道中,厨电的销售已粗具规模,约占整体厨电市场的20%,而从欧派得到的数据显示,欧派自有厨电产品的销售在2006年和2007年都保持了50%以上的增长态势,2008年更是增长了70%之多,表现出旺盛的生命力和增长后劲。

(资料来源:家天下 http://www.jiatx.com)

营销启示

作为新兴渠道的欧派直营专卖店不仅杜绝了一切中间环节,在价格上保证给消费者带来实惠,同时对产品展示的面积、位置以及消费者接触频次都十分看重,而在消费者购买过程中,欧派专业人员可以为顾客提供售前现场测量、售中方案设计、售后安装保修等个性化服务,完全消除顾客购买的后顾之忧。2008年,欧派为推行全面市场覆盖模式,进一步提出了"风格一体化、厨电一体化、个性智能化、服务一体化"的理念,为消费者提供更完善的整体厨房解决方案。

▶ 三、选择目标市场的因素

企业在选择目标市场策略时,必须全面考虑各种因素,权衡利弊,慎重决策。

1. 企业能力

企业能力是指企业在生产、技术、销售、管理和资金等方面力量的总和。如果企业力量雄厚,且市场营销管理能力较强,即可选择差异性市场策略或无差异市场策略。如果企业能力有限,则适合选择集中性市场战略。

2. 产品同质性

同质性产品主要表现在一些未经加工的初级产品上,如水力、电力、石油等,虽然产品在品质上或多或少存在差异,但用户一般不加区分或难以区分。因此,同质性产品竞争主要表现在价格和提供的服务条件上。该类产品适于采用无差异策略。而对服装、家用电器、食品等异质性需求产品,可根据企业资源力量,采用差异性市场策略或集中性市场策略。

3. 产品生命周期

它一般有导入期、成长期、成熟期和衰退期四个阶段。企业应随产品生命周期的发展而变更目标市场策略,尤其要注意导入期及衰退期两个极端时期。当新产品处于导入期时,重点在于发展顾客对产品的基本需求,一般很难同时推出几个产品,宜采取无差异市场策略,以探测市场需求与潜在顾客。当然,企业也可发展只针对某一特定市场的产品,采取集中性市场策略,尽全力于该细分市场。当产品进入衰退期,企业若要维持或进一步增加销售量,宜采用差异性市场策略,开拓新市场。或采取集中性市场策略,强调品牌的差异性,建立产品的特殊地位,延长产品生命周期,避免或减少企业的损失。

4. 市场的类同性

如果顾客的需求、偏好较为接近,对市场营销刺激的反应差异不大,可采用无差异性营销策略;否则,应采用差异性市场策略或集中性市场策略。

5. 视竞争者战略而定

商场如战场,在激烈的竞争中,知己知彼方能百战不殆。当竞争者在进行市场细分并采用差异性市场策略时,企业如采取无差异市场策略,就不一定能更好地适应不同市场的特点,必然与竞争者相抗衡;而当强有力的竞争者实施无差异市场策略时,因可能有较次要的市场被冷落,这时企业若能采用差异性市场策略,乘虚而入,定能奏效。

案例分析

帕米亚无烟香烟

1998年下半年,美国RJR公司的帕米亚无烟香烟在美国亚特兰大、圣路易斯、费尼克斯等城市试销,但是销售量不理想,再购率很低。

对于大多数人来说,帕米亚无烟香烟是个“新玩意儿”,它的一端有一个碳头和几个有趣的圆珠,香烟中的尼古丁来源于此,尼古丁被耐燃的铝箔纸包裹。这种烟很难点燃,一般要点三四次,原因是它不像一般香烟那样燃烧,并且不产生烟灰,吸过与没吸过在外表上无明显区别,价格比普通香烟高25%。RJR公司为此烟的生产和促销投入3亿多美元,它没有采用以往“万宝路”香烟等比较成功的形象广告,而采用比较复杂的印刷广告(顾客买“帕米亚”时,会同时得到三页文字说明书),还采取了买一送二的鼓励方式。公司营销人员认为:大多数吸烟者开始会对帕米亚不适应,但随着使用频率和使用时间的增加,最终会适应。公司把“洁净者之烟”作为帕米亚的主题广告概念,宣传帕米亚是“一种全新的吸烟享受时代的开端”。但是,帕米亚的真正利益者非吸烟者个人,而是环境和他人。RJR公司对帕米亚香烟目标市场的定位极其广泛,包括:①25岁以上,受过良好教育的文雅的吸烟者;②试图戒烟和寻求替代品者;③吸烟成瘾者;④生活富裕者;⑤寻求低焦油含量者;⑥老年吸烟者。

来自《华尔街日报》的一名记者在亚特兰大机场对几十名吸烟者的一项调查表明:大多数人不喜欢帕米亚香烟,包括它的味道和太多的吸烟方式的改变。有人只吸了一两口就扔掉了。但一位广告公司的总裁说:“我不喜欢帕米亚,但在家中为了摆脱太太喋喋不休的唠叨时,我会抽它。”一位长期在办公室工作的职员说:“有时我感到疲劳,但办公室不准吸烟。

此时,帕米亚可以帮助我解决问题。"一位正打算登机长途旅行的人说:"一般情况下,我不会选择它。但长途旅行中为打发时间,我可能会抽帕米亚。"

营销启示

作为传统香烟的替代品,公司选择的目标市场太宽泛了,而且在其营销组合策略中,产品和促销都存在问题。产品虽然有明显的优点,但对吸烟者本人却没有什么利益,而促销的说明书又太长,"洁净者之烟"的广告主题缺乏个性。公司可以先把"吸烟成瘾者"列为目标市场,把帕米亚香烟定位于适合在不能吸传统烟的时间和场合享用的替代品,也可以考虑把年轻的刚开始吸烟者作为目标市场,以"全新的吸烟享受"为号召,使其形成吸帕米亚香烟的习惯。

第三节 目标市场定位

企业进行市场细分和选择目标市场后,一个重要的问题就是必须回答:如何进入目标市场? 以怎样的姿态和形象占领目标市场? 这就是市场定位。市场定位就是根据竞争者的现有产品在目标市场上所处的地位,且针对目标市场对产品某些属性的变化程度,塑造出本企业产品与众不同的鲜明个性或形象,并把这种形象传递给目标市场,使本企业产品在目标市场上占据强有力的竞争地位。

市场定位的关键是企业要设法在自己的产品上找出比竞争者更具有竞争优势的特性。企业可根据产品、服务、人员或形象来加以差异化,找出潜在的竞争优势;选出一两个优势来建立定位策略,并决定要以多少和哪些差异来做促销重点;一旦选好定位,就要采取有力的措施将理想定位传达给目标顾客,并且公司营销组合的努力需能完全支持其定位策略(见图 5-10)。

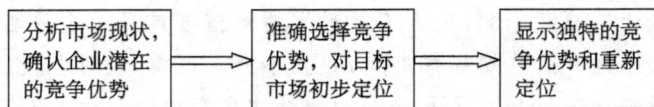

分析市场现状,确认企业潜在的竞争优势 → 准确选择竞争优势,对目标市场初步定位 → 显示独特的竞争优势和重新定位

图 5-10 市场定位的步骤

▶ 一、市场定位的方式

市场定位作为一种竞争战略,显示了一种产品或一家企业同类似的产品或企业之间的竞争关系。定位方式不同,竞争态势也不同。

1. 避强定位

避强定位是指企业力图避免与实力最强的或较强的其他企业直接发生竞争,而将自己的产品定位于另一市场区域内,使自己的产品在某些特征或属性方面与最强或较强的对手有比较显著的区别。

这是一种避开强有力的竞争对手的市场定位。其优点是能够迅速地在市场上站稳脚跟,并能在消费者或用户心目中迅速树立起一种形象。由于这种定位方式的市场风险较小,成功率较高,常常为多数企业所采用。但是避强也往往意味着企业必须放弃某个最佳的市场位置,很可能使企业处于最差的市场位置。

2. 对抗定位

对抗是指企业根据自身的实力,为占据较佳的市场位置,不惜与市场上占支配地位的、实力最强或较强的竞争对手发生正面竞争,而使自己的产品进入与对手相同的市场位置。

这是与最强的竞争对手"对着干"的定位方式。显然,这种定位具有较大的风险,可能会遭到竞争对手报复。但是,一旦成功就会取得巨大的市场优势,甚至产生所谓的轰动效应。例如,可口可乐与百事可乐之间持续不断地争斗,"汉堡包王"与"麦当劳"对着干等。实行对抗性定位,必须知己知彼,尤其应清醒估计自己的实力,不一定试图压垮对方,只要能够平分秋色就已经是巨大的成功。

3. 创新定位

寻找新的尚未被占领但有潜在市场需求的位置,填补市场上的空缺,生产市场上没有的、具备某种特色的产品。如日本的索尼公司的索尼随身听等一批新产品,正是填补了市场上迷你电子产品的空缺,并进行不断的创新,使得索尼公司即使在"二战"时期也能迅速发展,一跃而成为世界级的跨国公司。采用这种定位方式时,公司应明确创新定位所需的产品在技术上、经济上是否可行,有无足够的市场容量,能否为公司带来合理而持续的赢利。

4. 重新定位

重新定位是对销路少、市场反应差的产品进行二次定位。这种重新定位旨在摆脱困境、重新获得增长与活力。这种困境可能是企业决策失误引起的,也可能是对手有力反击或出现新的强有力竞争对手而造成的。不过,也有重新定位并非因为已经陷入困境,而是因为产品意外地扩大了销售范围引起的。例如,专为青年人设计的某种款式的服装在中老年消费者中也流行开来,该服饰就会因此而重新定位。

重新定位也是以退为进的策略,目的是为了实施更有效的定位。例如万宝路香烟刚进入市场时,是以女性为目标市场,它推出的口号是:像5月的天气一样温和。然而,尽管当时美国吸烟人数年年都在上升,万宝路的销路却始终平平。后来,广告大师李奥贝纳为其做广告策划,他将万宝路重新定位为男子汉香烟,并将它与最具男子汉气概的西部牛仔形象联系起来,树立了万宝路自由、野性与冒险的形象,使其从众多的香烟品牌中脱颖而出。自20世纪80年代中期到现在,万宝路一直居世界各品牌香烟销量首位,成为全球香烟市场的领导品牌。

案例分析

打造差异化的创新定位营销模式

雪洋食品是河南省面业十佳企业,这个企业的前身是一个账面上仅有8.4元,但却负债20余万元的街道小厂。然而今天,该企业却发展为占地138亩,年产值数亿元,并同时拥有数十条现代化的方便面和饮料生产线的大型食品企业,其产品畅销国内十余个省市,其市场、渠道的准确定位,还一度让企业的产品出现了供不应求的良好态势。那么,雪洋食品是如何在竞争激烈的市场形势下脱颖而出,取得长足发展的呢?

1. 产品定位：创造自己特有的优势

雪洋食品有两大主业，一是赖以起家的饮料产业；二是与饮料季节互补的方便面产业。但不论是哪种产品，雪洋公司都在努力创造着自己独特的优势。

早在 2000 年，雪洋公司通过详细的市场调研，发现了很多人喜欢吃羊肉或喜欢羊肉风味的食品这一市场需求。针对这一点，雪洋公司集中研发力量，并通过重金聘请食品专家等方式，积极调试该产品。经过一系列的攻关努力，具有韩国风味的红焖羊肉面和香辣羊肉面终于面市了，由于该产品口感独特、香味浓厚，包装具有较强的异国情调，因此，该系列产品一经上市，消费者立刻好评如潮，市场重复购买率非常高。产品不但满足了市场的需求，而且也让企业获得了较好的利润。

2004 年，就在瓶装水产品被称为"鸡肋"，"食之无味"、"弃之可惜"，甚至有人说是"穷途末路"、整个行业一片萧条的时候，雪洋公司顶住恶性竞争和价格战的压力，"逆流而上"，针对市场上规格为 550mL 24 瓶箱装的产品特点，果断地推出了创新性的产品：塑膜装、规格为 550mL 12 瓶装的纯净水。由于该产品市场空缺，且产品水源为嵩山脚下 400m 以下的山泉，口感清甜、甘冽，加上塑膜装节约了产品成本，价格优势非常明显，因此，该产品的快速上市，给毫无生机的水产品市场吹来一股清新的风。

2. 价格定位：走高价位的"上层"路线

雪洋食品在价格的制定上，就是坚持但丁的一句话："走自己的路，让别人去说吧"，具体表现就是高价位、高促销策略多方位的全面贯彻实施，主张"厚利多销"，不提倡打价格战、消耗战。2002 年，雪洋公司曾经推出了差异化的方便面产品：好兄弟 108 系列。其中最为畅销的是 90g20 规格的产品，该产品出厂价为 10 元/件，但公司要求开票价却为 12 元/件，每包价格为 0.6 元，价格之高，为当时市场所没有。同时，公司还要求一批出手价必须要为 12 元/件，但公司针对这 2 元的差价，却通过返利、促销、人员推广、支持等方式，对市场予以大力度的辅助。该产品虽然价格很高，但由于此类产品市场空缺，且此种预留操作空间的推广方式是别的厂家所没有的，因此，再加上产品包装袋很大，很能迎合农村市场的消费需求，并且各级经销商皆有钱赚，通路拉动持久、有力，产品得到了较好的推销。很快，该产品就在一些区域市场成为主销产品，引领了当地双面块产品的消费潮流。

3. 渠道定位：避实就虚，另辟蹊径

雪洋食品近年来一直在渠道的开拓方面屡出怪招。首先，早在 2000 年，就率先推出网上招商、网上订货、网上洽谈等别开生面的渠道拓展活动，通过"摸着石头过河"，倒也取得了不菲的业绩。其次，在各运作的区域市场，对于城区、乡镇等竞争较为激烈的传统批发渠道，采取"釜底抽薪"、"迂回包抄"的战术，实施直逼终端、断其后路的手法，通过走"基层"、走"群众路线"，从侧面对竞争品进行包围，然后，在时机成熟的时候，"农村包围城市"，从"战略防御"转为"战略进攻"，从正面对竞争品进行拦截和出击，取得了异军突起、快速占领市场的效果。再次，雪洋食品还通过建立市场联销体的模式，简化渠道环节，层层保证联销体各成员的切身利益，本着责、权、利相结合、挑战和机会并存、风险与利润共担的原则，把各级联销体成员牢牢"捆绑"在一起，互惠互利，建立了大量"根据地"市场与战略区域市场。此外，雪洋公司还通过开展团购、直销等营销模式，积极拓展和扩大销售渠道，让产品更方便、更快捷地推向市场。

4. 促销定位：连环促销，环环相扣

雪洋食品的促销方式，向来出手不凡，还以好兄弟 108 方便面产品系列为例，90g20 包产品出厂价10元/件,但开票价却要定为12元/件,中间的2元差价怎么处理?那就要"玩"促销。怎么"玩"呢?雪洋的促销是这样设定的:0.8元为经销商利润,0.6元为促销品预留,0.3元为终端抽奖或箱内设奖等,还有0.3元设定为分销商年终返利。终端抽奖或箱内设奖的方式,拉动了消费者的购买,而0.6元的促销品力度和0.3元的年终返利,刺激了下游分销商的推销积极性,而0.8元/件的产品利润,已属小件产品的高利润了,这更能调动经销商推销和配送的积极性。特别是雪洋公司对促销品灵活多变"求新"、"求奇"、"求异"的要求,以及"销售雪洋产品,让您家庭现代化"口号的提出,都让雪洋的产品拥有了"温馨诱人"的促销"光环"。受促销的"诱惑",很多消费者成了回头客,很多的分销商成了专卖户,雪洋的产品炙手可热便也不足为奇了。

5. 传播定位:多种形式,持久有效

雪洋食品为提升公司及产品形象,曾在2003年,针对中上收入的消费人群,在河南卫视不惜耗费巨资播放广告,引领消费;配合空中"轰炸",地面"部队"也开始了四处出击:①大规模地举行免费品尝活动,通过免费品尝,提高口碑传播效应。②在黄金路段,遍设"形象店",通过统一门头广告标志、统一店内装潢等形式,导入VI企业形象识别系统,强化产品辨别力、认知度,不断强化视觉效果。③在所有发放的促销品上,不论是大型家电,还是小型促销品,都统一印制公司标志,无论这些促销品放到哪里,都能起到广告的效果。④在农村市场,通过墙体广告、文艺演出、放电影等老百姓喜闻乐见的传播形式,因地制宜地进行产品宣传,通过视觉(看)、味觉(尝)、听觉(听),多渠道、多方式的灌输产品及品牌印象,不断加强其记忆,为产品的顺利推广起到了推波助澜的作用。

(资料来源:中国营销传播网 http://www.emkt.com.cn)

营销启示

定位营销的核心与实质就是差异化。创新策略在市场中的有效运用和发挥,是企业现有资源的一种有效整合以及重新认识与定位,是根据消费者的市场需求,采取的有别于其他竞争品的策略或模式。企业只有在市场、产品、价格、渠道、促销、传播等方面准确定位,找到差异点与创新点,产品才能在市场上游刃有余、灵活应对,从而获得更大的利润和发展空间,使企业始终处于市场的最前沿,引领市场潮流,促使企业做大、做强。

▶ 二、市场定位的策略

市场定位并不是对一件产品本身做些什么,而是在潜在消费者的心目中做些什么。市场定位的实质是使本企业与其他企业严格区分开来,使顾客明显感觉和认识到这种差别,从而在顾客心目中占有特殊的位置。企业在具体探讨定位时,大致有六种定位策略可供选择。

1. 档次定位

依据品牌在消费者心目中的价值高低区分出不同的档次,这是最常见的一种定位。品牌价值是产品质量、消费者的心理感受和各种社会因素的综合反映。如宾馆按星级标志划分为五个等级来表明宾馆的综合服务能力和水平。五星级宾馆往往通过高价位来体现其品牌形象,如幽雅的环境、优质的服务、完备的设施以及高层次客人群体等;而定位于中低档次的品牌,则针对其他的细分市场,如满足追求实惠和价格低廉的低收入者。

2. 属性定位

属性定位是指根据特定的产品属性来定位。构成产品内在特色的许多因素都可以作为市场定位的依据,比如所含成分、材料、质量、价格等。"泰宁诺"止痛药的定位是"非阿斯匹林的止痛药",显示药物成分与以往的止痛药有本质的差异。一件仿皮皮衣与一件真正的水貂皮衣的市场定位自然不会一样,同样,不锈钢餐具若与纯银餐具定位相同,也是令人难以置信的。

3. 利益定位

利益定位是指根据产品能满足的需求或提供的利益、解决问题的程度来定位,通常可采用一种、两种或三种利益进行产品定位。1975 年,美国米勒(Miller)推出了一种低热量的"Lite"牌啤酒,将其定位为喝了不会发胖的啤酒,迎合了那些经常饮用啤酒而又担心发胖的人的需要。

4. 竞争定位

与竞争者划定界限的定位是指与某些知名又属司空见惯类型的产品做出明显的区分,给企业的产品定一个与竞争者相反的位。如"七喜"汽水的定位是"非可乐",强调它是不含咖啡因的饮料,与可乐类饮料不同。

5. 空档定位

市场空档定位是指企业寻找市场上尚无人重视或者未被竞争对手控制的位置,使企业推出的产品能适应这一潜在目标市场需求的战略。如美国 M&M 公司生产的巧克力具有不易在手中溶化的特点,该产品的广告语为"只溶口中,不溶在手",给消费者留下了深刻的印象。

6. 比附定位

比附定位就是攀附名牌,比拟名牌来给自己的产品定位,以借名牌之光而使自己的品牌生辉。比附定位的主要方法有三种:第一种是甘居"第二"。第二种是攀龙附凤。其方法首先是承认同类产品中已有卓有成就的名牌,本品牌虽然自愧不如,但在某些地区或某一方面还可与这些最受消费者欢迎和信赖的品牌并驾齐驱。第三种是奉行"高级俱乐部策略"。就是企业如果不能取得第一名,或攀附第二名,便退而采用此策略,借助群体的声望和模糊数学的手法,打出入会限制严格的俱乐部式的高级团体牌子,强调自己是这一高级群体的一员,从而提高自己的地位形象。

案例分析

哈根达斯,"情侣专用"

哈根达斯是 1989 年从欧洲起步的高档冰淇淋制造商,它的价格比普通冰淇淋贵 5～10 倍,比同类高档次产品贵 30%～40%。在美国本土,哈根达斯确实与和路雪是同档次的品牌,但在我国,迄今为止,没有任何品牌可以和它相比。

在我国市场上,要论价格,哈根达斯毫无优势可言。一般的冰淇淋都是 30 元左右,"冰火情缘"火锅一般在 120～160 元,一种饮料 60～70 元不等。但它通过独特的营销策略,在我国做成了冰淇淋品牌,做得深入人心——甚至成为某种生活标志,哪一个小资不知道它的大名呢。高端的消费阶层固然是它的忠实顾客;中低端的消费者也被它所吸引,一旦有了闲钱,也会奢侈一把。我们知道,在国外哈根达斯其实只是中档品牌,然而在我国它却成了非常高端的品牌,为什么会这样呢?这主要是因为哈根达斯进入我国以后,奉行了高价策略。

为了实施高价策略,哈根达斯最经典的动作之一,就是给自己贴上了爱情标签,由此吸引恋人们频繁光顾。在某年的情人节,哈根达斯把店里店外布置得浓情蜜意,不但特别推出由情人分享的冰淇淋产品,而且还给来此的情侣们免费拍合影照,让他们对哈根达斯从此"情有独钟"。

（资料来源:中国日用品网 http://news.ryp.cn）

营销启示

针对我国市场的情况,哈根达斯如果沿袭国外的中档定位,在没有渠道和终端优势的情况下,这无疑是吃力不讨好的事情。哈根达斯虽采取了高价位,配合高价位,它将产品定位于"情侣专用"的冰淇淋,当哈根达斯和爱情结成盟友的时候,它的高价格让它迅速突出重围,成为顶级产品。

复习思考

1. 市场细分就是对产品进行分类、进行针对性营销,你认为这种观点对吗?
2. 什么样的市场不需要细分?
3. 人口细分变数是怎样影响市场细分的?
4. 目标市场营销策略有哪几种? 分别具有哪些优缺点?
5. 什么是市场定位? 企业如何定位才能称得上是创新定位?

实训练习

假定自己是某产品的市场营销经理,针对你所经营的产品,分析研究"谁是你的客户",找准你的目标市场,实施市场定位策略。以实地调查为主,配合在图书馆、互联网查找资料相结合得出相关资料,集体讨论、分析,最终以报告形式得出结果。

在市场调研与分析的基础上,确定并描绘你的客户。

（1）描述你的当前客户:年龄段、性别、收入、文化水平、职业、家庭大小、民族、社会阶层、生活方式。

（2）他们来自何处? 本地、国内、国外、其他地方。

（3）他们买什么? 产品、服务、附加利益。

（4）他们每隔多长时间购买一次? 每天、每周、每月、随时、其他。

（5）他们买多少? 按数量、金额。

（6）他们怎样买? 赊购、现金、签合同。

（7）他们怎样了解你的企业? 网络、广告、报纸、广播、电视、口头、其他(要注明)。

（8）他们对你的公司、产品、服务怎么看? (客户的感受)

（9）他们想要你提供什么? (他们期待你能够或应该提供的好处是什么?)

（10）你的市场有多大? 按地区、人口、潜在客户。

（11）在各个市场上,你的市场份额是多少?

（12）你想让市场对你的公司产生怎样的感受?

根据以上资料,选择有效的细分标准细分市场,确定目标市场,然后再确定这一产品的市场定位,并拟写市场定位建议书。

案 例 分 析

1. 中国移动作为国内专注于移动通信发展的通信运营公司,曾成功推出了"全球通"和"神州行"两大子品牌,成为中国移动通信领域的市场霸主。但市场的进一步饱和、联通的反击、小灵通的搅局,使中国移动通信市场弥漫着价格战的狼烟。如何吸引更多的客户资源、提升客户品牌忠诚度、充分挖掘客户的价值,成为运营商成功突围的关键。

根据麦肯锡公司对中国移动用户的调查资料表明,中国将超过美国成为世界上最大的无线市场。资料还表明,25岁以下的年青新一代消费群体将成为未来移动通信市场最大的增值群体。中国移动敏锐地捕捉到这一信息,将以业务为导向的市场策略率先转向了以细分的客户群体为导向的品牌策略,在众多的消费群体中锁住15～25岁年龄段的学生、白领,产生新的增值市场。锁定这一消费群体作为自己新品牌的客户,是中国移动"动感地带"成功的基础:

(1) 从目前的市场状况来看,抓住新增主流消费群体。15～25岁年龄段的目标人群正是目前预付费用户的重要组成部分,而预付费用户已经越来越成为中国移动新增用户的主流,中国移动每月新增的预付卡用户都是当月新增签约用户的10倍左右,抓住这部分年轻客户,也就抓住了目前移动通信市场大多数的新增用户。

(2) 从长期的市场战略来看,培育明日高端客户。以大学生和公司白领为主的年轻用户,对移动数据业务的潜在需求大,且购买力会不断增长,有效锁住此部分消费群体,三五年以后将从低端客户慢慢变成高端客户,企业便为在未来竞争中占有优势埋下了伏笔,逐步培育市场。

(3) 从移动的品牌策略来看,形成市场全面覆盖。"全球通"定位高端市场,针对商务、成功人士,提供针对性的移动办公、商务服务功能;"神州行"满足中低市场普通客户通话需要;"动感地带"有效锁住大学生和公司白领为主的时尚用户,推出语音与数据套餐服务,全面出击移动通信市场,牵制住了竞争对手,形成预置性威胁。

选定了目标市场,接下来就是如何建立符合目标消费群体特征的品牌策略并进行传播。因此,品牌名称、品牌个性、广告用语等都应吻合年轻人的心理特征和需求。中国移动通信是如何做的呢?

(1) 动感的品牌名称。"动感地带"突破了传统品牌名称的正、稳,以奇、特彰显,充满现代的冲击感、亲和力,同时整套VI系统简洁有力、易传播、易记忆、富有冲击力。

(2) 独特的品牌个性。"动感地带"被赋予了"时尚、好玩、探索"的品牌个性,同时提供消费群以娱乐、休闲、交流为主的内容及灵活多变的资费形式。

(3) 炫酷的品牌语言。富有叛逆的广告标语"我的地盘,听我的"及"用新奇宣泄快乐"、"动感地带(M-ZONE),年轻人的通信自治区!"等流行时尚语言配合创意的广告形象,将追求独立、个性、更酷的目标消费群体的心理感受描绘得淋漓尽致,与目标消费群体产生情感共鸣。

(4) 犀利的明星代言。周杰伦,以阳光、健康的形象,同时有点放荡不羁的行为,成为流行中的"酷"明星,在年青一族中极具号召力和影响力,与动感地带"时尚、好玩、探索"的品牌特性非常契合,可以更好地回应和传达动感地带的品牌内涵,从而形成年轻人特有的品牌文化。

（5）整合的营销传播。选择目标群体关注的报媒、电视、网络、户外、杂志、活动等，进行立体传播轰炸。在所有的营销传播活动中，都让目标消费群体参与进来，产生情感共鸣。特别是全国"街舞"挑战赛，在体验之中将品牌潜移默化地植入消费者的心智，起到了良好的营销效果。

"动感地带"凭借其市场细分和品牌策略，将中国电信市场从资源竞争带入了营销竞争时代。目前，"动感地带"的用户已远远超出 1000 万，并成为移动通信中预付费用户的主流。

分析：

（1）市场细分的主要变量是什么？中国移动是怎样进行市场细分的？

（2）选择目标市场时要考虑哪些因素？中国移动为什么把目标市场锁定在 15～25 岁年龄段的学生、白领？

（3）动感地带的市场策略有何特点？

2. 2002 年元旦前后，仿佛一夜之间，在河南省几个主要城市郑州、洛阳等地的商场、超市以及街边小店中，随处可见一种名叫"酷儿"的新品果汁饮料，其独特的形象令人过目难忘：一只头大身小的蓝色娃娃，右手叉腰，左手端着盛满饮料的茶杯，陶醉地说着"Qoo……"这只可爱的娃娃迅速出现在铺天盖地的招贴上、电视广告中。在有"酷儿"的地方，你都会发现"可口可乐公司荣誉出品"的字样。凭借可口可乐这块金字招牌，"酷儿"在短时间内成功上市，很快成为小朋友的新宠。

"Qoo 酷儿"是可口可乐对亚洲市场研发的一种特色果汁饮料，在亚洲市场所向披靡，所到之处"Qoo"声一片！"酷儿"定位为儿童果汁饮料，"酷儿"在中国市场细分的目标群体是 5～12 岁的儿童，此举跳出大部分果汁品牌针对女性市场的人群定位，也为"酷儿"角色的引入创造了条件。"酷儿"博得了孩子们的喜爱，成为他们指定购买的果汁品牌。针对直接购买者家长，可口可乐公司还通过理性诉求强调功能利益点：果汁里添加了维生素 C 及钙，这无疑给注重孩子健康的父母们吃了颗定心丸，"酷儿"果汁由此走红。顶着大大的脑袋，右手叉着腰、左手拿着果汁饮料，陶醉地说"Qoo……"的蓝色娃娃在广告和终端活动的推广下，成了家喻户晓的名人，更成为儿童最喜欢的卡通人物之一。

"酷儿"的成功反过来印证了"儿童果汁饮料"这一精确定位的高明：避免与市场领导品牌展开正面较量，寻找细分市场机会，独辟蹊径；所有的沟通行为，无论是渠道策略、价格策略，还是广告表现、媒介策略，都瞄准了同一个目标对象，火力集中，避免浪费，而且噪声小。实践证明，儿童对父母购买行为的影响力比人们想象的大得多。

分析：

（1）讨论"酷儿"形象与目标市场的关系。

（2）"酷儿"的目标市场策略是如何确定的？

（3）结合本案例谈谈如何进行市场细分。

第六章

产品策略

产品策略是市场营销的首要策略。市场营销的所有决策其实都是以产品决策为龙头展开的。所谓产品策略就是企业根据市场预测结果,在企业经营战略指导下,结合企业自身具体条件,确定在未来一段时间里以什么样的产品满足目标市场需求以及推出该产品的过程。

营销名言

未来竞争的关键,不在于工厂能生产什么产品,而在于其产品能提供的附加利益(如服务、广告、顾客咨询、购买信贷和交货以及人们以价值来衡量的一切东西)。

——西奥多·李维特

引导案例

携程网(ctrip.com)卖的是什么

携程网(简称携程)是一家吸纳海外风险投资组建的旅行服务公司,创立于1999年年初,是国内最大的旅游电子商务网站,最大的商务及度假旅行服务公司,提供酒店、机票、度假产品的预订服务,以及国内、国际旅游实用信息的查询。

携程网创业就像小时候做数学题一样,从最简单的入手。携程网先从酒店订房开始,这是携程网的"初级版本"。相对订票,订房是更为简单、直接的切入点。只要顾客在网上拿到订房号,自己带着行李入住即可。所以第一年携程网集中全力打通酒店订房环节。这种"帮人订房"的"简单工作",或许是很多海归所不屑的。但是"不要忘了,你是在中国,要服务的是中国大众"。

2004年10月19日,携程旅行网和携程翠明国旅在上海召开新闻发布会,正式对外宣布推出全新360°度假超市,超市"产品"涵盖海内外各大旅游风景点,旅游者可以根据自己的出游喜好自由选择搭配酒店、航班等组合套餐。面对国内发展迅猛的旅游市场,度假超市的推出对整个国内旅游业的发展带来了积极深远的影响。

随着国内旅游者出游频率的逐年增加,旅游者的旅游经验日趋丰富,旅游者的旅游需求也在不断提高,传统旅行社组团在个性化、自由度方面已无法满足现代游客的出游需求。在此背景下,以"机票+酒店"套餐为主的自助游产品应运而生,即旅游网站给游客提供机票和酒店等旅游产品,由旅游者自行安排自己的行程,自由行的出游模式已逐渐成为人们出行的一个热门选择。

面对旅游市场这一新的变化,国内许多旅游企业开始新一轮排兵布阵,携程网也将度假业务的重点放在自助游。携程网执行副总裁范敏介绍,针对市场上自助游产品线路少、产品单一的状况,此次推出的360°度假超市主要是由携程翠明提供的自助旅游产品和携程网自行开发的"机票+酒店"套餐产品构成,携程网依托与酒店、航空公司以及中国香港、新加坡、马来西亚等当地旅游局的合作伙伴关系,通过强大的技术力量搭建了度假产品查询、预订界面的度假超市。整个"超市"包括中国香港、马尔代夫、普吉岛、巴厘岛、中国三亚、中国广西、中国云南、滨海假期等几十个自由行"精品店",每个"精品店"内拥有不同产品组合线路至少五条以上。另外,度假超市为旅游者同时提供了景点门票等增值服务以及众多的可选项服务,旅游者可以根据时间、兴趣和经济情况自由选择希望游览的景点、入住的酒店以及出行的日期。

目前携程网已把酒店、机票预订拓展到境外,可预订的海外酒店就超过500家。这比一般旅行社的数字都要大。由于携程网保持了电子商务公司的性质,在未来发展中,其酒店预订、机票预订以及旅游项目三块主业,无一不促使其和相应传统渠道存在特殊的关系:既竞争抢食,又合作发展。为此,携程开始在度假旅行方面下工夫,并推出一些组合性的套餐产品。预先帮客户设计了一些可供选择的方案,客户可以据此安排自己的行程。度假旅行属于自助游的范畴,我国自助游的发展空间很大,预计未来自助游将会成为主流。相比传统旅行社,携程的优势很明显。首先,携程网的成本比它们低得多;其次,自助游的选择很多,按传统方式操作,客户很难在短时间内全面了解清楚,而在网上一切就方便多了。还有携程网的散客量很大,一年有 50 万人订房,100 万人订票,没有一家传统旅行社能达到这样的规模。同时,携程对传统旅行社还是充满兴趣的。

携程网目前已经发展成为国内最大的旅游电子商务网站和最大的商务及休闲度假旅行服务公司。在酒店预订和机票预订获得双丰收后,2004 年 2 月,携程网与上海翠明国旅合作并将其正式更名为携程翠明国际旅行社,全力进军度假市场领域。类似的例子还有很多。

携程网永远都记得自己在卖什么,携程网本身是一个旅游服务企业,互联网只是载体。

(资料来源:郭国庆.市场营销学通论.北京:中国人民大学出版社,2009)

思考:

携程网卖的主要是什么产品?为何成功?携程网是如何发现客户的需要,开发有针对性的产品的?

第一节 产品组合策略

▶ 一、产品的整体概念

产品是指能够通过交换满足消费者或用户特定需求和欲望的一切有形物品和无形的服务。其中,有形物品包括产品实体及其品质、款式、特色、品牌和包装等;无形服务包括可以使顾客的心理产生满足感、信任感的各种售后支持和服务保证等。

关于产品整体概念,以菲利普·科特勒为代表的北美学者提出产品整体概念包括五个层次(见图 6-1)。他们认为这样做能够更深刻而逻辑地表达产品整体概念的含义。

1. 核心产品

核心产品是指向消费者提供的基本效用或利益,是消费者真正要买的东西,是产品整体概念中最基本、最主要的内容。

2. 形式产品

形式产品是指产品的本体,是核心产品借以实现的各种具体产品形式,是向市场提供的产品实体的外观。形式产品由产品质量(品质)、特色(特征)、式样、品牌和包装五个方面的有形因素构成。

3. 期望产品

期望产品是指消费者购买产品时,期望得到的与产品密切相关的一整套属性和条件。

4. 延伸产品

延伸产品是指消费者购买形式产品和期望产品时,附带所获得的各种附加服务和利益

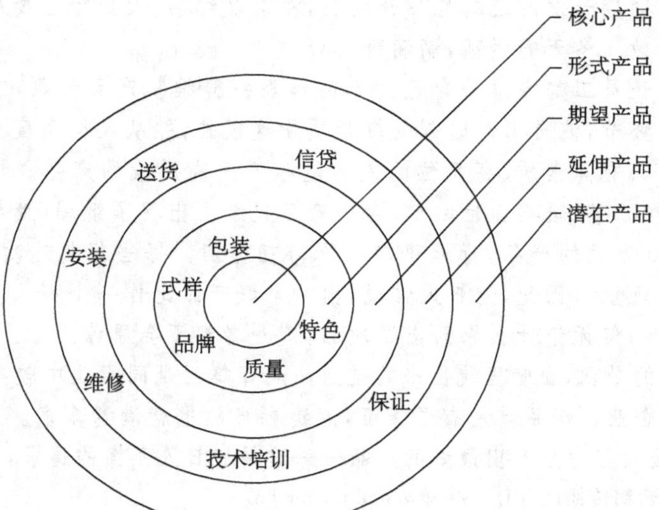

图 6-1　产品的五个层次

的总和,它包括产品说明书、提供信贷、免费送货、保证、安装、维修、技术培训等,不同企业提供的同类产品在核心和形式产品层次上越来越接近。

5. 潜在产品

潜在产品是指现有产品最终可能实现的全部附加部分和新转换部分,或指与现有产品相关的未来可发展的潜在性产品。

以入住宾馆为例,旅客购买的核心产品是"休息";形式产品是床、浴室、毛巾、卫生间等;期望产品应该是干净的床单、清洁的卫生间、洗浴香波、安静的休息环境等;延伸产品可以是卫星电视、无线网络、房内用餐服务、折扣等;潜在产品很可能是全套家庭式旅馆。

案例分析

旭日升,创造茶饮新时代

几年前,随着一首"越升越高旭日升"的歌曲响遍祖国大江南北,一个新的民族品牌——"旭日升"脱颖而出并迅速崛起,凭借独创的冰茶、暖茶,勇拓市场,后来居上。在短短几年内,以超常规的速度跳跃式发展,以 70% 以上的市场份额占据了中国茶饮料市场,真正成为中国茶饮料第一品牌,旭日集团也同时跻身于"中国饮料工业十强企业"。

"旭日升"冰茶,背靠的是中华民族源远流长的茶文化。为了创出茶饮精品,他们组成了以中国茶叶流通协会副会长、国家茶叶专家组组长于杰为首的茶饮研究专家组,同时还聘请了一批茶叶、食品、营养、医药等专家,与几十家科研机构、大专院校建立了广泛的合作关系,形成了强大的智慧阵容,开始了技术上的攻关。为了适应大众口味,他们选择了具有保健功能的乌龙茶。为了适应现代生活的节奏,根据国际国内青年朋友最爱喝碳酸饮料的特点,决定以碳酸饮料为主调,加入经加工提取的乌龙茶液,统一用纯净水,创造出国际市场独一无二的充气茶饮——旭日升冰茶,具备了当代消费饮料的四大特色,即纯净水的卫生、名茶的解渴保健、果汁的美味营养、碳酸的清凉解热(充入碳酸气)。

与旭日升冰茶同期开发的还有旭日升暖茶,暖茶以红茶、大麦为主要原料,具有解渴、暖胃、保健、热身等功效。冬天喝暖茶,滴滴暖人心。

旭日集团为了让员工都像维护自己的人品形象一样维护产品形象,它们把产品质量教育渗透到每个生产环节,使员工时时刻刻绷紧质量这根弦,并从人格角度上理解产品质量的内涵。让员工明白只有高素质、高品位的人才能生产出高质量的产品。员工们怎么也忘不了那痛心的一幕:在冰茶、暖茶面世之前,由于产品包装上出现了纰漏(商标印反),他们毫不犹豫地销毁了近20万元的产品,背地里却心疼得直掉泪。每当想起这次教训,员工的心就像坠了铅块儿一样沉重。因此,旭日人常说,出一个好产品比作一个好人更难。好人偶尔做了错事,人们会谅解;但无论什么原因出了次品,消费者都不会原谅。

水管里流出来的是水,血管里流出来的是血。旭日集团是同行业中较早通过 ISO 9002 国际质量体系认证的企业。产品质量有了保证,消费者自然也就满意多多。尽最大努力做一个品格高尚的人,尽最大努力生产出最好的产品——这是旭日人不懈的追求,永恒的主题。

(资料来源:中国营销传播网 http://www.emkt.com.cn)

营销启示

旭日升茶饮产品的特点是既能发扬祖国的传统文化,又能适应现代市场的需要。它在设计时,尽可能突出对消费者重要的特性,如传统茶的生津止渴、提神醒脑和保健作用,碳酸饮料的方便食用和清凉解暑作用,果汁饮料的美味和营养作用等。这样的产品能满足消费者的需要,因而受到欢迎。

旭日升对产品质量非常重视,一直坚持不懈狠抓质量。产品质量是产品满足消费者需求能力的各种特征和特性的综合,提高质量会增加成本。但是,为了能更好地满足消费者的需要,旭日升宁可增加成本,暂时降低赢利来赢得消费者,如发现产品有质量问题,即刻将其销毁,以免失去消费者的信任;在生产和管理过程中,如果发现有漏洞,立即填补,不允许不合格的产品进入流通领域。这样就能确保到达消费者手中的产品是合格的,从而得到市场的认可,得到社会的回报。

▶ 二、产品组合及其相关概念

企业如何根据市场需要和自身能力,决定生产经营哪些产品,并明确各产品之间的配合关系,对企业的兴衰有着重要的影响。因此,企业需要对其产品组合进行研究和选择。

1. 产品组合、产品线和产品项目

(1) 产品组合是指企业生产经营的全部产品的总和,是企业提供给目标市场的全部产品线和产品项目的组合或搭配,即企业的经营范围和产品结构。

(2) 产品线又称产品大类,是指产品在技术上和结构上密切相关,具有相同的使用功能、不同的规格而满足同类需求的一组产品。

(3) 产品项目是指产品线中各种不同的品种、规格、质量、价格、技术结构和其他特征的具体产品,企业产品目录上列出的每一个产品都是一个产品项目。

2. 产品组合的宽度、长度、深度与关联度

(1) 产品组合的宽度是指企业所拥有的产品线的数量。产品线越多,说明企业的产品组合就越宽;否则就越窄。

（2）产品组合的长度是指企业所有产品线中所包含的所有产品项目的总和。以产品项目总数除以产品线数目即得出产品线的平均长度。

（3）产品组合的深度是指每一条产品线中每一品牌所包含的具体的花色、品种、规格、款式的产品的数量。

（4）产品组合的关联度是指各条产品线之间在最终用途、生产条件、分销渠道以及其他方面相互关联的程度。

案例分析

宝洁公司的产品组合

美国宝洁公司（P&G，Procter & Gamble）是世界最大的日用消费品公司之一，全球雇员近 10 万人，在全球 80 多个国家设有工厂及分公司，所经营的 300 多个品牌的产品畅销 160 多个国家和地区，其中家用日化有洗衣粉、牙膏、香皂、尿布和纸巾五大类，如表 6-1 所示。

表 6-1　宝洁公司的家用日化产品组合

	产品组合的宽度				
	洗衣粉	牙膏	香皂	尿布	纸巾
产品组合的长度	象牙雪 1930	格里 1952	象牙 1879	帮宝适 1961	娟人 1928
	德莱芙特 1933	佳洁士 1955	佳美 1927	露肤 1976	普夫 1960
	汰渍 1944		洗污 1928		旗帜 1982
	快乐 1950		柯克斯 1930		绝顶 1992
	奥克雪多 1952		香味 1952		
	德希 1954		舒肤佳 1963		
	圭尼 1966		海岸 1974		
	道尼 1972		玉兰油 1993		
	伊拉 1972				

营销启示

宝洁公司生产洗衣粉、牙膏、香皂、尿布及纸巾，有五条产品线，表明产品组合的宽度为5。

表 6-1 中，产品项目总数是 25 个，我们就说宝洁公司产品组合的总长度是 25。我们也可以计算出该公司产品线的平均长度。平均长度就是总长度（这里是 25）除以产品线数量（这里是 5），结果为 5。

宝洁公司的牙膏产品线下的产品项目有三种，佳洁士牙膏是其中一种，而佳洁士牙膏有三种规格和两种配方，佳洁士牙膏的深度是 6。

产品组合的深度是指产品线中的每一产品有多少品种。例如，佳洁士牌牙膏有三种规格和两种配方（普通味和薄荷味），佳洁士牌牙膏的深度就是 $3 \times 2 = 6$。

宝洁公司的产品都是通过同样的分销渠道出售的消费品，因此我们可以说，该公司的产品线具有较强的关联性。

▶ 三、产品组合的分析

由于产品组合状况直接关系到企业销售额和利润水平，企业必须对现行产品组合的每个项目销售额和利润水平的发展与影响做出系统的分析和评价,并对是否加强、维持或放弃某些产品线或产品项目做出决策。

1. 产品线销售额和利润分析

企业需要了解产品线上的每一个产品项目对总销售量的利润所做的贡献的百分比。假如某企业的一条产品线上的五个产品项目的销售额和利润贡献率如图 6-2 所示。

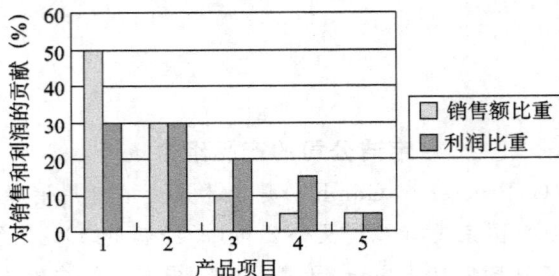

图 6-2　产品线销售额和利润分析

根据图 6-2 所示,第一个产品项目的销售额和利润分别占整个产品线销售额和利润的50%和30%;第二个产品项目的销售额和利润均占整个产品线销售额和利润的30%。这两个项目共占整个产品线总销售额和总利润的80%和60%。在一条产品线上,如果销售额和赢利高度集中在少数产品项目上,则意味着产品线比较薄弱。为此,公司必须仔细地加以重点保护。第五个产品项目的销售额和利润只占整个产品线销售与利润的5%,如无发展前景,企业可以考虑停止这种产品的生产。

2. 产品项目市场定位分析

为全面衡量产品线上各产品项目与竞争产品的市场地位,企业需要对产品线上的各产品项目与竞争者同类产品进行对比,然后进行合理定位。

例如,A 家具公司的一条产品线是沙发。顾客对沙发最重视的两个属性是沙发的款式和功能。款式分为木质、布艺和皮具;功能分为单功能、双功能和多功能。A 公司有两个竞争者 B 和 C,B 公司生产木质和布艺的单功能沙发;C 公司生产双功能和多功能的皮具沙发。A 公司根据市场竞争状况权衡,决定生产三种沙发:木质双功能沙发、布艺双功能沙发和布艺多功能沙发,因为这三个市场位置没有竞争者(见图 6-3)。从图 6-3 上看,仍有两个市场空白点。各公司没有生产的原因,可能是目前生产这种沙发的费用太高,或者生产需求不足,或者经济上暂无可行性等。

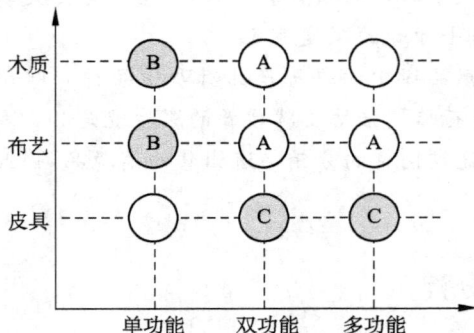

图 6-3　产品项目市场定位分析

四、产品组合决策

1. 扩大产品组合策略

扩大产品组合策略包括扩大产品组合的宽度和增加产品组合的深度两方面的内容。扩大产品组合的宽度是在现有的产品组合中增加新的产品线。增加产品组合的深度是在现有产品线内增加新的产品项目。

2. 产品线延伸策略

产品线延伸策略是指部分或全部地改变企业现有产品线的市场定位,即将企业的产品线延长超出现有的范围。产品线延伸策略可分为向上延伸策略、向下延伸策略和双向延伸策略三种类型。如企业现在生产中档产品,决定在现有的产品线内同时增加高档和低档的同类产品项目,将同时进入高档和低档产品市场,这就属于双向延伸策略。

案例分析

五粮液的品牌延伸

五粮液是我国著名的白酒品牌,以优良品质、卓著声誉,独特口味蜚声国内外。

五粮液集团十分注意品牌延伸工作,当"五粮液"品牌在高档白酒市场站稳脚跟后,便采取"纵横延伸"策略。"纵向延伸"是生产"五粮春"、"五粮醇"、"尖庄"等品牌,分别进入中偏高白酒市场、中档白酒市场和低档白酒市场。"横向延伸"策略是五粮液集团先后和几十家地方酒厂联合开发具有地方特色的系列白酒,在这些产品中均注明"五粮液集团荣誉产品"。五粮液集团借这些延伸策略,有效地实施低成本扩张,使其市场份额不断扩大。但是必须指出,向下延伸策略并不是一剂灵丹妙药,处理不好也可能弄巧成拙,陷入困境。因为推出低档产品会使企业在原高档市场的投入相对减少,使该市场相对萎缩;由于向下延伸,侵犯了低档市场竞争者的利益,可能刺激新竞争对手的种种反击;经销商可能不愿意经营低档次商品,以规避经营风险等。

营销启示

把高档产品往下延伸是一把"双刃剑",既可能以低成本拓展业务,也可能陷入陷阱。最大的陷阱是损害原品牌的高品质形象。早年,美国"派克"钢笔质优价贵,是身份和体面的标志,许多社会上层人物都以带一支派克笔为荣。然而,1982年新总经理詹姆斯·彼特森上任后,盲目延伸品牌,把派克笔品牌用于每支售价3美元的低档笔。结果,派克在消费者心目中的高贵形象被毁坏,竞争对手则趁机侵入高档笔市场,使派克公司几乎濒临破产。派克公司欧洲主管马克利认为,派克公司犯了致命错误,没有以己之长攻人之短。鉴于此,马克利筹集巨资买下派克公司,并立即着手重塑派克形象,从一般大众化市场抽身出来,竭力弘扬其作为高社会地位象征的特点。

3. 缩减产品组合策略

缩减产品组合策略包括缩减产品组合的宽度和降低产品组合的深度两方面的内容。缩减产品组合的宽度是在现有的产品组合中删除那些获利小、发展前景不好的产品线。降低产品组合的深度是淘汰现有产品线内某些市场前景不好、获利小甚至亏损的产品项目。

4. 产品线现代化策略

在某些情况下,虽然产品组合的宽度、长度都很恰当,但产品式样可能已经过时,这时就应当通过采用新的技术和制造工艺,改变产品面貌,使产品线现代化。

第二节　产品生命周期策略

一、产品生命周期的内涵

产品从投入市场到最终退出市场的全过程称为产品的生命周期。产品在市场上营销时期的长短受消费者的需求变化、产品更新换代的速度等多种因素的影响。因此,产品的生命周期不同于产品的使用寿命,不同产品有着完全不同的生命周期。

由于受市场因素的影响,在产品生命周期的不同阶段,产品的市场占有率、销售额、利润额是不一样的。从这个角度,产品的生命周期可以以销售额和利润额的变化来衡量。按照销售额的变化衡量,典型的产品生命周期包括导入期、成长期、成熟期和衰退期四个阶段,呈一条"S"形的曲线,如图 6-4 所示。

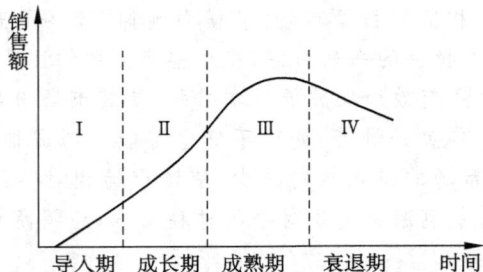

图 6-4　产品生命周期曲线

营销思考
每一个产品都经历生命周期的四个阶段吗

产品生命周期是一个理论抽象。在现实生活中,并不是所有产品的生命历程都完全符合典型的生命周期形态。有的产品一进入市场就不被消费者接受,很快就夭折,退出市场,这种产品连成长期都进入不了。非典型的产品生命周期,它主要有以下几种形态。

1. 再循环型生命周期

再循环型生命周期是指产品销售进入衰退期后,由于种种因素的作用而进入第二个成长阶段。这种再循环型生命周期是市场需求变化或企业投入更多促销费用的结果。

2. 多循环型生命周期

多循环型生命周期是指产品进入成熟期后,企业通过制定和实施正确的营销策略,使产品销量不断达到新的高潮。

3. 非连续循环型生命周期

非连续循环型生命周期是指产品在一段时间内迅速占领市场,又很快退出市场,过一段时间后又开始新的循环。如大多数时髦商品的生命周期属于非连续循环型生命周期。

（资料来源:杭州电子科技大学"市场营销学"）

▶ 二、产品生命周期各阶段的特点及营销策略

1. 导入期

由于产品设计尚未定型,消费者对产品不熟悉,销售网络还没有全面建立,导入期的产品销量少、成本高,企业通常获利甚微,甚至发生亏损。

产品导入阶段,在价格和促销上一般有四种策略可供选择,如表6-2所示。

表6-2 导入期四种策略

价 格 水 平	高 促 销	低 促 销
高价格	快速撇脂策略	缓慢撇脂策略
低价格	快速渗透策略	缓慢渗透策略

（1）快速撇脂策略。快速撇脂策略是采用高价格、高促销费用的方式推出新产品。实施该策略的市场条件是:有较大的潜在市场需求;目标顾客的求新心理强,急于购买新产品,并愿意为此付高价;企业面临潜在的竞争威胁,需要及早树立名牌。

（2）缓慢撇脂策略。缓慢撇脂策略是采用高价格、低促销费用的方式将产品推入市场。实施该策略的市场条件是:市场规模相对较小,竞争威胁不大;市场上大多数消费者对该产品没有过多疑虑;适当的高价能为市场所接受。

（3）快速渗透策略。快速渗透策略是采用低价格、高促销费用的方式推出新产品。采取该策略的市场条件是:产品的市场容量很大;潜在消费者对产品不了解,且对价格十分敏感;企业面临潜在的竞争威胁;该产品的单位生产成本可随生产规模和销量的扩大而迅速下降。

营销思考

康师傅如何快速进入方便面市场

康师傅进入方便面行业,在产品导入市场时采用了正确有效的营销模式,其模式的核心是产品创新、广告突破。当时内地的方便面市场呈现两极化:一极是内地厂家生产的廉价面,几毛钱一袋,但质量很差;另一极是进口面,质量很好,但价格贵,五六元钱一碗,普通消费者根本消费不起。看到这种市场情况,魏应行想:如果有一种方便面物美价廉,一定很有市场。康师傅经过上万次的口味测试和调查发现:内地人口味偏重,而且比较偏爱牛肉,于是决定把"红烧牛肉面"作为主打产品。考虑到内地消费者的消费能力,最后把售价定为1.98元人民币。

与此同时,康师傅的广告宣传也全面铺开。1992年,当内地企业还没有很强的广告意识时,康师傅的年广告支出就达到了3000万元。当时内地的电视广告费用相当便宜,在中央电视台黄金时段插播广告只需500元人民币。为了将一句"好味道是吃出来的"的广告词

铺满大江南北,康师傅在 20 世纪 90 年代中后期,每年的广告投入从不低于 1 亿元。包装漂亮、广告凶猛的康师傅一经推出便立即打响,并掀起一阵抢购狂潮。

康师傅通过产品创新和广告突破的模式,持续资源的投入把"红烧牛肉面"打造成了企业的声誉产品,获得了大量的利润。

(资料来源:一大把网站)

(4)缓慢渗透策略。缓慢渗透策略是采用低价格、低促销费用的方式推出新产品。采取该策略的市场条件是:产品的市场容量大;消费者对产品已经了解,且对价格十分敏感;企业面临潜在的竞争威胁。

2.成长期

由于消费者对新产品已经熟悉,产品在成长期的销售量迅速增长,利润迅速上升;同时大批竞争者加入,市场竞争加剧。

成长期旺盛的市场需求与高额的利润,会引来竞争对手的参与。因此,该阶段的营销重点是扩大市场占有率和巩固市场地位。企业可采取改进和完善产品、寻求新的细分市场、改变广告宣传的重点、适时降价等策略。

3.成熟期

成熟期一般在产品生命周期中持续的时间最长。此时,生产趋于稳定,销量趋于饱和,赢利达到最高水平,竞争异常激烈,成熟期末期利润开始下降。

成熟期的营销重点是稳定市场占有率,维护已有的市场地位,以获得尽可能高的收益率。为此,企业可以采取以下三种策略:

(1)市场改良策略。这种策略不需要改变产品本身,而是通过发现产品的新用途、改变销售方式和开辟新的市场等途径,达到扩大产品销售的目的。

(2)产品改良策略。这种策略是以产品自身的改进来满足消费者的不同需要,以扩大产品的销量,如品质改良、特性改良、式样改良、附加产品改良等。

(3)营销组合改良策略。这种策略是通过改变定价、销售渠道以及促销方式等来刺激销售,从而延长产品的成熟期。

4.衰退期

衰退期的产品销量急剧下滑和利润迅速下降,市场上出现了新产品或替代品,产品开始逐渐被市场淘汰。

此时,企业的工作重点应尽快地更新换代产品,对于老产品的营销,企业可采取以下三种策略:

(1)维持策略。该策略是企业继续沿用过去的策略,仍按照原来的细分市场,使用相同的销售渠道、定价及促销方式,直到这种产品完全退出市场为止。

(2)收缩策略。该策略是把企业的能力和资源集中在最有利的细分市场、最有效的销售渠道和最易销售的品种上,以最有利的市场赢得尽可能多的利润。

(3)放弃策略。该策略是企业对衰退比较迅速的产品,应该当机立断,放弃经营。企业可以采取完全放弃的形式,将产品完全转移出去或立即停止生产;也可采取逐步放弃的方式,使其所占用的资源逐步转向其他产品。

第三节　新产品开发策略

▶ 一、从营销角度认识新产品

市场营销学中的新产品含义与科技开发中的新产品含义并不完全相同,其内容要广泛得多。市场营销理论是从"产品整体概念"角度出发,强调消费者的观点,对新产品的定义是:凡是消费者认为是新的,能从中获得新的满足、可以接受的产品都属于新产品。根据这一理解,新产品大体上可以分为四类。

1. 全新产品

全新产品是指采用新原理、新结构、新技术、新材料制成,开创全新市场的新产品。比如,汽车、飞机、电视机等的第一次出现,都属于全新产品。全新产品开发市场风险最大。

2. 换代产品

换代产品是指在原有产品的基础上,部分采用新技术、新材料、新工艺研制出来的性能有显著提高的产品。比如,黑白电视机发展到彩色电视机。

3. 改进产品

改进产品是指对原有产品在品质、性能、结构、材料、花色、造型或包装等方面做出改进而形成的产品。这种新产品与原有产品差别不大,往往是在原有产品的基础上派生出来的变形产品。例如,自行车由单速改进为多速,电风扇加上遥控开关等。

案例分析

"不发明、只改进"的松下政策

日本松下电器公司有 23 个生产试验室,拥有最先进的研究条件。但是,它们一直奉行"只改进、不发明"的政策,即针对公司买进的国内外的电器专利,以及竞争对手的产品,发现不足,进行改进。松下幸之助认为,这种做法与发明相比较有几个好处:一是节省时间;二是降低费用;三是保证效益。比如,录像技术本是索尼公司发明的,但松下公司经过市场调查,了解到消费者最喜欢的是能够放映更长时间的录像机。于是,松下就针对索尼公司的"贝塔马克斯"录像机,设计出一种容量大、体积小的录像机,不仅性能更可靠,而且价格也比索尼公司的低 15%。虽然索尼公司的录像机先行进入市场,但是,松下改进后的"乐声"和 RCA两个牌子的录像机反而压倒了对手,获得了很大的市场份额。

营销启示

当今时代竞争日益激烈。有时候,"改进"也是一种竞争优势。"把脚踏在已有基础之上的人,总比那些从深沟往上爬的人要先行到达。"古往今来,有许多发明创造,都是从改进入手,进而在解决问题中获得成功的。改进产品的思路是以不侵犯别人专利为前提,以率先创新者为参照物,借鉴其创新构思和创新行为,通过工艺改进、质量完善、成本控制等方式开发公司的新产品。

4. 仿制产品

仿制产品是指对市场上已经出现的产品进行引进或模仿生产的产品。这类新产品的开发,一般不需要太多的资金和尖端的技术。企业在仿制时,应注意改造原有产品的缺陷或不足,不应全盘照搬。

▶ 二、新产品开发过程

一个完整的新产品开发过程要经历八个阶段:构思产生、构思筛选、概念发展和测试、营销规划、商业分析、产品实体开发、试销、商品化。

1. 构思产生

一个好的新产品构思是新产品开发成功的关键。在产品构思阶段,企业应积极寻找并鼓励内外人员发现产品构思,将所汇集的产品构思转送给内部有关部门,征求其修改意见。

营销思考

新产品的构思来自哪里

企业应该集思广益,从多方面寻找和收集好的产品构思。新产品构思的来源有:消费者和用户、科研机构、竞争对手、商业部门、企业职工和管理人员、大专院校、营销咨询公司、工业顾问、专利机构、国内外情报资料等。其中,调查和收集消费者与用户对新产品的要求是新产品构思的主要来源。实践证明,在此基础上发展起来的新产品,成功率最高。

由于构思来自许多渠道,各种构思受到认真注意的机会就取决于企业对新产品开发负有责任的机构。为此,企业的营销人员必须积极地、有序地寻找、搜集并接纳各种新产品构思。寻找和搜集构思的主要方法有以下几种。

(1) 产品属性列举法。是将现有产品的属性一一列出,通过寻求改良某种属性以达到改良该产品的目的,在此基础上形成新的产品构思或创意。

(2) 强行关系法。是指列出若干个不同的产品,然后把某一产品与另一种产品或几种产品强行结合起来,产生一种新的构思。

(3) 调查法。是指向消费者调查使用某种产品时出现的问题或值得改进的地方,然后整理意见,转化为新的产品构思。

(4) 头脑风暴法。是指选择专长各异的人员进行座谈,集思广益,以发现新的产品创意,产生新的产品构思。

2. 构思筛选

新产品构思筛选就是要对各种构思进行分析比较,力争做到摒弃那些可行性小或获利较少的产品构思,选出潜在赢利大的新产品构思。筛选应遵循如下标准:市场成功的条件;企业内部条件;产品是否符合企业的营销目标,其获利水平及新产品对企业原有产品销售的影响。

构思筛选的主要方法是建立一系列评价模型。表 6-3 所示就是一份比较典型的新产品构思评审表。

表 6-3 新产品构思评审

新产品成功的必要条件	权重(A)	评 分(B)											得分数(A)×(B)
		0.00	0.10	0.20	0.30	0.40	0.50	0.60	0.70	0.80	0.90	1.00	
产品独特优点													
市场营销													
研究与开发													
人员													
财务													
生产													
销售地点													
采购与供应													
总 计													

分数等级:0.00~0.40 为"劣";0.41~0.75 为"中";0.76~1.00 为"良"。目前可以接受的最低分数为 0.70。

表 6-3 中第一栏是某新产品成功的必要条件;第二栏是按照这些条件在进入市场时的重要程度分别给予不同的权重;第三栏是对某新产品成功打入市场的能力给予不同的评分;第四栏是得分数,即(A)×(B),得分数相加,表示这个产品投入市场是否符合本企业的目标和战略的综合评分。

3. 概念发展和测试

经过筛选后保留下来的产品构思必须发展成产品概念。新产品概念是指从消费者的角度对已经成型的产品构思,用文字、图像、模型等给予清晰阐述,使之在消费者心目中形成一种潜在的产品形象。一个产品构思能转化成若干种产品概念。例如一家奶品公司有一个构思:开发一种富有营养价值的奶品。由这一构思可以发展出以下三个产品概念:①一种早餐饮用的速溶奶粉,使成年人很快地补充营养而不需要准备早餐;②一种味道鲜美的快餐饮料,供孩子们中午饮用提神;③一种保健饮品,适合于老年人晚间就寝时饮用。

每一个产品概念都有自己的定位。新产品概念需要用合适的目标消费者进行测试,并收集消费者的反应。概念越接近最后的真实产品,概念测试的可靠性越高。

4. 营销规划

对已经形成的新产品概念制订营销战略计划是新产品开发过程的一个重要阶段。该计划将在以后的开发阶段中不断完善。营销战略计划包括三个部分:第一部分是描述目标市场的规模、结构和消费者行为,新产品在目标市场上的定位,市场占有率及前几年的销售额和利润目标等;第二部分是对新产品的价格策略、分销策略和第一年的营销预算进行规划;第三部分则描述预期的长期销售量和利润目标以及不同时期的营销组合。

5. 商业分析

商业分析的主要内容是对新产品概念进行财务方面的分析,即估计销售量、成本和利润,判断它是否满足企业开发新产品的目标。

6. 产品实体开发

新产品实体开发主要解决产品构思能否转化为在技术上和商业上可行的产品这一问题。它是通过对新产品实体的设计、试制、测试和鉴定来完成的。根据美国科学基金会调查,新产品开发过程中的产品实体开发阶段所需的投资和时间分别占开发总费用的 30%、总时间的 40％，且技术要求很高，是最具挑战性的一个阶段。

7. 试销

新产品市场试销的目的是对新产品正式上市前所做的最后一次测试，且该次测试的评价者是消费者的货币选票。通过市场试销将新产品投放到有代表性地区的小范围的目标市场进行测试，企业才能真正了解该新产品的市场前景。

市场试销要对以下几个问题做出决策：①试销的地区范围；②试销时间；③试销中所要取得的资料；④试销所需要的费用开支；⑤试销后采取的营销策略及试销成功后应进一步采取的战略行动。一般来说，判断新产品试销效果主要有两个指标：试用率与重购率。具体措施如表 6-4 所示。

表 6-4　新产品试销效果分析

试用率	重购率	营 销 行 动
高	高	可尽快将产品正式上市
高	低	重新设计产品、改进产品不足之处或放弃该产品
低	高	增加广告宣传及促销活动，让更多消费者了解产品
低	低	最好放弃该产品上市计划

根据新产品试销的不同结果，企业可以做出不同的决策。试销结果良好，可全面上市；试销结果一般，则应根据顾客意见修改后再上市；试销结果不佳，应修改后再试销，或停止上市。

营销思考

新产品上市是否都要试销

新产品试销的首要问题是决定是否试销。并非所有的新产品都要经过试销，可根据新产品的特点及试销带给新产品的利弊比较来决定。

下列新产品通常要经过试销。

（1）高投入的新产品。高投入新产品的市场风险很大，不经试销直接上市，如果失败了，其损失是巨大的。试销是减少该类新产品失败风险的有效手段，且相对于高昂的开发费用，试销费用所占的比重是极小的。

（2）全新的新产品。由于我们缺乏有关全新产品的消费者、市场方面的信息，也没有价格、销售渠道、促销等方面的经验，因此，对全新的新产品进行试销是必要的。

此外，某些新产品采用与以往完全不同的包装、分销渠道、销售方法等手段，也须试销，对某些改良新产品进行试销也是值得的。总之，新产品的创新程度越高，越值得试销。

典型无须试销的新产品主要有三种。

（1）时效性极强的新产品。时效性极强的新产品在时间上不允许试销，如，新款时装等。

（2）投入不大的新产品。对于投入不大的新产品也可直接上市，即便失败了损失也不太大，还可避免试销带来的负面效应。

（3）模仿型新产品。其他企业的该类新产品已经上市，本企业紧跟模仿，此时应尽快向市场推出新产品，而无须试销。

（资料来源：网易 hexin52000 的博客"新产品的试销"，http://hexin52000.blog.163.com）

8. 商品化

新产品试销成功后就可以正式批量生产，全面推向市场。新产品的商品化阶段的营销运作，企业应在以下几方面慎重决策：①何时推出新产品；②何地推出新产品；③如何推出新产品。企业必须制订详细的新产品上市的营销计划，包括营销组合策略、营销预算、营销活动的组织和控制等。

营销思考

如何让新产品更快上市

飞利浦公司是荷兰的一家全球性电子消费品巨人，1972 年，公司向市场推出了第一台录像机，比日本竞争者领先了三年。但是，飞利浦一共花了七年的时间才开发出第二代录像机产品，而在此期间日本制造商至少已经推出了三代新产品。飞利浦成了它自己缓慢的产品开发程序的牺牲品，在日本竞争者的袭击下再也没能有所作为。这种现象其实是非常典型的。在当今变化迅速、竞争激烈的环境中，推出新产品太慢会导致产品开发的失败，并失去销售和利润以及市场地位。快速进入市场和缩短新产品开发"周期"已成为所有企业急切关注的问题。

大企业一般都采用"有序产品开发法"，即依据一系列有序的步骤来开发新产品。企业每个部门在完成本阶段的产品开发步骤之后再往下传，这有点像接力赛跑。这种有序的开发方法有其优点，表现在它使有风险和复杂的新产品开发项目有条不紊，但是这种方法的缺点是"慢"。

为了加快产品开发循环，许多企业已采用了一种更快、注重团队合作的方法——同时产品开发法。这种方法不再把新产品从一个部门传到另一个部门，而是由企业从各个不同的部门抽调一队人马专门负责新产品开发，从开始一直到结束。这些小组成员通常来自市场营销部门、财务部门、设计部门、制造部门和法律部门，甚至供应商和客户企业。同时开发法更像是一场橄榄球比赛，而不是接力赛：队员们在下半场奔走，向着共同的目标——快速创设新产品奋斗的时候，把新产品这个球来回地传来传去。

高层管理部门给产品开发小组的只是一般性战略指导，而不是清楚明确的产品构思或工作计划。它用硬性的、看起来有些矛盾的目标对开发小组提出挑战，即："开发出经审慎设计并超越他人的新产品，但是要快。"而且为开发小组提供任何迎接这个挑战所需要的自由和资源。在有序开发程序中，一个阶段的瓶颈便会严重减缓整个项目的进程。用同时开发的方法，如果一个功能区临时遇到了障碍，则它会在整个小组继续前进的同时把问题解决好。

阿伦—布拉德利公司（Allen-Bradley Company）是一家工业控制器制造公司，它采用同时产品开发法实现了惊人的利益。根据它原先的有序开发法，公司的营销部门把一个新产品构思交给设计师。设计师在孤立的情况下工作，在确定了产品概念之后，再把它们传给产品工程师。工程师也是自顾自地工作，制作出昂贵的样品之后再把它们传给制造部门。制造部门再努力想办法生产新产品。最后，经过许多年，以及十几个回合代价昂贵的设计协调和延期之后，营销部门被叫来销售新产品，营销部门经常会发现这些新产品定价太高，或者早已过时了。现在，阿伦—布拉德利公司的所有部门共同合作，开发新产品。这样做的结果是惊人的，例如，公司最近开发一种新的电控器只用了两年时间；如果按照老的那一套，则会需要六年时间。

布莱克与德柯尔公司用同时产品开发法(公司称之为合作工程)来开发以真正的自己动手者为目标市场的夸顿(Quantum)工具线。布莱柯与德柯尔公司选派了一个叫夸顿小组的"合成小组",该小组由来自世界各地的 85 名布莱克和德柯尔公司职员组成,以便尽可能快地获得适合顾客需要的正确产品系列。该小组包括工程师、财务人员、营销人员、设计人员以及其他人员。他们分别来自美国、英国、德国、意大利和瑞士。从构思到投产,包括 3 个月的消费者调查,该小组只用了 12 个月就开发出了获得高度好评的夸顿产品系列。

汽车行业也已经发现了同时产品开发法的好处。这种方法在通用汽车公司叫做"同时发生工程",在福特公司叫"团队概念",在克莱斯勒叫"被驱动的程度设计"。第一次运用这种程序设计的美国汽车是福特的金牛座和信使(Mercury Sable),这两类车在市场营销上都取得了很大成功。用同时发生的产品开发法,福特公司把开发时间从 60 个月削减为 40 个月。仅仅是让工程部门和财务部门同时检查设计,而不是循序检查,这使福特公司从开发周期中挤出了 14 周。福特公司还用这种团队方法,重新设计全新的金牛座汽车。公司的国际金牛座小组由工程师、设计师、营销员、会计师、供应商、工厂工人及其他人员组成。他们共同工作、设计和测试汽车,很快便把它推向市场。福特公司声称这些行动可以为整个项目削减 30% 的平均工程成本。在一个一般需要约五六年才出一种新型号的行业中,马自达现在只需要两年至三年的开发时间——这一技艺,不靠同时开发法是不可能的。

但是,"同时产品开发法"的确也有它的局限性。超速产品开发比起较慢、较有序的开发更加危险、更加费钱,并且它还经常给企业制造压力和混乱。但是在瞬息万变的行业中,面对日益变短的产品生命周期,快速灵活的产品开发所带来的好处远远超过了它的风险。获得改进的新产品的企业比竞争者更快地进入市场,从而取得巨大的竞争优势。它们可以对不断涌现的消费者品位快速做出反应,并且能为更先进的设计制定更高的价格,正如一位汽车行业的高级管理人员所说的:"我们想要做的是在尽可能短的时间里批准和制造新车,然后把它交到消费者手里。谁能第一个到达那儿,谁就能得到所有的弹子,谁就是整场游戏的赢家。"

第四节 品牌与包装策略

▶ 一、品牌策略

1. 品牌与商标

品牌俗称牌子,它包括品牌名称、品牌标志和商标。通常,某一产品的品牌名称和品牌标志的总和就是该产品的品牌。

商标是代表产品一定质量的标志,一般用图形、文字、符号注明在产品、产品包装及各种形式的宣传品上面。企业必须遵守《商标法》的规定正确使用商标,商标注册人应严格按照核准注册的文字和图形使用注册商标。一般注册标志的写法有:标明"注册商标"四字,或标明"注"或"R"标记。

案例分析

中国商标海外遭抢注进入高峰期

随着越来越多的中国产品走向国际市场,国外商家通过抢注中国企业商标,人为制造知识产权贸易壁垒,进而遏制对手进入该国市场的情况屡见不鲜。北京康信知识产权代理公司合伙人吴琼表示,商标被抢注已成为每一家准备向海外扩张的中国企业都必须面对的阻碍和风险。

"王致和商标遭抢注"事件影响非常广泛,但这仅是冰山一角。"狗不理"、"北京同仁堂"、"六必居"等中华老字号商标在海外都遭到抢注,这不仅影响了老字号企业的声誉,也为企业走出国门设置了壁垒。商标遭到海外抢注并不仅限于"老字号"。据了解,"新科"、"康佳"和"德赛"三个商标遭到俄罗斯一家公司抢注,"英雄"在日本被抢注,"大宝"在美国、英国、荷兰、比利时被抢注,"红星"二锅头在欧盟被抢注。据国家工商总局统计,目前国内有15%的知名商标在国外被抢注。

目前,很多中国企业对国际商标法律制度了解不够,因此,他们在创立品牌初期,仅进行了国内商标注册,而没有考虑到国际注册,在知识产权战略方面缺乏国际眼光。此外,企业知识产权方面的相关专业人才缺乏也是重要原因之一。

中国政法大学贸易法专家武长海博士说:"我国被抢注者国际化意识淡薄,缺乏专业的知识产权管理能力和知识产权保护意识。而跨国公司一般是知识产权先走出国门,然后才是产品,这样就能避免商标被抢注。"

(资料来源:中国贸易报,2009年5月15日)

营销启示

如果企业商标遭到恶意注册,要与抢注者协商解决,如果协商不能解决,可以通过法律手段夺回被抢注的商标。就中国企业而言,应制定相应的知识产权战略,投入专项资金,确定商标国际注册先行原则,先注册商标再开拓国际市场,方能做到未雨绸缪。专家建议,中国企业要树立知识产权意识,聘请律师参与构筑商标等法律风险的防御体系,逐步建立系统的知识产权战略,这才是保护企业、保护商标、维护自身品牌的根本之道。

2. 品牌设计原则

品牌由文字、图案及符号构成。品牌设计是艺术和技巧在企业营销活动中的体现。从市场营销角度来看,品牌设计应包括以下几方面的原则:新奇独特,构思巧妙;简洁醒目,易读易记;避免雷同,超越时空;遵循法律规定,适应风俗习惯。

营销思考

我们熟悉的品牌是如何设计的

日本索尼公司原名东京通信工业公司,本想取名称的三个字(东电公司)的第一个字母TTK为品牌打入美国市场,却发现美国这类公司多如牛毛,如ABC、AT&T等。威田昭夫认为要使企业成为国际企业,必须有一个适合全世界的名称。他查了不少字典,终于找到拉丁词"SONUS"(声音)和"SONNY"(精力旺盛的小伙子),把两个词综合变形为"SONY",很快风行世界。

"柯达"(Kodak)一词在英文字典中根本找不到,本身也没有任何含义,但从语言学角度来说,"K"音能给人留下深刻印象,同时"K"字图案标志新颖独特,消费者第一次看到它,精神往往会为之一振。

健伍音响原名"特丽欧"(TRIO),但 TRIO 音感的节奏性不强,前面的"TR"发音还不错,到"O"时读起来便头重脚轻,将前面的气势削弱了好多。后改为"KENWOOD"效果就非常好,因为 KEN 与英文中 CAN(能够)有谐音之类,而且朗朗上口,读音响亮;WOOD(茂盛森林)又有短促音与和谐感,节奏感非常强,二者组合起来确实是一个非常响亮的名字。

3. 品牌策略

(1)品牌有无策略。品牌有无策略是企业决定是否使用品牌的策略。使用品牌无疑对企业有许多好处,对大多数企业来说,为了发展产品的信誉,应使用品牌。但是,为节省品牌的设计和广告费用,降低产品的营销成本和销售价格,在下列情况下可以不用品牌:①同质性强的产品,如煤炭、钢材、棉花等;②生产工艺简单的产品;③消费者习惯上不认牌选购的产品;④企业临时或不打算长期经营的产品。

(2)品牌归属策略。品牌归属策略是企业决定使用谁的品牌的策略。企业一旦决定使用品牌,就要考虑使用谁的品牌,一般有三种选择:第一种是使用本企业的品牌(即制造商品牌);第二种是使用中间商的品牌(即经销商品牌);第三种是使用混合品牌,即一部分产品使用制造商品牌,另一部分产品使用经销商品牌。企业应根据自身条件,综合考虑使用自己品牌和使用他人品牌两种情况下的利弊,反复权衡,再做决定。

(3)品牌统分策略。品牌统分策略是企业决定其所有的产品使用多少个品牌的策略。一般有四种策略可供选择:

① 个别品牌策略,即企业为其生产的不同产品分别使用不同的品牌。例如,上海牙膏厂使用美加净、中华、黑白、庆丰等品牌就是采用的这种策略。

② 统一品牌策略,即企业生产经营的所有产品均使用同一个品牌。例如,海尔集团生产的电冰箱、冰柜、洗衣机、电视机、空调等家用电器均使用海尔商标。

③ 分类品牌策略,即企业依据一定的标准将其产品分类,并分别使用不同的品牌。例如,健力宝集团,饮料类使用的品牌为"健力宝",运动服装类使用的品牌为"李宁牌"。

④ 企业名称加个别品牌策略,即企业生产经营的各种不同的产品分别使用不同的品牌,且每个品牌之前都冠以企业的名称。例如,美国通用电气公司(GM),生产的各种轿车,既有各自的个别品牌,像"凯迪拉克"、"雪佛莱"等,前面又另加"GM",以示系通用电气公司的产品。

(4)品牌延伸策略。品牌延伸策略是企业利用其成功品牌的声誉来推出改进产品或新产品。品牌延伸策略通常有两种做法:①纵向延伸。是企业首先推出某一品牌,成功后,又推出新的经过改进的该品牌产品;其次,再推出更新的该品牌产品。例如,宝洁公司在中国市场,先推出"飘柔"洗发香波,然后又推出新一代"飘柔"洗发香波。②横向延伸。是企业将成功的品牌用于新开发的不同产品。例如,巨人集团,以"巨人"品牌先后推出计算机软件、生物制品和药品等一系列产品。

营销思考

品牌延伸陷阱重重

陷阱之一：损害原品牌的高品质形象。如果把高档品牌使用在低档产品上，就可能坠入这种陷阱。

陷阱之二：品牌淡化。若干年前，美国美能公司推出了一种洗发精和润发乳二合一的产品，取名为"蛋白21"，很快取得了13％的市场占有率，并成为知名品牌。公司又接连用这一品牌推出蛋白21发胶、蛋白21润发乳、蛋白21浓缩洗发精等产品。结果事与愿违，由于品牌延伸模糊了蛋白21作为二合一洗发护发用品的特征，从而也就淡化了消费者对它的独特偏好，结果蛋白21从13％的市场占有率降为2％。

陷阱之三：心理冲突。美国Scott公司生产一种舒洁牌卫生纸，舒洁本来是卫生纸市场的头号品牌，但随着舒洁餐巾纸的出现，消费者的心理发生了微妙的变化。结果舒洁卫生纸的头牌位置很快被宝洁公司的Charmin牌卫生纸所取代。

陷阱之四：跷跷板效应。在美国，Heinz原本是腌菜的品牌，而且它占有最大的市场份额。后来，公司又用Heinz代表番茄酱，做得也十分成功，使Heinz成为番茄酱品牌的第一位，但很大程度上影响了腌菜的销量。

（5）多品牌策略。多品牌策略是企业对同一种产品使用两个或两个以上的品牌。多品牌策略虽然会使原有品牌的销售量减少，但几个品牌加起来的总销售量却可能比原来一个品牌时要多。例如，宝洁公司在中国市场的洗发香波就有四个品牌："海飞丝"、"飘柔"、"潘婷"和"沙宣"。每个品牌都有其鲜明的个性，都有自己的发展空间，"海飞丝"定位于去头屑，"飘柔"定位于使头发柔顺，"潘婷"定位于使头发健康，"沙宣"定位于保湿、超乎寻常的呵护。

营销思考

阻碍中国企业品牌运作的十大误区

误区之一："我们这样的小企业能做品牌吗？"

恰恰是企业处于小规模或竞争资源有限的情况下，更需要解决好企业产品和客户（或消费者）之间的对接问题，这就是品牌区隔和品牌隔断，这是在资源处于弱势状态下的企业最有效的竞争手段，这恰恰是弱小企业释放竞争压力获取利润的低成本手段。

误区之二："我们没有独特技术能做品牌吗？"

事实上，世界著名品牌中80％没有什么不可跨越的技术，技术同质化导致产品同质化是所有企业的共同趋势。产品能不能卖出去，就要看你能不能将同样的产品卖出不同来，这是营销的本质任务，品牌运作就是要将同质化的产品差异化。

误区之三："我们的产品还不完美能做品牌吗？"

世界上没有完美的产品，不少宣传都会有大量的水分，这是品牌营销的重要组成部分。不完美的产品恰恰更需要进行品牌运作，用某一方面特点弥补或掩盖其他方面的不足。

误区之四："市场复杂竞争激烈容易做品牌吗？"

不规范，恰恰是中国市场最大的魅力所在！不规范，恰恰是企业家最大的机会所在！任何规范的环境都不利于个体特征的发挥,不利于后来者的快速突破,企业家将不规则当成机会,而且是千载难逢的机会!市场的不规则(混乱)恰恰是品牌区隔、产生品牌竞争力的最佳时机!

误区之五:"一个行业只能存活三五个品牌?"

中国市场的不均衡导致中国市场的每个行业至少可以容纳数十个品牌,而不是西方理论告诉我们的三个品牌。道理很简单,中国的一个省就相当于欧美的一个国家,甚至是很大的国家,比如一个河南省的人口就相当于三个法国人口。如果说在欧美一个国家的一个行业竞争的最后结果最多可存活三五个品牌,那么在整个中国的一个行业最少可存活几十个品牌。中国企业在中国市场的品牌建立大有空间。

误区之六:"做加工环节就行了!"

"只满足于做加工厂的民族是不会受人尊敬的,没有哪一个民族靠价值链最低端的加工环节能强大的。"道理很简单,绝大多数利润不在加工这一环节。

误区之七:"低成本竞争就行了!"

靠低成本竞争确实给中国的不少企业带来了第一步的突破,但是,这只是短时间内的策略运用,它所产生的效果也是阶段性的。只有极少的企业单靠这个策略能持续成长,如果你做不到沃玛特那样将低成本转化为持续的战略竞争力,那么就快运作品牌。

误区之八:"有名字就有品牌了!"

没有品牌内涵的名字不是真正意义上的品牌,企业要问自己:消费者想到我这个名字她感受到什么?

误区之九:"广告就是品牌!"

认为做广告就是做品牌的企业比比皆是,于是拍个广告在电视上一播就认为建立品牌了。这样的品牌运作不仅达不成心中的目标,还会造成资源的大量浪费。这也正是大量企业不敢做品牌的原因,因为只要一动广告就要花大量的钱啊!把品牌运作简单地理解为大量投放广告。其实恰恰相反,品牌运作完全可以不打广告。

误区之十:"营销不整合只做品牌。"

不做定位、区隔,不去建立品牌内涵、品牌表达空洞无物,不去做渠道整合、销售体系混乱,市场布局无主线,产品策略、价格策略模糊等,缺少支撑的所谓品牌运作比比皆是。品牌的本质就是建立产品和消费者之间的联系,绝大多数企业的失败都是失败在这个层面,而不是技术、规模和成本上。

(资料来源:路长全新浪博客,http://blog.sina.com.cn/zanbo)

▶ 二、包装策略

1. 包装与标签

包装是指对某一品牌产品设计并制作容器或包扎物的一系列活动。包装根据作用不同可分为运输包装和销售包装。运输包装主要用于保护产品品质安全和数量完整;销售包装主要是便于陈列、销售、携带和使用。

标签也是包装的一部分,它可以单独附在包装物上,也可以与包装物融为一体,用于标记产品的商标标志、质量等级、生产日期、使用方法,食品、药品等产品还要标明保质有效期,有些标签还印有彩色图案或实物照片等信息,以促进产品的销售。

2. 包装设计的原则

包装设计是一项技术性和艺术性很强的工作,总的原则是美观、实用、经济。企业在设计产品包装时,应遵循如下原则:美观大方,别具一格;质价相符,突出特色;保证安全,合理方便;尊重风俗,符合法规。

营销思考

创意包装可以改变品牌形象

作为一家有着50多年历史的酿酒企业,北京红星股份有限公司(以下简称"红星公司")生产的红星二锅头历来是北京市民的餐桌酒,一直受到老百姓的喜爱。然而,由于在产品包装上一直是一副"老面孔",使得红星二锅头始终走在白酒低端市场,无法获取更高的经济效益。

随着红星青花瓷珍品二锅头的推出,红星二锅头第一次走进了中国的高端白酒市场。红星青花瓷珍品二锅头在产品包装上融入中国古代文化的精华元素。酒瓶采用仿清乾隆青花瓷官窑贡品瓶型,酒盒图案以中华龙为主体,配以紫红木托,整体颜色构成以红、白、蓝为主,具有典型的中华文化特色。该包装在中国第二届外观设计专利大赛颁奖典礼上荣获银奖。国家知识产权局副局长邢胜才在看了此款包装以后表示,"这款产品很有创意,将中国的传统文化与白酒文化结合在一起,很成功"。

对此,红星公司市场部有关负责人告诉记者,"红星青花瓷珍品二锅头酒是红星公司50多年发展史上具有里程碑意义的一款重要产品。它的推出,使得红星二锅头单一的低端形象得到了彻底的颠覆。不但创造了优异的经济效益,还提高了公司形象、产品形象和品牌形象"。记者了解到,红星青花瓷珍品二锅头在市场上的销售价格高达200多元,而普通的红星二锅头酒仅为5~6元。

据该负责人介绍,除了红星青花瓷珍品二锅头以外,红星公司还推出了红星金樽、金牌红星、百年红星等多款带有中国传统文化元素包装的高档白酒。

(资料来源:景德烧企业网 http://www.jd798.com)

3. 包装策略

良好的包装必须与正确的包装策略结合起来发挥作用。可供企业选择的包装策略有以下几种:

(1) 类似包装策略。企业对其各种产品,在包装上采用相近的图案、近似的色彩和共同的特征。采用该策略,可使消费者形成对企业产品的深刻印象,也可降低包装成本。但如果企业各种产品质量过于悬殊,则会形成负面影响。

(2) 等级包装策略。企业对其生产经营的不同质量等级的产品分别设计和使用不同的包装。如优质产品采用高档包装,一般产品采用普通包装。这种策略能避免因个别产品销售失败而牵连到其他产品销售的现象,但会相应的增加包装设计成本和新产品的促销费用。

(3) 配套包装策略。按人们消费的习惯,企业会将多种有关联的产品组合装置在同一包装物中。如化妆品、节日礼品盒、工具包等。这种策略有利于顾客配套购买,方便使用,满足消费者的多种需要,也有利于企业扩大销售。如果新老产品包装在一起,还可以以老带新,降低新产品的推广费用。

案例分析

从"天价月饼"到"黄金螃蟹"

近一两年,一些月饼的价格高得实在离谱:在长春,一款月饼售价1800多元,礼盒里装有一副高尔夫球杆。在郑州,一款名为花好月圆的纯银月饼重1千克,月饼上镶着56颗天然宝石,标价6900元。在昆明,一款月饼标价31万多元。月饼礼盒除配有奥林巴斯数码相机一台、摄像机一部、五粮液一瓶、派克金笔一支、名牌打火机一个外,还配有高级保健品、茶叶等。更为离奇的是,这盒月饼还配有一套100多平方米的住房。

一块月饼,做得再精细,选料再考究,成本也就几元钱,一盒月饼也就几十元。据业内人士介绍,目前市场上销售普通月饼的毛利只有15%～30%,而销售豪华月饼的毛利可能达到百分之几百。有关统计显示,我国目前包装开销已占月饼生产总成本的1/3以上,每年用于月饼包装的费用已达25亿元之巨。"羊毛出在羊身上",这笔开支最终要由消费者来"买单"。笔者对节后月饼盒去向进行了追踪调查,发现除部分被废品回收市场收购,其中约七成月饼盒最终仍被当成了生活垃圾处理掉了。节前身价高贵,节后与垃圾为伍,在这小小月饼盒的盛衰背后,消费者为之付出了不菲代价,而整个社会则在资源利用、环境保护和传统文化承继方面也相应支付了巨额社会成本。

2008年,国家发改委、商务部、工商总局、质检总局四部委联合发文,封杀"天价月饼",叫停了月饼过度包装和搭售。当时就有不少人预言,即便没有了豪华月饼,能保证没有豪华粽子、豪华元宵?果然,聪明的商家不负众望,它们用包装月饼的精致包装外壳向"心中有鬼"的顾客推出了"豪华装螃蟹"。

在南京不少农贸市场,袋装绳扎的螃蟹也玩起了"豪华包装",一下子冒出不少"礼品蟹"。购买2000元以上,可以用激光把你的名字刻在蟹壳上。可以自行搭配烟酒、人参等,而精致的包装外壳材料原本是用来包装月饼的。豪华包装螃蟹的身价甚至达到了4000元。

国家可以用行政手段封杀"天价月饼",也可以用行政手段禁止"豪华装螃蟹",可只要"天价月饼"与"豪华装螃蟹"背后隐藏的腐败动机存在,在供需双方各自的利益驱动下,它们总是会找到合适的替代品。

2009年9月3日的《东方早报》报道说,南京高淳出现售价高达99 990元名为"黄金龙凤蟹"的两只装螃蟹礼盒,规格为公蟹300克、母蟹200克,它的外包装为纯金盒子,赠品为纯银的蟹八件。

走了"天价月饼",来了"黄金螃蟹",过度包装并未消失,只不过是换了个"寄主"罢了。稍有常识的人都知道,两只螃蟹根本值不了近10万元的天价,同一家公司出品的另一款名为"至尊蟹"的八只装螃蟹礼盒,规格同样为公蟹300克、母蟹200克,售价仅880元。"天价螃蟹"之所以"天价",商家卖的不是螃蟹,是包装——纯金盒子的造价竟高达6万～7万元!

某些商家为何千方百计想把豪华包装进行到底?说到底,还是难以割舍豪华包装所带来的丰厚利益。一个成本低廉的商品,换个唬人的包装立马价格不菲。在食品行业中,利用过度包装牟取暴利也几乎成了业内"行规"。厂家增加10%的包装费,至少可以提高20%的利润，他们怎能不乐此不疲呢？另外，一部分消费者讲究面子甚至是为了满足送礼的需要，对豪华包装趋之若鹜，也助长了这一歪风邪气。只要这些因素存在，除了月饼和螃蟹之外，说不定哪一天就会有其他的商品也披挂豪华包装上阵。

（资料来源：2007 年《市场报》和 2009 年《东方早报》）

营销启示

过度包装，用专家的话说就是：包装的耗材过多、分量过重、体积过大、成本过高、装潢过于华丽、说词过于溢美等。目前，对商品进行过度包装的现象日趋严重，不少包装已经背离了其应有的功能。

过度包装泛滥，不仅浪费了社会资源、加剧了环境污染、加重了消费者的负担，甚至还为腐败创造了滋生的土壤，必须予以遏制。2009 年 3 月 31 日，国家标准化管理委员会发布了 GB 23350-2009《限制商品过度包装要求——食品和化妆品》标准，并于 2010 年 4 月 1 日起强制执行。然而，法规和条例的制定不一定就能解决所有的问题，要想彻底消灭过度包装，还需要消费者树立理性消费观念，更需要商家能够有更长远的眼光。真正的有社会责任感的企业、真正想踏踏实实做事的企业，首先考虑的应该是产品的质量，讲究的是物美价廉，而不是通过包装去哗众取宠。长此以往，损害的不仅是消费者的利益，最终吃亏的还是企业甚至是整个行业。

政府及行业协会要加强指导，大力引导企业树立和增强朴素包装的理念，反对过度包装，提倡适度包装，从而达到节省费用、节约资源的目的。包装工作者也应从实际出发，合理设计，提倡经济实用、美观大方的包装理念，既要达到包装的功能，又要避免过度。

（4）再使用包装策略。原包装内的商品用完后，包装物还能移做其他用途。如盛装产品的包装袋可以作为手提袋。这种策略能引起顾客的购买兴趣，使顾客得到额外的使用价值。同时，包装物在使用过程中，还能起到广告宣传作用。但这种包装成本较高，实施时需权衡利弊，防止本末倒置。

（5）分类包装策略。根据消费者购买目的的不同对同一种商品采用不同的包装。如购买产品用做礼品，则可采用精致包装；若购买者自己用，则可采用简单包装。

（6）附赠品包装策略。这是在包装物内附有赠品或奖券的做法。这种策略是利用顾客好奇和获取额外利益的心理，吸引其购买和重复购买，以扩大销量。对儿童用品、玩具及食品等较为适宜。如在儿童食品中附赠小玩具。这是一种有效的营业推广方式。

（7）改变包装策略。当某种产品销路不畅或长期使用一种包装时，企业可以改变包装设计、包装材料，通过使用新的包装，使消费者产生新鲜感，达到扩大销售的目的。

复习思考

1. 产品的整体概念给营销人员在产品销售方面带来哪些启发？
2. 企业产品的长度、宽度、深度和关联度之间存在什么关系？
3. 根据产品生命周期各个阶段的特征，简述企业相应的市场营销策略。
4. 比较品牌统分策略的四种方式，并说明各有哪些优缺点。
5. 新产品试销会有哪些结果？应如何处理？

实训练习

1. 班级成员以5～10人为一组组成研究性学习项目小组,选择某种产品作为研究的样本。由小组组织市场调研,针对样本产品的整体概念、市场生命周期等问题收集市场信息,确定所研究产品的整体概念和市场生命周期阶段。根据研究结论,针对该产品的竞争和营销现状提出改进方案。

2. 班级成员分为项目小组,假设小组就是企业的市场部,每个小组选择一种日用产品种类,对其设计品牌名称、品牌标志、商标以及包装设计。在课堂上,每个小组陈述自己的品牌,进行评选。

案例分析

1. 美的集团的新产品品牌策略

美的集团是广东美的集团有限公司的简称。1980年,它还只是广东省顺德县一个小镇的小作坊。"美的"创业之初,其条件并不是很好。在全国几千家电风扇厂中,论设备和技术,美的是小弟弟;论生产风扇的历史,美的是较短的。但是,美的人并不因此而裹足不前,相反他们敢于开拓,敢为人先。该公司在全国电风扇大战中,率先采用塑料外壳代替金属外壳,大大降低成本,使其在激烈的竞争中杀出一条生路。此时,美的人在市场风浪的搏击中逐渐意识到市场需求不断发生变化,电扇产品不应是公司的唯一产品。随着人们生活水平的提高,空调必将是其替代品,应该及早开发和生产自己的空调产品。空调是高科技产品,是高层次享受的象征,自己原来的形象显然过于落后,应当树立一个全新的形象。于是,1984年公司开始全面实施它的品牌战略。首先,从企业的名称"美的"入手。"美的"美在其真善美,美在巧妙。它作为企业、产品、商标"三位一体"的统一名称,用于表述产品质量优和企业形象美恰如其分,定能博得市场大众的认可。

美的决策人还充分考虑到这个名称足以涵盖各种产品、各行各业、国内国际市场。它是一种"美的事业",它的形象给社会公众和消费者以亲切感、优美感、愉悦感,并使人产生无尽的联想。其次,美的集团在沟通策略上,提高了广告和促销活动的档次,突出品位高、质量高,目标是造就名牌和名流企业形象。它除了在全国主要报刊和中央电视台做广告外,还推出巩俐电视广告片,其核心是突出美的是以"创造完美"作为企业精神和经营理念的。美的人把创造美渗透到每一空间,贯穿全员行动,见诸一切媒体,同其他企业文化水乳交融。该集团的建筑文化、广告文化、销售文化、车间班组文化均体现其特色。美的CIS中的标准色为蓝、白两色,犹如蓝天白云。美的工业城的现代建筑群、写字间、标牌、名片、办公用具、事务用品、运输工具、包装设计、食堂餐具、洗手间等,皆是一体的蓝白相间的色调,同其生产的"美的风扇"、"美的空调"等产品色泽相谐,给人赏心悦目、清凉优雅的感觉。这样精心的设计对于消费者来说,不能不产生一种挡不住的诱惑,从而对该企业及其产品油然产生一种好感。

分析:

(1)"美的"品牌名称有何特色?

(2)由"美的风扇"到"美的空调",采用的是哪一种品牌决策?这种品牌决策有何优缺点?

2. 雕牌的产品策略分析

1992年5月,纳爱斯在与香港丽康公司合作之后,前瞻性的将突破点锁定在洗衣皂上。这是一个消费者对之毫无感觉的领域:地方货各自为营,根本没有全国性品牌,但市场就在这里。要在洗衣皂上打开缺口,就得从内质上进行改造。雕牌"超能皂"以其特有的颜色(蓝色)与造型(中凹)出现在老百姓的面前,而它特殊的形象代表——"大雕"更是意喻去污的迅捷。

紧接着雕牌"透明皂"又快速上马。这一次,形状由大变小,一手可握,便于消费者使用;同时,改革香味,变为淡淡的清香,再配以中档的价位,一上市,迅速被成千上万的消费者接受,产品在很多商场、超市一上柜就被抢购一空。让当初并不看好的同行大跌眼镜,等醒悟过来,纷纷上马之时,早已错过先机。雕牌透明皂成为洗衣皂销量第一的品牌。雕牌"透明皂"成功了!它找到了市场空白点,并用差异化赢得了市场,并迅速成为领导品牌。

1999年,雕牌对外宣告其建成了全世界1/4的全自动喷粉设备,生产效率大大提高,为此做注脚的是:这一年刚开始,雕牌洗衣粉的价格就降到了一箱29元,跌破了30元的心理防线,一步到位的价格让同行们措手不及。优质而低价使纳爱斯有了后发制人的制胜法宝。与低价遥相呼应,雕牌的亲情广告"妈妈,我能帮你洗衣服了"开始了狂轰滥炸,2000年年初,雕牌亲情广告在中央电视台高频次播出,雕牌洗衣粉带着亲情、带着关怀、带着深深的文化底蕴走进千家万户。

2000年,雕牌洗衣粉再接再厉,将奇强的销量定格在38万吨,自己则纵身一跳,取而代之,继洗衣皂之后又拿到一个第一。

2001年,雕牌89万吨,奇强29万吨。纳爱斯以超出对手60万吨的销量雄踞霸主地位。

雕牌洗衣粉的"三级跳"不仅让自己出尽风头,更引发了整个行业的价格跳水,以宝洁和联合利华为首的外资企业不得不低下自己高贵的头,开始了悄悄地降价,国内品牌的价格也是一跌再跌。

在洗衣皂和洗衣粉市场上胜局初定之后,纳爱斯又开启了其品牌延伸策略:雕牌牙膏、纳爱斯香皂……一个个出笼了。2001年,纳爱斯还增加了水晶皂、沐浴露、洗发液等产品。

如果以为雕牌就广告和低价这两板斧,那就大错特错了。能够在短短时间内实现超速度的上升,源于其背后强大的经销体系。纳爱斯的分销体系有以下特点。

一是在与经销商签订合同时,都会向经销商许诺年底给予一定的返利,保证其一年的努力得到相应的回报。

二是保证金制度釜底抽薪确保品牌忠诚度。据悉,对经销雕牌的绝对信心,让经销商签合同时,心甘情愿地把预付金打进雕牌的账户。按目前雕牌洗衣粉的操作,凡是客户将保证金打入纳爱斯账户,纳爱斯都将30%返还。换句话说,正式销售还没有开始,经销商已得到巨额返利,因此大量的现金涌入纳爱斯的账户。

三是渠道战略从农村包围城市转为在全国各地实行分公司建制,直做超市、商场,形成城市辐射农村的格局。推行网络扁平化管理,减少中转环节,降低经营成本。同时,继续推行经销商保证金制度,这是对品牌经营和品牌忠诚度的"试金石"。

四是委托加工,搞营销网络本土化。现在包括德国汉高在华的四个洗涤剂生产厂和宝洁的两个工厂在内的遍布全国19个省的30家企业,它们每天都在生产着纳爱斯的产品,而后者的香皂、洗衣粉、牙膏等又在与它们争夺市场份额。

纳爱斯是在市场经济的风风雨雨中洗礼长大的,它已成为国内洗涤行业影响力最大、最具实力,也最有进取心的企业,而且它拥有目前行业内品牌价值最高的品牌——"雕牌"。

分析:

(1)"雕牌"运用了哪些产品组合策略,使其成为目前行业内品牌价值最高的品牌?其特点如何?

(2)分析纳爱斯"雕牌"未来所面临的竞争压力是什么?

(3)如果你是纳爱斯"雕牌"的营销策划人员,你会怎样确立未来的产品组合策略?为什么?

第七章

价格策略

  价格是市场营销组合中最活跃的因素，也是企业可控因素中最难以确定的因素。价格的高低，直接影响着消费者的购买行为，也关系到企业盈利目标的实现。产品价格的合理与否，很大程度上决定了购买者是否接受这个产品，直接影响产品和企业的形象，影响企业在市场竞争中的地位。因此，从营销角度出发，企业应尽可能合理地制定价格，并随着环境的变化，及时对价格进行修订和调整。

营 销 名 言

营销就是让消费者只关注价值,忘记价格。

——李光斗

引 导 案 例

一次失败的涨价

A 公司是一家冰淇淋生产企业,由于其生产原料很多来自国外,大部分包装耗材来源于石油制品,供货商几天一个报价,这使得 A 公司很多产品直接利润减少 8%~10%。A 公司的主线产品"妙脆"单箱价格 20 元,最近几年毛利一直维持在 22%左右。但随着产品的原料巧克力、奶粉、奶油、镀铝膜及管理费用等大幅涨价,使得毛利剧降至 14%左右。同时,由于"妙脆"畅销多年,占企业销售额的 49%,如果长时间徘徊于此境遇的话,企业不要说发展,连生存都成问题了。于是一个主线产品"妙脆"的涨价问题摆在 A 公司面前……

为了解决摆在面前的"妙脆"涨价问题,A 公司参照了很多企业的做法,在冷饮行业,强势产品的涨价几乎都是直接提价的。

"妙脆"在主要的销售区域售价大部分都是 0.8 元/支、1.5 元/2 支、7 元/10 支这三个价格尺度。在个别旅游景点、繁华商场门口的价格略高,单支零售价为 1~2 元。如果 A 公司作价格上的调整,微调可能不影响渠道终端的售卖价格,但是对经销商和二级批发商来讲,本来已经很少的利润再挤压一些,他们也许不能接受。A 公司最终停留在一个问题上,即消费者是否能接受 1 元/支这个价格?

A 公司通过经销商会议征求了经销意见。几乎所有的区域经销商都一致赞成调高价格,但同时希望 A 公司管控好一线市场分销商的价格体系,避免跨区窜货现象的发生。同时经销商认为"妙脆"产品原来的市场零售价格就是 1 元/支,市场的接受程度不容置疑,这使 A 公司极大地增强了涨价的信心。但所有来自一线的分销商都反对调整价格,认为消费者根本就不会买账,甚至威胁说如果 A 公司调整价格,将寻找新的替代产品,并要求退还保证金、取消合同。

为了更好地把涨价工作进行下去,A 公司精心组织了大规模的市场调研,还与专业咨询机构进行了合作。调研结果显示,虽然高达 35.7%的准客户表示能接受 1 元/支的价格,但还有 25.8%的有效消费者表示涨价后将不再购买,这也让 A 公司左右为难。

经过董事会和销售部门各级领导的多次磋商和研讨,最终董事会力排众议,拍案定音:涨价!涨价是寻找生机,不涨是在等死!

主战场即一线分销市场执行 23 元/箱的出厂价格,外埠经销商供货价由原来的 20 元/箱涨到 21 元/箱。按照 A 公司的预想,市场上的产品单支供货价超过 0.7 元,则终端就会售卖 1 元。利润高了会砸价,利润低了会导致终端抵制。为了使涨价行动能够在相对平稳的情况下过渡,A 公司迅速启动了平面和媒体广告,在几个大中城市做了 150 辆车体广告,同时也在车站繁华路段甚至在某国际卖场楼顶上制作了巨型广告招牌。

精心布局的涨价行动执行后,令人意想不到的事情发生了,80%的分销商强烈抵制,拒绝进货。经销商进货频率也大打折扣,纷纷致电区域经理要求促销。涨价后的第一天,销量不及平时的 30%。第二天依然如此,分销商集体到企业来理论,纷纷要求解除合同,赔偿损失。一周过去了,市场反馈让 A 公司非常沮丧,市场调研的结果似乎玩弄了 A 公司,于是 A 公司及时启动了市场促销计划,销量虽有回升,但仍不理想。同时,A 公司发现产品的市场铺市率大幅下降,很多终端不再售卖了,原因是消费者不接受。

一个月过去了,"妙脆"的销量下滑了近 40%。又一次会议协商后,董事会下达了新决议:外埠经销商价格回落到 20.5 元/箱,分销市场价格下调到 22 元/箱,同时单箱返 1 元。

(资料来源:世界营销评论 http://mkt.icxo.com)

思考:

A 公司因为什么对"妙脆"产品涨价?"妙脆"的涨价合理吗?"妙脆"的涨价为什么遭遇了失败?

第一节 影响定价的因素

▶ 一、企业定价目标

企业的定价目标是以满足市场需要和实现企业赢利为基础的,它是实现企业经营总目标的保证和手段。同时,企业的定价目标又规定了其定价的水平和目的,是企业定价策略和定价方法的依据。

1. 生存目标

如果市场竞争非常激烈,消费者需求不断变化,企业的经营出现困难或陷入困境时,企业可以将维持生存作为自己的定价目标。只要价格能够补偿可变成本和一般固定成本,企业就能继续留在行业中。但是维持生存只能作为企业的短期目标。就长期来说,企业必须学会如何增加产品价值和企业利润。

2. 利润目标

追求最大利润,几乎是所有企业的共同目标。应当明确,最大利润并不是制定最高价格,在竞争性的市场上,任何企业都难以长期地维持不合理的高价,高价既难以被市场接受,又会过早地引起激烈的竞争。一般的做法是,企业估计不同产品所对应的需求和成本,然后选择能够产生最大现期利润、现金流动和投资回报的价格。

3. 市场目标

市场占有率的高低反映了该企业的经营状况和竞争能力,从而关系到企业的发展前景。要保持市场占有率,企业就需要根据竞争对手的价格水平不断调整价格,以保证足够的竞争优势,防止竞争对手占有自己的市场份额。要扩大市场占有率,就需要从竞争对手那里夺取市场份额,以达到扩大企业销售乃至控制整个市场的目的。为保持和扩大企业的市场占有率,企业常采用低价策略。

4. 质量目标

企业维持其产品质量领导者的形象,可以采用这种定价目标制定高价;一方面使顾客产生优质产品的印象;一方面,收回优质产品生产和研究开发的高额费用。名牌产品多采用这种定价目标。

除以上四个主要目标外,企业还可以利用定价实现许多其他的目标,如保持价格稳定、维持良好的分销渠道等。

二、影响定价的主要因素

价格实际上是各因素综合影响的结果。

1. 产品成本

产品成本为固定成本和可变成本之和。固定成本是指用于厂房、设备等固定资产投资所产生的费用,在短期内它是固定不变的,并不随产量的变化而变动。可变成本是指用于原材料、动力等可变生产要素支出的费用,它随产量的变化而变化。

单位产品成本是企业产品价格的最低界限,即所谓成本价格。在市场竞争中,产品成本低的企业,能制定较低的价格,从而取得较高的销售量和利润额。

单位产品成本会随着生产规模的扩大而下降,经验的积累也是一个不可忽视的因素。随着管理者不断创新管理方法,工人不断找到生产捷径,产品的成本也会逐渐降低。

2. 供求关系

供求规律是商品经济的内在规律,产品价格受供求关系的影响,围绕价值发生变动。商品供应量和需求量受许多因素的影响,在其他因素不变的情况下,价格与需求量呈反方向变化:需求量随着价格的上升而下降,随着价格的下降而上升,这就是通常所说的需求规律。在其他因素不变的情况下,价格与供应量呈正方向变化,这就是通常所说的供给规律。

企业定价还需研究产品的需求弹性。需求弹性又称需求价格弹性,是指价格变动而引起的需求量相应变化的程度。它反映需求对价格变动反应的灵敏度。

案例分析

古井贡酒不涨价

1987 年 7 月,全国名酒统一调价:茅台 200 多元一瓶,泸州老窖、五粮液 100 多元一瓶,就是古井贡酒国家也规定提价为 48 元一瓶。但古井贡酒厂在名酒厂纷纷涨价的情况下,不仅不涨价,还降价销售。55°型产地零售价为 20 元,38°型为 15 元,古井特曲为 6 元。名酒还是名酒,价格一降,销量大增。1990 年销售额升至 1.56 亿元,1991 年仅用半年时间就销售 1.5 亿元,实现利税 6400 万元,分别比上年同期递增 204% 和 86%。

营销启示

古井贡酒厂充分考虑到名酒需求和价格之间存在密切联系,价格下降,需求必然增加,销量必然扩大。于是,在其他名牌涨价之时,古井贡酒反其道而行之,予以降价薄利多销,提高了市场占有率,扩大了销售,使企业利润大增,实现了预期目标。

3. 竞争环境

竞争环境是影响企业定价不可忽视的因素。市场上几乎每种产品都有竞争品或替代品,同时,不同的市场环境存在着不同的竞争强度,企业应该认真分析自己所处的市场环境,采取适当方式,考察竞争者提供给市场的产品质量和价格,以及竞争者对本企业定价可能做出的反应,准确地制定本企业产品价格。

4. 产品差异性

产品差异是指企业的产品具有独特的个性,拥有竞争者不具备的特殊优点,从而与竞争者的产品形成明显的差异。产品差异性不仅包括产品的实体本身,而且还包括产品设计、商标品牌、款式和销售服务方式等方面的特点。拥有差异性的产品,其定价灵活性较大,可以使企业在行业中获得较高的利润。

5. 销售能力

可以从两方面来衡量企业的销售力量对定价的影响。一方面,企业销售能力差,对中间商依赖程度大,那么企业对最终价格决定权所受的约束就大;另一方面,企业独立开展促销活动的能力强,对中间商依赖程度小,那么企业对最终价格决定权所受的约束就小。

6. 政府力量

作为国家与消费者利益的维护者和代表者,政府力量渗透到企业市场行为的每一个角落。政府在企业定价方面的干预,表现为制定一系列经济法规,如西方国家的《反托拉斯法》、《反倾销法》等,在不同方面和不同程度上制约着企业的定价行为。这些制约具体地表现在对企业定价种类、价格水平等几个方面的约束。

第二节 定价的方法

定价方法是指企业在特定的定价目标指导下,依据对成本、需求及竞争等状况的研究,运用价格决策理论,对产品价格进行计算的具体方法。

▶ 一、成本导向定价法

以产品单位成本为基本依据,再加上预期利润来确定价格的成本导向定价法,是企业最常用、最基本的定价方法。

1. 总成本加成定价法

这种定价方法就是在单位产品成本的基础上,加上预期的利润额作为产品的销售价格。售价与成本之间的差额即利润,也称为"加成"。

(1)顺加法。假设企业想在成本的基础上获得20%的利润加成,则

$$单位产品价格=单位成本\times(1+加成率)$$

(2)逆加法。假设企业想在销售额中有20%的利润加成,则

$$单位产品价格=单位成本\div(1-加成率)$$

在零售企业中,百货店、杂货店一般采用逆加法来制定产品价格;而水果店、蔬菜店则多采用顺加法来定价。

2. 目标收益定价法

目标收益定价法又称投资收益率定价法,是根据企业的投资总额、预期销量和投资回收期等因素来确定价格。其基本公式为

$$单位产品价格=\frac{总成本+目标收益额}{预期销量}$$

例：某企业预计其产品的销量为 10 万件,总成本为 740 万元,决定完成利润目标为 160 万元,则

$$单位产品价格 = \frac{740 + 160}{10} = 90(元)$$

这种定价方法的采用必须建立在对价格、销量、成本和利润四要素进行科学预测的基础上,其优点在于保证在一定销量的条件下收回全部成本,并实现既定的目标利润。这种定价方法主要适用于大型企业或大型公用事业。

▶ 二、顾客导向定价法

顾客导向定价法是以消费者对商品价值的理解、认知程度以及需求程度为依据来制定价格的。

1. 理解价值定价法

理解价值定价法是指企业以消费者对产品价值的理解为定价依据,运用各种营销策略和手段,影响消费者对产品价值的认知,形成对企业有利的价值观念,再根据产品在消费者心目中的价值地位来制定价格的一种方法。

理解价值定价法的关键和难点,是企业需要获得消费者对有关产品价值理解的准确资料。企业如果过高估计消费者对产品的理解价值,其价格制定就可能过高,难以达到应有的销量;反之,若企业低估了消费者对产品的理解价值,其价格制定就可能低于应有水平,使企业收入减少。因此,企业必须通过广泛的市场调研,了解消费者的需求偏好,根据产品的性能、用途、质量、品牌、服务等要素,判定消费者对产品的理解价值,从而制定产品的初始价格。在初始价格条件下,企业营销人员预测可能的销量,分析产品的目标成本和销售收入,通过比较成本与收入、销量与价格,确定该产品定价方案的可行性,并制定最终价格。

案例分析

卡特比勒公司的理解价值定价

卡特比勒公司可能把它的拖拉机定价为 100 000 美元,竞争者的同类产品可能定价 90 000 美元。而卡特比勒公司可能获得比竞争者更多的销售额。因为当一位潜在顾客询问卡特比勒的经销商为什么购买卡特比勒公司的拖拉机要多付 10 000 美元时,这个经销商回答说:

90 000 美元——仅相当于竞争者拖拉机的价格

7000 美元——为产品优越的耐用性增收的溢价

6000 美元——为产品优越的可靠性能增收的溢价

5000 美元——为优质的服务增收的溢价

2000 美元——为零配件较长时期的担保增收的溢价

110 000 美元——卡特比勒拖拉机总价值的价格

－10 000 美元——折扣额

100 000 美元——最终价格

卡特比勒的经销商向顾客解释了为什么卡特比勒的拖拉机价格高于竞争者。顾客认识

到虽然多付了 10 000 美元的溢价,却增加了 20 000 美元的价值,因而他最终还是选择了卡特比勒公司的产品。

营销启示

把买方的价值判断与卖方的成本费用相比较,定价时应侧重考虑前者。因为消费者购买产品时,总会在同类产品之间进行比较,选购那些既能满足其消费需求,又符合其支付标准的产品。消费者对产品价值的理解不同,会形成不同的价格限度。如果价格刚好定在这一限度内,就会促进消费者购买。

2. 后向推算定价法

后向推算定价法又称反向定价法,是指企业依据消费者能够接受的最终产品销售价格,计算自己从事经营的成本和利润后,逆向推算出产品的批发价格和零售价格。这种定价方法不是主要考虑成本因素,而是重点考虑需求状况。一般来说,中间环节越多,折扣率就越大。企业可根据市场供求情况及时调整价格,定价比较灵活。其计算公式是

$$产品出厂价格 = 市场可销零售价格 \times (1 - 批零价格) \times (1 - 进销差率)$$

例:消费者对某款游戏机的接受价格为 1500 元,零售商的经营毛利率是 25%,批发商的毛利率是 10%,则

$$零售商可接受的价格 = 消费者可接受的价格 \times (1 - 25\%)$$
$$= 1500 \times (1 - 25\%) = 1125(元)$$
$$批发商可接受的价格 = 零售商可接受的价格 \times (1 - 10\%)$$
$$= 1125 \times (1 - 10\%) = 1012.5(元)$$

3. 需求差异定价法

需求差异定价法是指产品价格的确定以需求为依据,对同一商品在同一市场上制定两个或两个以上的价格,或使不同产品价格之间的差额大于其成本之间的差额。其好处是可以使企业定价最大限度地符合市场需求,促进产品销售。根据需求特性的不同,需求差异定价法通常有以下几种形式:

(1) 以用户为基础的差别定价。如,对老客户和新客户、长期客户和短期客户、女性和男性、儿童和成人、工业用户和居民用户等,分别采用不同的价格。

(2) 以地点为基础的差别定价。如,影剧院、体育场、飞机等,因其座位不同,票价也不一样;旅馆客房因楼层、朝向、方位的不同而收取的费用不同。

(3) 以时间为基础的差别定价。如,旅游产品的价格,需求旺季的价格要明显地高出需求淡季的价格;供电局在用电高峰期和闲暇期制定不同的电费标准;电影院在白天和晚上的票价有所差别。

案例分析

最早的"自动降价商店"

在美国波士顿城市的中心区,有一个"爱德华·法林自动降价商店",它以独特的定价方法和经营方式而闻名遐迩。商店的商品并非低劣品、处理品,但也没有什么高档的商品。该商店里陈列的每件商品,不仅标有价格,而且标有每次陈列的日期,价格随着陈列日期的延续而自动降价。在商品开始陈列的头 12 天里,按标价出售,若这件商品未能卖出,则从第 13

天起自动降价 25％，再过 6 天仍未卖出，则主动降价 75％。再过最后 6 天，如果仍无人问津，这件商品就送到慈善机构处理。具体销售方式是：例如，一件标价 100 元的衣服，商品自开始陈列到第 12 天，按原价出售；若摆上货架的 12 天内这件衣服无人问津，那么从第 13 天到第 18 天，它的价格会自动降为 75 元；从第 19 天到第 24 天，再自动降为 25 元；到第 25 天，如仍未卖出就赠与慈善机构。

"爱德华·法林自动降价商店"利用自动降价法招徕顾客的方法获得了极大的成功，受到美国人及外国旅游者的欢迎。从各地到波士顿的人都慕名而来，演员、运动员、特别是妇女，格外喜欢这家商店。波士顿的居民更是这家商店的常客。商店每天接待的顾客比波士顿其他任何商店都多，熙熙攘攘，门庭若市。

营销启示

简单地说，自动降价法，就是让商品价格随着陈列日期的延续按一定比例自动降价。每过一段时期，商品的价格就会按照标明的折扣自动降价。

大家肯定会想：如果大家都等打折到最便宜的时候才买，那商店岂不是要赔本？很显然，在经济学里，这是一种完全理性、十分理想的境界。现实生活中，对于消费者这样的想法，商家自有办法。"自动降价商店"里的每件商品都是热销商品而且限量供应，顾客要看中某一商品又想拿到最低的价格，必须要付出非常大的时间成本，经常光顾，以免被其他顾客买走。正是这种限时限量供应的做法使得消费者不得不在更便宜的价格和买不到的风险中权衡，而商家的利润就在消费者的博弈中潜滋暗长。

采用自动降价销售商品，关键在于抓住消费者购物的求廉心理。自动降价不但可以满足顾客的不同要求，而且对于处理滞销商品和过时商品有很大的作用，也有助于商店内部货物的流通。

（4）以产品为基础的差别定价。不同外观、花色、型号、规格、用途的产品，也许成本有所不同，但它们在价格上的差异并不完全反映成本之间的差异，而主要区别在于需求的不同。例如，棉纺织品卖给纺织厂和卖给医院的价格不一样；工业用水、灌溉用水和居民用水的收费往往有别；一些名著往往有平装本和精装本之分，其内容完全相同，只是包装不同而已，但价格却有较大差别。

（5）以流转环节为基础的差别定价。企业产品出售给批发商、零售商和用户的价格往往不同，通过经销商、代销商和经纪人销售产品，因责任、义务和风险不同，佣金、折扣及价格等都不一样。

（6）以交易条件为基础的差别定价。交易条件主要指交易量大小、交易方式、购买频率，支付手段等。交易条件不同，企业可能对产品制定不同价格。比如，交易批量大的价格低、零星购买的价格高；现金交易的价格可适当降低，支票交易、分期付款、以物易物的价格适当提高；预付订金、连续购买的价格一般低于偶尔购买的价格。

▶ 三、竞争导向定价法

竞争导向定价法，是以市场上竞争对手的价格作为制定企业同类产品价格主要依据的方法。

1. 随行就市定价法

随行就市定价法，即与本行业同类产品价格水平保持一致的定价方法。这种"随大流"

的定价方法,主要适用于需求弹性较小或供求基本平衡的产品。在这种情况下,单个企业提高价格,就会失去顾客;而降低价格,需求和利润也不会增加。所以,随行就市定价法成为一种较稳妥的定价方法。它既可避免挑起价格竞争,与同行业和平共处,减少市场风险,又可补偿平均成本,从而获得适度利润,而且易为消费者所接受。如果企业能降低成本,还可以获得更多的利润。因此,这是一种较为流行的定价方法,尤其为中小企业所普遍采用。

2. 竞争价格定价法

竞争价格定价法是一种主动定价方法。如果企业实力雄厚、信誉好,产品有较高的品牌效应,则定价可以与通行价格定价相反,主动竞争定价,以这样的定价来确定企业的竞争地位。定价时首先将市场上竞争产品价格与本企业估算价格进行比较,分为高于、等于、低于三种价格层次;其次将产品的性能、质量、成本、式样、产量与竞争企业进行比较,分析造成价格差异的原因;最后根据以上综合指标确定本企业产品的特色、优势及市场定位。在此基础上,按定价所要达到的目标确定产品价格。

3. 密封投标定价法

密封投标定价法,即在投标交易中,投标方根据招标方的规定和要求进行报价的方法。主要适用于提供成套设备、承包建筑工程、设计工程项目、开发矿产资源或大宗商品订货等。

企业的投标价格必须是招标单位所愿意接受的价格水平。在竞争投标的条件下,企业确定投标价格,首先要根据企业的主客观条件,正确地估算企业完成指标任务所需要的成本;其次企业要对竞争者的可能报价水平进行分析预测,判断本企业中标机会,即中标概率。企业中标的可能性或概率大小取决于参与投标竞争企业的报价状况。企业报价高,中标率小;报价低,则中标率大;企业报价过低,虽然中标的概率极大,但利润可能很少甚至亏损,对企业并非有利。因此,如果使企业报价容易中标且有利可图,企业就要以投标的最高期望利润为标准制定报价水平。

所谓期望利润就是投标企业利润与中标概率的乘积。借助于表 7-1,我们可以更加清楚地理解密封投标定价法的原理。

表 7-1　某企业密封投标定价法分析

方案编号	标价/万元	利润/万元	中标概率/%	期望利润/万元
1	900	50	92	46
2	950	100	81	81
3	1000	150	50	75
4	1050	200	30	60

表 7-1 中,第 2 种定价方案能达到 81 万元的最大期望利润,因此企业的投标价格应该定在 950 万元。在这一价位上,企业能获得 100 万元的利润,而中标的可能性为 81%。对经常参加投标的大企业来说,利用期望利润作为出价标准制定价格具有较强的指导意义。

第三节　定价策略

由于企业生产经营的产品和销售渠道以及所处的市场环境等条件各不相同,所以,企业在具体营销实践中应采取灵活的定价策略,修正或调整产品的基础价格。

▶ 一、新产品定价策略

新产品定价的难点在于无法确定消费者对于新产品的理解价值,因此,价格的高低对于打开产品销路、增加企业收益起着重要作用。常见的新产品定价技巧和策略有三种:撇脂定价、渗透定价和满意定价。

1. 撇脂定价

新产品上市之初,将价格定得较高,以在短期内获取厚利,尽快收回投资。这种策略就如同把牛奶上面的那层奶油撇出一样,故称为撇脂定价策略。一般而言,对于全新产品、受专利保护的产品、需求价格弹性小的产品、流行产品、未来市场形势难以测定的产品等,可以采用撇脂定价策略。例如,圆珠笔在 1945 年发明时,属于全新产品,成本 0.5 美元一支,可是发明者却利用广告宣传和消费者的求新求异心理,以 20 美元销售,仍然引起了人们的争相购买。半年时间,雷诺公司生产圆珠笔投入 2.6 万美元,竟获得 15.6 万美元的丰厚利润。

但是,价格定位过高不利于开拓市场;同时高价投放形成旺销,容易很快招来竞争者,从而迫使价格急剧下降。价格远远高于价值,在某种程度上损害了消费者利益,容易招致公众的反对和消费者抵制,甚至会被当做暴利来加以取缔,诱发公共关系问题。因此,在实践当中,特别是在消费者日益成熟、购买行为日趋理性的今天,采用这一定价策略必须谨慎。

📚 案例分析

从苹果 iPod 和索尼 MP3 的成败看撇脂定价法

苹果公司的 iPod 产品是 2000 年以来最成功的消费类数码产品,一推出就获得成功,第一款 iPod 零售价高达 399 美元,即使对于美国人来说,也属于高价位产品,但是有很多"苹果迷"既有钱又愿意花钱,所以还是纷纷购买。苹果的撇脂定价取得了成功。但是苹果认为还可以"撇到更多的脂",于是不到半年又推出了一款容量更大的 iPod,当然价格也更高,定价 499 美元,仍然卖得很好。苹果的撇脂定价大获成功。

作为对比,索尼公司的 MP3 也采用撇脂定价法,但是却没有获得成功。

索尼失败的第一个原因是产品的品质和上市速度。索尼最近几年在推出新产品时步履蹒跚,当 iPod mini 在市场上热卖两年之后,索尼才推出了针对这款产品的 A1000,可是此时苹果公司却已经停止生产 iPod mini,推出了一款新产品 iPod nano,苹果保持了产品的差别化优势,而索尼则总是在产品上落后一大步。此外,苹果推出的产品马上就可以在市场上买到,而索尼还只是预告,新产品正式上市还要再等两个月。速度的差距,使苹果在长时间内享受到了撇脂定价的厚利,而索尼的产品虽然定价同样高,但是由于销量太小而只"撇"到了非常少的"脂"。

索尼失败的第二个原因是外形。苹果 iPod 的外形已经成为工业设计的经典之作,而一向以"微型化"著称的索尼公司的 MP3,这次明显落于下风,单纯从产品的尺寸看,索尼的产品比 iPod nano 足足厚了两倍。

索尼失败的第三个原因是产品数量。苹果公司每次只推出一款产品、几种规格,但每次都是精品,都非常畅销;而索尼每次都推出三款以上产品,给人的感觉好像是自认为质量稍逊、要靠数量制胜。但是过多的新产品不仅增加了采购、生产和渠道的成本,而且也使消费者困惑。

索尼失败的第四个原因是索尼公司整体产品表现不佳,索尼的品牌价值已经严重贬值,在这种时候再使用撇脂定价法,效果自然会大打折扣。

苹果公司的 iPod 在最初采取撇脂定价法取得成功后,就会根据外部环境的变化,主动改变定价方法,2004 年,苹果推出了 iPod shuffle,这是一款大众化的产品,价格降低到 99 美元一部。之所以在这个时候推出大众化产品,一方面是市场容量已经很大,占据低端市场也能获得大量利润,另一方面,索尼等企业也推出了类似的产品,在对手产品的竞争下,苹果公司急需推出低价格产品来抗衡,但是原来的高价格产品并没有退出市场,而是略微降低了价格而已,苹果公司只是在产品线的结构上形成了"高低搭配"的良好结构,改变了原来只有高端产品的格局。苹果公司 iPod 产品在几年中的价格变化是撇脂定价和渗透定价交互运用的典范,体现了苹果公司卓越的价格管理能力。苹果公司定价成功的部分原因要归功于竞争对手,由于主要竞争对手索尼在第一款 iPod 推出两年后,才迟迟推出自己的同类产品,使苹果公司能够在漫长的时间里唱独角戏,价格管理的难度也因此大幅降低。

(资料来源:卢强. 从苹果 iPod 和索尼 MP3 的成败,看撇脂定价法的使用艺术. 中国营销传播网,2006 年 2 月 8 日)

营销启示

所谓"撇脂定价法",就是为产品定一个高价,以在短期内攫取最大利润为目标,而不是以实现最大的销量为目标。使用撇脂定价策略必须具备五个市场条件:第一,市场上存在一批购买力很强、并且对价格不敏感的消费者;第二,这样的一批消费者的数量足够多,企业有厚利可图;第三,暂时没有竞争对手推出同样的产品,本企业的产品具有明显的差别化优势;第四,当有竞争对手加入时,本企业有能力转换定价方法,通过提高性价比来提高竞争力;第五,本企业的品牌在市场上有传统的影响力。

在激烈的市场竞争中,暴利时代流行的撇脂定价法逐渐减少。企业必须明白,撇脂定价法即使取得了成功,也很快会由于竞争加剧而变得不合时宜,企业需要做的是:敏感地认识到市场的变化,主动从撇脂定价的高台阶上走下来,否则,一旦竞争对手在产品相近的情况下,采取渗透定价,企业就会付出巨大代价。

2. 渗透定价

渗透定价和撇脂定价相反,是以低价为特征的。把新产品的价格定得较低,使新产品在短期内最大限度地渗入市场,打开销路。就像倒入泥土的水一样,很快地从缝隙里渗透到底。这一定价策略的优点在于能使产品凭价格优势顺利进入市场,并且能在一定程度上阻止竞争者进入该市场。其缺点是投资回收期较长,且价格变动余地小。因此,渗透定价适用于资金实力雄厚、生产能力强、在扩大生产以后有降低成本潜力的企业,或者新技术已经公开,竞争者纷纷效仿生产和需求弹性较大、市场上已有代用品的中、高档消费品。

3. 满意定价

这是一种中价策略,即在新产品刚进入市场的阶段,将价格定在介于高价和低价之间,力求使买卖双方均感满意。

满意定价策略适用于需求价格弹性较小的日用生活必需品和主要生产资料。这种策略既可避免撇脂定价因价高而带来的市场风险,又可消除渗透定价因价低而引起的企业生产经营困难,因而既能使企业获取适当的平均利润,又能兼顾消费者利益。

案例分析

价格适中的"雪碧"

1989 年夏季,由美国可口可乐公司与杭州茶厂合资组建的中华食品公司开始灌装供应"雪碧",把许多国产饮料挤出了市场,甚至一些"正宗进口"的洋饮料也甘拜下风。是什么原因使"雪碧"获得这样的成功呢?

为了占领杭州饮料市场,中华食品公司采取了多种策略,包括产品策略、分销策略、广告促销策略等,其中价格策略的成功,是"雪碧"成功的不可忽视的重要因素。针对大众消费水平,"雪碧"价格确定在 0.65 元/瓶,介于国产普通汽水和进口易拉罐之间。当时,国产汽水每瓶 0.45 元,但口味不及"雪碧";进口饮料如"粒粒橙"每罐 3.4 元,不是一般人所能问津的。价格适中,切合大众消费需求的 0.65 元一瓶就能一炮打响。

同时,中华食品公司给予各个销售点较高的销售利润,即让一部分利润给零售商。在杭州各销售点每销一瓶"雪碧"可得利 0.12 元,而普通国产汽水每瓶的销售毛利只有 0.07 元,故各零售点均愿销售"雪碧"。同时,尽管"粒粒橙"的销售毛利更大,但是问津者毕竟少,在销量上远不敌"雪碧",经销它们易造成积压,阻碍流动。

营销启示

一个营销者可能无法采用撇脂定价法,因为产品被市场看做是极其普通的产品,没有哪一个细分市场愿意为此支付高价。同样,它也无法采用渗透定价法,因为产品刚刚进入市场,消费者在购买之前无法确定产品的质量,会认为低价代表低质量;或者是因为,如果破坏已有的价格结构,竞争者会做出强烈反应。当消费者对价值极其敏感,不能采取撇脂定价,同时竞争者对市场份额极其敏感,不能采用渗透定价的时候,一般可采用满意定价策略。

"雪碧"就是较好地利用了满意定价策略,满足了消费者、中间商以及生产企业的多方利益,既打开了销路,又获得了可观的收益。虽然与撇脂定价法或渗透定价法相比,满意定价法缺乏主动进攻性,但并不是说正确执行它就非常容易。满意定价没有必要将产品价格定的与竞争者一样或者接近平均水平。从原则上讲,它甚至可以是市场上相同产品中价格最高的或最低的。满意价格毕竟也是参考产品的价值而决定的。当大多数潜在的消费者认为产品的价值与价格相当时,纵使价格很高也属满意价格。

▶ 二、产品组合定价策略

产品组合定价策略是指企业为了实现整体利润最大化,在充分考虑不同产品之间的关系,以及个别产品定价高低对企业总利润的影响等因素基础上,系统地调整产品组合中相关产品的价格。只要从整体上能获利,有些产品价格甚至可以低于其成本。

1. 产品线定价

对产品线内的不同产品,要根据不同的质量和档次、顾客的不同需求及竞争者产品的情况,确定不同的价格。例如,男式西装分别定价在 2600 元、1200 元、480 元三个水平,顾客自然会把这三种价格的西装分为高、中、低三个档次进行选购。企业进行产品线定价应注意的是,产品线中不同产品的价差要适应顾客的心理要求,价差过大,会诱导顾客趋向于某一种低价产品上,价差过小,会使顾客无法确定选购产品。

2. 互补品定价

有些产品需要互相配合在一起使用,才能发挥出某种使用价值。互补品广泛存在于日常消费中,如数码相机与存储卡、隐形眼镜与消毒液、饮水机与桶装水等。企业经常为主要产品(价值量高的产品)制定较低的价格来占领市场;而为其附属产品(价值量较低的产品)制定较高的价格来增加企业利润。如,柯达公司曾以物美价廉的照相机吸引消费者,同时生产较其他品牌昂贵得多的柯达胶卷,相配使用效果极佳。柯达相机利微,但在柯达胶卷的厚利下得到弥补。需要注意的是,互补品的需求影响是相互的,如果辅助产品价格定得过高,消费者难以承受,也会影响基础产品的销量。

3. 产品群定价

对于成套设备、服务性产品等,为鼓励顾客整体购买,以扩大企业销售、加快资金周转,企业往往把一组产品连在一起出售,使整体购买的价格低于单独购买其中每一产品的费用总和。如影剧院和体育场馆出售联票、月票,图书经销商将整套书籍捆绑销售,旅游公司的包价旅游产品,其价格都比单独购买要低得多。采用这种策略,必须使价格优惠到有足够的吸引力,否则就不会有人乐于购买。同时,还必须防止出现引起顾客反感的硬性搭配。

▶ 三、折扣定价

企业为了鼓励顾客及早付清货款,或鼓励大量购买,或为了增加淡季销售量,还常常需要酌情给顾客一定的优惠,这种价格的调整称为折扣定价策略。

1. 现金折扣

现金折扣是指企业对现金交易的顾客或对及早付清货款的顾客给予一定的价格折扣。许多情况下采用此定价法可以加速资金周转,减少收账费用和坏账。

2. 数量折扣

数量折扣是指企业给那些大量购买某种产品的顾客的一种折扣,以鼓励顾客购买更多的货物。大量购买能使企业降低生产、销售等环节的成本费用。数量折扣有一次折扣和累计折扣两种形式。

3. 功能折扣

功能折扣是指企业根据交易对象在产品流通中的不同地位和功能,以及承担的职责给予不同的价格优惠。功能折扣的比例,主要考虑中间商在分销渠道中的地位、对生产企业产品销售的重要性、购买批量、完成的促销功能、承担的风险、服务水平、履行的商业责任等。功能折扣的结果是形成购销差价和批零差价。如零售商为企业产品刊登广告或设立橱窗,生产企业除负担部分广告费外,还在产品价格上给予一定优惠。

4. 季节折扣

季节折扣是企业鼓励顾客淡季购买的一种减让,以使企业的生产和销售一年四季能保持相对稳定。例如,啤酒生产厂家对在冬季进货的中间商给予大幅度让利,羽绒服生产企业则为夏季购买其产品的客户提供折扣。

5. 价格折让

这是另一种类型的价格减价。折让的形式有三种。①回收折让:指消费者可以用同类的旧产品来抵消一部分产品价格。这种策略多用于耐用品的销售上,例如洗衣机、电冰箱等。②免费服务折让:指在销售有形产品的同时,向消费者提供免费的服务,例如送货上门、安装、维修等。③促销折让:指企业为经销商提供营业推广活动、刊登广告等促销方式,从而调动经销商的积极性,促进产品销售等。

案例分析

品牌女装打折,能不能过把瘾就死

在快速消费品里面,没有谁能和女装比拼打折。它们的折扣是大范围的、彻底的。不像许多产品那样掩面遮羞,也不像许多产品那样欲留还拒。

女装受季节、潮流的影响非常大,为了能及时处理积压,尽快变现,女装企业争相打折抛售,连品牌女装也难逃打折的命运。

品牌女装打折永远面临着一把双刃剑,既要保持品牌形象,诸如款式的新颖,切合潮流的内涵,又要尽快保持资金的回笼,保证下一季新品的投入资本。从这方面看,品牌女装的抉择更为艰难,它需要在既得利益之间进行博弈,从而寻找一个平衡点。外化开来,便是如何打折,折扣到多少合适?

看看常见品牌女装的折扣情况:

Only 女装:从百度搜索发现,Only 女装的打折幅度在 5 折到 8 折不等,一般都是 7 折,很少有低于 5 折的。打折日期分为两次,年中和年尾各一次。

艾格女装:艾格的折扣是按 7 折、5 折、3 折这样顺次折下来的。新品上市没有折扣,可办理 VIP 卡,持有会员卡购正价品可享受 9 折。7 折、5 折时为应季品,畅销款式已断码,下一季商品已上市。3 折时则下一季商品已全面上市,3 折品一般号码不全。此品牌大多不卖隔季的商品,对这些商品艾格有专门的特卖店。

歌莉娅女装:歌莉娅通常不参与打折,顶多送一些小赠品。也有打折的时候,不过都是在换季清仓时。折扣的空间通常在 5 折到 8 折不等。

Gucci 女装:Gucci 的产品很少打折,即使打折,也是款式比较不好的产品。Gucci 在意大利最便宜时可以到 3 折,但是要看运气,而且不是所有的款式。法国最便宜在 5 折左右,香港在 5~7 折。

由此看来,打折绝对不是品牌女装企业的一时兴起,也不是品牌女装企业面对市场危机的权宜之计,它是一个良性的释放过程,也是一个企业可持续的发展战略。

(资料来源:谭桥英. 慧聪服装服饰网,2009 年 3 月 23 日)

营销启示

经济不景气的时候,许多企业打起了"打折"的主意,到处"折"声一片。它们期望能从消费者捂紧钱包的手中抠出钱来,以为这是促进消费的最好方式。殊不知,消费者也有种心理,越打折越观望,希望折扣能够更低,或者对打折存逆反心理,因为打折让他们正价购买的商品失去或者减少了价值。如台湾品牌女装哥弟因为从不打折走进了人们的视线。它的成功恪守了一个原则,永不打折。在打折泛滥的商场里,哥弟的强硬成就了它的品牌。所以品牌企业要做的就是在合适的市场环境下,给消费者合适的折扣,这样既保证了利润,又保住了品牌。

那么,如何制定折扣才是合理的?

首先需要算出品牌的生产成本,如原材料投入、人力资本投入、运输投入等。把这些投入的数值加起来就是品牌的生产成本。其次就是企业的品牌价值。品牌价值＝$E \cdot BI \cdot S$。其中,E 是平均年业务收益;BI 代表品牌附加值指数,即品牌对收入的贡献程度;S 是指品牌强度系数,包括八个要素:行业性质、外部支持、品牌认知度、品牌忠诚度、领导地位、品牌管理、扩张能力以及品牌年龄。在品牌的生产成本基础上,结合产品的品牌价值,对折扣进行定价。当然,这个折扣空间非常大。在这种情况下,就可以考虑市场上同类产品品牌的折扣空间,以及消费者对本期产品的好评度。把以上的三个因素结合起来,再制定一个合适的折扣计划,市场效果就会好很多。

总的来说,折扣就像品牌女装手中的底牌,轻易地露底有失大家风范,不管折扣带来了多么客观的市场效应,品牌女装永远不能过把瘾就死。

▶ 四、心理定价策略

心理定价策略是根据消费者不同的消费心理而灵活定价,以引导和刺激购买的价格策略。这种策略主要适用于零售环节。

1. 声望定价

声望定价是指对一些名牌产品,企业往往可以利用消费者仰慕名牌的心理而制定大大高于其他同类产品的价格。微软公司的 Windows 98(中文版)进入中国市场时,一开始就定价 1998 元人民币,便是一种典型的声望定价。如国际著名的欧米茄手表,在我国市场上的售价在一万元到几十万元不等。消费者在购买这些名牌产品时,特别关注其品牌、标价所体现出的炫耀价值,目的是通过消费获得极大的心理满足。我国的一些国产精品也多采用这种定价方式。当然,采用这种定价方法必须慎重,一般商店、一般商品若滥用此法,弄不好便会失去市场。

营销思考
一杯咖啡卖 5000 日元

当你听说一杯咖啡要卖到 5000 日元,你肯定会大惊失色,而当你听说这样的咖啡店竟然顾客络绎不绝,你更会感到不可思议。

日本东京一家由一个叫森元二郎的人经营的咖啡店,可能是世界上最昂贵的咖啡店,因为这个咖啡店创造了一个世界之最,即店内的一杯咖啡卖到 5000 日元。这个令人喘不过气的价格推出后,一下子就传开了。很多人无法相信这是真的,有人认为这明摆着是咖啡店欺骗敲诈顾客;但同样令人难以置信的是,卖价如此昂贵,老板却赚不到钱,这是因为这杯咖啡成本太高。首先,装咖啡的杯子是法国制造的,极其名贵,每个咖啡杯价值 4000 日元。而当顾客享用完咖啡后,这个咖啡杯将被包装好随送顾客。其次,每杯咖啡由名师现场精心调制而成,名师工薪很高,而咖啡用料独特、原料费很高。再次,这个店的服务极尽勤快、周到,在装饰得如宫殿般豪华的咖啡店内,许多打扮成古代宫女模样的服务员侍候在旁,顾客自感飘飘然恍若万人之上的帝王,其意境不可言状。

出于想对这杯极昂贵的咖啡看个究竟的想法,好奇的顾客竟蜂拥而至,而这些好奇的顾客来过一次，往往就很难忘却店内奢华的气氛，不但自己下次还会光临，更会向亲友义务宣传，引来更多的顾客。

也许人们会怀疑，5000日元一杯咖啡，经常去喝岂不要喝成穷光蛋？这正是奥妙所在。5000日元的一杯的咖啡只不过是一个吸引人的幌子，店内还有许多普通价格的咖啡和其他饮料，而这些才是该店真正的赚钱来源。大多数顾客喝的都是普通的咖啡和饮料，如果他们都喝那杯世界之最的咖啡，森元二郎也会变成穷光蛋——因为那杯咖啡并不赚钱。

2. 尾数定价

对于日常用品，消费者一般乐于接受带有零头的价格。这种尾数价格往往能使消费者产生一种似乎便宜且定价精确的感觉。

3. 整数定价

由于消费者常常根据价格来辨别产品的质量，对价格较高的产品，如耐用品、礼品或服装等消费者不太容易把握质量的产品，实行整数定价反而会抬高产品的身价，从而达到扩大销售的目的。

营销思考

"整数定价"和"尾数定价"哪个好

整数定价是以整数的形式确定产品的价格，给消费者一种"优质优价"的感觉。但是，在整数定价方法下，价格高并不是绝对的高，而只是凭借整数价格来给消费者造成高价的印象。整数定价常常以偶数，特别是"0"作尾数。例如，精品店的服装可以定价为1000元，而不一定为998元。这样定价的好处是：①可以满足消费者炫耀富有、显示地位、崇尚名牌、购买精品的虚荣心；②省却了找零钱的麻烦，方便企业和消费者的价格结算；③对于花色品种繁多、价格总体水平较高的产品，可以利用产品的高价效应，在消费者心目中树立高档、高价、优质的产品形象。

整数定价策略适用于产品需求价格弹性小、价格高低不会对需求产生较大影响的商品。如流行品、时尚品、奢侈品、礼品、星级宾馆、高级文化娱乐城等，这些产品的消费者都属于高收入阶层，会接受较高的产品价格，高价不会对产品的销售产生较大影响。

尾数定价指以零头数结尾的定价形式，在直观上给消费者一种价格低廉和企业经过认真的成本核算才定价的感觉，从而使消费者对企业产品及其定价产生信任感。使用尾数定价，可以使价格在消费者心中产生三种特殊的效应。

(1) 便宜。标价99.97元的产品和100.07元的产品，虽仅相差0.1元，但前者给消费者的感觉是还不到"100元"，后者却被认为"100多元"，因此前者可以给消费者一种价格偏低、产品便宜的感觉，使之易于接受。

(2) 精确。带有尾数的定价可以使消费者认为产品定价是非常认真、精确的，连几角几分都算得清清楚楚，进而会产生一种信任感。

(3) 中意。由于民族习惯、社会风俗、文化传统和价值观念的影响，某些数字常常会被赋予一些独特的含义，企业在定价时如能加以巧用，则其产品将因此而得到消费者的偏爱。例如，我国南方某市一个号码为"9050168"的电话号码，拍卖价竟达到十几万元，就是因为其谐音为"90 年代我一定一路发"。当然,某些为消费者所忌讳的数字,如西方国家的"13"、日本的"4",企业在定价时则应有意识地避开,以免引起消费者的厌恶和反感。

在实践中,无论是整数定价还是尾数定价,都必须根据不同的地域而加以仔细斟酌。比如,美国、加拿大等国的消费者普遍认为单数比双数少,奇数比偶数显得便宜,所以在北美地区,零售价为 49 美分的产品,其销量远远大于价格为 50 美分的产品,甚至比 48 美分的产品也要多一些。但是,日本企业产品定价却多以偶数作结尾,特别是"零",这是因为偶数在日本体现着对称、和谐、吉祥、平衡和圆满。

当然,企业要想真正地打开销路,占有市场,还是得以优质的产品作为后盾,过分看重数字的心理功能,或流于一种纯粹的数字游戏,只能哗众取宠于一时,从长远来看却于事无补。

(资料来源:杭州电子科技大学"市场营销学"http://jpkc.hdu.edu.cn/management/scyx/)

4. 习惯定价

有些商品如牛奶,消费者在长期的消费中已在头脑中形成了一个参考价格水准,个别企业难以改变。如果企业定价低于该水准易引起消费者对品质的怀疑;高于该水准则可能受到消费者的抵制。因此,企业定价时常常要迎合消费者的这种习惯心理。

5. 招徕定价

零售商常利用消费者贪图便宜的心理,特意将某几种产品的价格定得较低以招徕顾客,或者利用节假日和换季时机举行大甩卖、限时抢购等活动,把部分商品打折出售,目的是吸引顾客,促进全部产品的销售。

第四节 产品价格的调整

产品价格确定后,由于客观环境和市场情况的变化,企业往往会对价格进行修改和调整。

▶ 一、企业产品调价方式

企业产品价格调整的动力既可能来自内部,也可能来自外部。倘若企业利用自身的产品或成本优势,主动对价格予以调整,将价格作为竞争的利器,称为主动调整价格。有时,价格的调整是出于应付竞争的需要,即竞争对手主动调整价格,而企业也相应的被动调整价格。无论是主动调整,还是被动调整,其形式不外乎提高价格和降低价格两种。

1. 提高价格

企业提高产品价格常会引起消费者和中间商的不满而拒绝或减少产品的购买和进货,甚至本企业的销售人员都反对。一般只有在某些特殊情况下才会采用此策略,如产品成本提高、税率变化、通货膨胀或是产品供不应求时,企业往往考虑提高产品价格。

企业可以用许多方法来提高价格,通常采用明调与暗调两种形式。①明调。即公开涨价。企业将涨价的情况传递给消费者,使其支持价格上涨。调高价格时,企业必须与消费者进行交流,告诉消费者为什么产品价格会被提高,避免形成价格欺骗的形象。②暗调。则是通过取消折扣、在产品线中增加高价产品、实行服务收费、减少产品的不必要的功能等手段来实现,这种方法十分隐蔽,几乎不露痕迹。

只要有可能,企业应该考虑采用其他的办法来弥补增加的成本和满足增加的需求,而不采用提高价格的方法。例如,可以缩小产品而不提高价格,这是糖果企业经常采用的方法。或者可以用较便宜的配料来替代,或者除去某些产品特色、包装、服务。或者可以"拆散"产品和服务,去除和分散本应是一部分的定价因素。例如,IBM现在提供的计算机系统培训和咨询服务是一项单独定价的服务。

2. 降低价格

降低价格是指企业在市场经营过程中,为了适应市场环境和企业内部条件的变化,把原有产品的价格调低。当产品供过于求、市场竞争激烈或企业生产成本下降、老产品清仓处理时,企业往往考虑调低产品价格。

案例分析

"格兰仕"七次降价

信奉"价格竞争是最高层次的竞争"理念的格兰仕在短短五年时间(1996—2000年)内,连续对竞争对手发动了七次价格战争。把微波炉行业的利润降到很低的点,提高了行业进入门槛,使许多欲进入该行业的企业丧失了兴趣,避免了强大潜在竞争对手的出现。

第1次降价:1996年8月,微波炉价格平均下调24.6%。

WP800S,WP750型等三个非烧烤型微波炉总体市场占有率上升14%,达到50.2%。

第2次降价:1997年7月,最小型号产品17L微波炉降价40.6%。

带动格兰仕整个产品的畅销,占有率上升12.65%,达到56.4%。

第3次降价:1997年10月18日,5大机型价格下调,13个产品品种全面降价,平均降幅32.3%。

市场份额再上升11.6%,达到58.7%。

第4次降价:1998年7月,两个17L型号降价,平均降幅24.3%。

总体产品市场占有率上升4.8%,达55.7%。

第5次降价:2000年5月,"新世纪"系列产品价格大幅度下调并实施疯狂的赠送行动,在全国引起强烈反响。

6月份市场占有率为73.74%。

第6次降价:2000年6月初,中档改良型750"五朵金花"系列降幅达40%,高档"黑金钢"系列让利回赠,效果显著。

第7次降价:2000年10月20日,所有产品(包括高档产品)全部锁定在1000元以内,市场降价平均幅度达到40%。

微波炉市场价格体系遭到摧毁,格兰仕的市场占有率最高。

(资料来源:张卫东. 市场营销禁忌100例. 北京:电子工业出版社,2009)

营销启示

"格兰仕"七次降价有其明显的目的和显著的特点。

第一,不断拉高竞争壁垒。格兰仕历次降价的目的很明显,即消灭散兵游勇、驱逐竞争对手，"清除市场杂音"。规模每上一个台阶，价格就大幅下调。当生产规模达到125万台时，就把出厂价定在规模为80万台的企业成本价以下；当规模达到300万台时，又把出厂价调到200万台规模的企业成本价以下。此时，格兰仕还有利润，而规模低于这个限度的企业，多生产一台就多亏损一台。

第二，降价幅度大。格兰仕的多次降价幅度均在30%～40%，规模小、实力弱的微波炉生产厂商很难抵御这样的价格攻击。

第三，进攻性价格策略。格兰仕的价格策略是"运用降价——增加销量、扩大生产规模——规模扩大、成本下降——进一步降价"。

企业无论是提高价格还是降低价格，都应注意价格调整的幅度和频率，还要把握价格调整的时机，以取得预期的效果。同时，企业的价格调整要符合政府的有关政策和法律，避免因违反《价格法》、《反不正当竞争法》和《消费者权益保护法》等法规而受到制裁。

▶ 二、产品价格调整的策略

衡量价格调整成功与否的重要标志，就是企业所确定的新的价格能否被消费者所接受，同时是否还会引发竞争者的价格调整。因此，企业对于不同产品的价格调整应有不同的策略。

1. 保持相对稳定

对于与人们生活关系密切的日常生活必需品，价格应保持相对稳定，不宜多变、大变。由于生产经营成本上升而企业难以自行消化而确实需要提价的，首先要宣传解释，与消费者进行沟通，使其理解和接受。

2. 小幅度调整

大多数产品由于生产成本、供求状况的变化，价格也常需调整。企业应善于收集信息，随机应变，适时地对价格进行微调，不仅可以起到平衡供求的作用，还可以提高自己的经济效益，也不会引起价格竞争和价格波动。一般来讲，需求弹性大的产品，降价对企业有利；需求弹性小的产品，提价对企业有利。

3. 大幅度调整

当今市场竞争激烈，价格常被用做竞争的武器和手段。为了战胜或应付竞争对手，在特殊情况下，有时需要大幅度调整价格。但企业在应用这种策略时必须特别慎重。尤其是大幅度降价，往往会成为价格战的导火索，要尽量避免由此造成的于人于己都不利的众败俱伤的后果。大幅度提价也会使企业失去一部分顾客而导致销售量下降。故需权衡利弊，慎重决策。

▶ 三、企业对竞争者产品调价的反应及对策

当竞争者发起价格变动时，企业首先要弄清楚竞争者发动价格变动的目的，并对竞争者的实力进行充分分析；其次分析价格变动对其他竞争者及其消费者带来的影响，并采取相应的应对措施。

1. 了解竞争者调价的相关信息

面对竞争者的调价，企业在做出反应前，应对下列问题进行调查和分析研究：①为什么

竞争者要进行产品调价？②竞争者的产品调价是长期的还是临时的措施？③如果企业对此不做出反应，会对企业的市场占有率和利润产生什么影响？④其他企业对竞争者的产品调价是否会做出反应？这又会对企业产生什么影响？⑤对企业可能做出的每一种反应，竞争者和其他企业又会有什么反应？

企业要做出迅速反应，最好事先制定反应程序，到时按程序处理，提高反应的灵活性和有效性。如某企业对付竞争者降价的处理程序如图 7-1 所示。

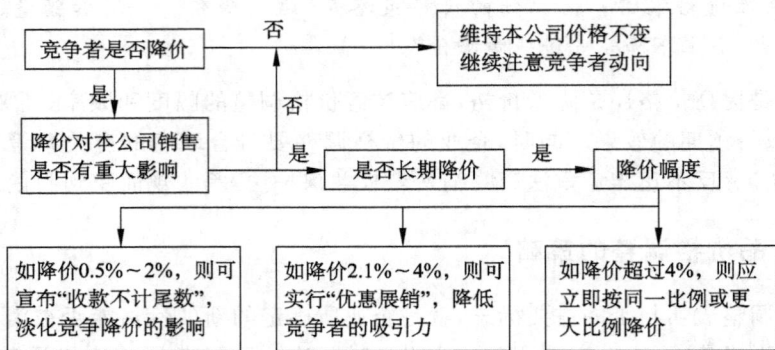

图 7-1　对付竞争者降价的处理程序

2. 企业的应对策略

企业经常受到其他企业以争夺市场占有率为目的而发动的挑衅性产品降价攻击。当竞争者的产品在质量、性能等方面与企业的产品没有差异或差异很小时，竞争者产品的低价有利于其扩大市场份额。在这种时候，企业可以选择的对策主要有五种。

（1）维持原来的价格。如果企业认为产品降价不会导致企业利润大幅减少，或认为企业消费者忠诚度会使竞争者市场份额的增加极为有限时，可以采取这一策略。

（2）维持原价并采用非价格手段（如改进产品、增加服务）进行反攻。

（3）追随产品降价。如果企业不降价将会导致市场份额大幅度下降，而要恢复原有的市场份额将付出更大代价时，企业应该采取这个策略。

（4）进行产品提价并开发新品牌来围攻竞争者的降价品牌。这将贬低竞争者降价品牌的市场定位，提升企业原有的品牌定位，也是一种有效的价格竞争手段。

（5）推出更廉价的产品进行竞争。企业可以在市场占有率正在下降时，在对价格很敏感的细分市场上采取这种策略。

营销思考

休布雷公司巧定酒价"巧"在哪里

休布雷公司是美国生产和经营伏特加酒的专业公司，其生产的史密诺夫酒在伏特加酒市场享有较高的声誉，占有率一度达 20% 以上。20 世纪 60 年代，另一家公司推出一种新型伏特加酒，其质量不比史密诺夫酒低，每瓶价格却比它低 1 美元。

面对此种情况，按照惯常做法，休布雷公司将采用三种对策：①降价 1 美元，以保住市场占有率；②维持原价，通过增加广告费用和推销支出与竞争对手竞争；③维持原价，听任其市场占有率降低。

　　然而该公司的市场营销人员经过深思熟虑后,却采取了对方意想不到的第四种策略,即将史密诺夫酒的价格再提高 1 美元,同时推出一种与竞争对手新伏特加酒价格一样的瑞色加酒和另一种价格低一些的波波酒。其实这三种酒的味道和成本几乎相同。但该策略却使该公司扭转了不利局面:一方面,提高了史密诺夫酒的地位,使竞争对手的新产品成为一种普通的品牌;另一方面,不影响公司的销售收入,而且由于销量大增,使得利润大增,令人拍案叫绝。

　　竞争者发动的价格竞争通常是经过周密策划的,留给企业做出反应的时间很短。因此,企业应该建立有效的营销信息系统,加强对竞争者有关信息的搜集,以便对竞争者可能的调价行动做出正确预测,同时还应建立应付价格竞争的反应决策模式,以便缩短反应决策时间。

复习思考

　　1. 影响企业定价的因素有哪些? 如何综合运用这些因素达到企业定价的目标?

　　2. "顾客要的不是便宜,要的是感到占了便宜。人们都喜欢占便宜,当顾客觉得占了便宜,就会爽快地掏腰包。"谈谈你对这句话的理解。

　　3. 新产品定价有哪几种策略? 分别在何种条件下适用?

　　4. 消费者和竞争者对企业产品的调价会有哪些反应? 企业应如何应对?

　　5. 举例说明心理定价策略有哪几种形式,分别适用于哪些情况。

　　6. "一分价钱一分货"和"物以稀为贵"体现了产品定价的什么策略?

实训练习

　　1. 设想上市某种新兴产品,积极搜集相关市场信息,根据市场竞争情况和你的定价目标,进行一次模拟价格策划,并写成产品定价策划方案。产品定价策划方案的书面格式和主要内容如下。

　　(1) 封面:封面上要标明产品定价策划项目的名称、策划日期、策划者的姓名、所属单位。

　　(2) 目录:定价策划方案内容较多时,为让阅读者在阅读时,对定价方案内容有一个大致的了解,将在目录中按内容的顺序和结构,编写出章节名称。

　　(3) 正文:这是策划方案的核心部分,也是进行本次实训活动的一个根本任务。这里应介绍,定价策划的背景、目的和要求,定价策划的主要依据,定价方案的具体设计、定价方案的可行性分析,定价方案实施、控制与调整的具体措施。

　　(4) 附件:定价策划中一些具体计算方案文件、市场调查资料、定价的依据资料等详细内容,由于占的篇幅较大,为了阅读的方便以及方案的清晰,可以附件形式列入策划方案的最后部分。

　　2. 选择日常生活中一种常见的商品,到当地各大商场或超市了解其价格的差异,分析其原因,提出该商品调价的必要性和可行性分析,撰写产品调价方案。选择代表性强的同学上台讲述自己的产品调价方案,最好用 PPT 形式展示。其他同学和任课教师对该产品调价方案进行提问,并提出相应的修改意见。该生根据老师和同学们所提意见进行方案的修改和完善。

案 例 分 析

1. 爱多的"阳光行动计划"

爱多集团,一家主营 VCD 机的民营企业,成立于 1995 年。当时只有 80 万元的启动资金,到 1996 年,产值就达到了 2 亿元。到了 1997 年,其销售额更是一跃骤增至 16 亿元,产品居全国城市市场占有率第一,赫然出现在中国电子 50 强的排行榜上。能取得如此成倍地快速增长,除了当时 VCD 产品在中国处于快速成长期及爱多的广告影响以外,与爱多的价格策略是密不可分的。1996 年年底,即元旦来临之际,爱多突然宣布将 VCD 机的价格首次拉下 2000 元大关,定价为 1997 元。加上广告宣传的作用,此价位与即将到来的新年和"香港回归"巧妙地联系起来进行炒作,造成了巨大的影响,促使了爱多 VCD 销量的骤然增长。

到 1997 年 5 月,爱多推出"阳光行动 A 计划",掀起的降价狂飙,将爱多 VCD 再次降价,定价为 1300 元。此时市场掀起了 VCD 的购买狂潮,爱多产品很快便供不应求,出现了断货现象。爱多有关决策人认为旺季已到,设想如果每台 VCD 涨价 250 元,那么 5 个月就可卖出 100 万台 VCD,净赚 2.5 亿元。但是到底该不该涨价,他一时踌躇难决。由于当时缺乏有效的信息反馈体系,而各地代理商反馈回来的信息又差别很大,有关决策人只能靠感觉来判断和决策——涨!于是爱多将 VCD 机每台提价 250 元。当时爱多品牌在 VCD 市场占领霸主地位,可谓:"登高一呼,应者云集。"爱多领导人天真地以为其他 VCD 生产厂家也会跟着提价,但结果却出乎意料,绝大部分厂家并没有提价,爱多 VCD 因过高的提价很快便出现了滞销局面:9 月份销量下降了一半,10 月份销量再下降一半,月销量从 20 万台一下子降到了 2 万台,且回款也出现了重大问题。因此导致爱多集团开始在资金链方面出现问题,这也是爱多由兴盛走向衰落的关键转折点。

面对这种情况,爱多出台"阳光行动 B 计划",决定自 1997 年 11 月 1 日起,爱多公司以更有竞争力的价格为消费者提供更好的产品,全面调低价格,最高降幅达 500 元;同时计划建立"爱多阳光服务网络",自 1998 年开始,陆续向广大爱多 VCD 产品用户推出增值服务,节省爱多用户在购买软件时的支出。照此计划实施,爱多做 VCD 已是微利或几乎无利润可言。由此,爱多公司开始断货,欠经销商的债务就达 8000 万元。真可谓:成也定价,败也定价。由此可见,价格策略的好坏关系到一个企业的兴衰。

分析:

(1) 爱多 VCD 的价格先降后升再降,你认为这种做法合理吗?

(2) 除了价格,爱多 VCD 还有哪些优势?你认为爱多失败的根本原因是什么?

(3) 谈谈你对目前中国家电市场"价格战"的看法。

2. 一个珠宝定价的有趣故事

位于深圳的异彩珠宝店,专门经营由少数民族手工制成的珠宝首饰。位于游客众多、风景秀丽的华侨城(周围有著名的旅游景点:世界之窗、民族文化村、欢乐谷等),生意一直比较稳定。客户主要来自两部分:游客和华侨城社区居民(华侨城社区在深圳属于高档社区,生活水平较高)。

几个月前,珠宝店店主易麦克特(维吾尔族)进了一批由珍珠质宝石和银制成的手镯、耳环和项链的精选品。与典型的绿松石造型中的青绿色调不同的是,珍珠质宝石是粉红色略带大理石花纹的颜色。就大小和样式而言,这一系列珠宝中包括了很多种类。有的珠宝小而圆,式样很简单,而别的珠宝则要大一些,式样别致、大胆。不仅如此,该系列还包括了各种传统样式的由珠宝点缀的丝织领带。

与以前的进货相比,易麦克特认为这批珍珠质宝石制成的首饰的进价还是比较合理的。他对这批货十分满意,因为它比较独特,可能会比较好销售。在进价的基础上,加上其他相关的费用和平均水平的利润,他定了一个价格,觉得这个价格应该十分合理,肯定能让顾客觉得物超所值。

这些珠宝在店中摆了一个月之后,销售统计报表显示其销售状况很不好,易麦克特十分失望,不过他认为问题的原因并不是在首饰本身,而是在营销的某个环节没有做好。于是,他决定试试在中国营销传播网上学到的几种销售策略。比如,令店中某种商品的位置有形化往往可使顾客产生更浓厚的兴趣。因此,他把这些珍珠质宝石装入玻璃展示箱,并将其摆放在该店入口的右手侧。可是,他发现当位置改变之后,这些珠宝的销售情况仍然没有什么起色。他认为应该在一周一次的见面会上与员工好好谈谈了。他建议销售小姐花更多的精力来推销这一独特的产品系列,并安排了一个销售小姐专门促销这批首饰。他不仅给员工们详尽地描述了珍珠质宝石,还给他们发了一篇简短的介绍性文章以便他们能记住并介绍给顾客。不幸的是,这个方法也失败了。就在此时,易麦克特正准备外出选购产品。因对珍珠质宝石首饰销售下降感到十分失望,他急于减少库存以便给更新的首饰腾出地方来存放。他决心采取一项重大行动,选择将这一系列珠宝半价出售。临走时,他给副经理匆忙地留下了一张字条。告诉她:"调整一下那些珍珠质宝石首饰的价格,所有都×1/2。"

当他回来的时候,易麦克特惊喜地发现该系列所有的珠宝已销售一空。"我真不明白,这是为什么",他对副经理说,"看来这批首饰并不合顾客的胃口。下次我在新添宝石品种的时候一定要慎之又慎"。而副经理对易麦克特说,她虽然不懂为什么要对滞销商品进行提价,但她惊诧于提价后商品出售速度惊人。易麦克特不解地问:"什么提价?我留的字条上是说价格减半啊。""减半?"副经理吃惊地问,"我认为你的字条上写的是这一系列的所有商品的价格一律按双倍计"。结果,副经理将价格增加了一倍而不是减半。

分析:

(1)请解释这种情况下发生了什么事情,为什么珠宝以原价2倍的价格出售会卖得这么快?

(2)心理定价法的观念对易麦克特有什么帮助?你在未来的定价决策方面会给易麦克特提出什么建议?

(3)还有哪些情况下可能会发生这样"因提价而畅销"的有趣故事?易麦克特的故事对你有何启示?

(4)如果你的对手突然大幅降低价格,你会如何应对?如果你的对手作了较大幅度的提价,你又会如何应对?

第八章

渠道策略

　　企业如何把自己生产的产品快速、经济、有效地提供给消费者,这是摆在每一个企业面前的重要课题。谁能以最有效的方式,最经济的手段将自己的产品呈现在消费者面前,谁就能在激烈的竞争中占据主动地位。因此,企业必须认真研究和设计自己产品的分销渠道。只有选择合理的分销渠道,配置好中间商,保证产品及时销售出去,才可能获取大规模分销的经济利益,提高产品的市场竞争力。

营销名言

商业的本质,不是一部分人得到利益,而另一部分人得不到,而是价值链上的每个环节都有利可图,否则,商业就失去了存在的根基。

——张武力

引导案例

诺基亚"拒卖"风波背后:渠道反水,还是市场脱节

2009年6月10日,在山东济南,有40家经销商联合起来抵制销售诺基亚手机,甚至挂出了"拒卖诺基亚"的横幅;12日,上海地区的诺基亚经销商集体开会,与诺基亚上海FD(地区分销商)商讨如何应对诺基亚针对窜货的巨额罚款政策。

"当然不会不卖诺基亚了,但再这样下去,我只能减少诺基亚的出货,以后多卖其他品牌就是了",北京的赵科(化名)谈到此事时很无奈地说。赵科的公司销售诺基亚手机已经有八年的时间,在北京有三个店面专门销售各种手机和相关产品,2009年1~4月,因为窜货等原因,赵科的公司总共被诺基亚北京FD罚款了三次,每次金额都有数千元,总金额则接近万元。

面对这样的局面,诺基亚中国区相关负责人对网易科技表示,拒售诺基亚产品的所谓窜货商在诺基亚分销渠道之外,"他们属于下游经销商,而这些经销商与诺基亚没有任何合同关系,也没有买卖关系,诺基亚不会与其有任何正式的谈判"。

"实际上诺基亚是需要对这些经销商负责的,这类事情我们也遇到过,只是诺基亚控制渠道的能力太强大了,但现在渠道已经开始集体出现反弹了",诺基亚的竞争对手之一、某全球一线手机厂商销售代表钱林(化名)对网易科技表示,"渠道之争永远是推力和拉力的博弈,归根结底还是利益之争"。

孙斌就职的公司是诺基亚在中国市场的一家全国分销商,"FD和我们最大的不同,就是只能在指定的省市内销售,如果它的货被发现卖到了其他省市,一旦被发现,就会被诺基亚罚款,FD一般都会把这种风险转嫁到下游的二、三线经销商头上,据我所知,现在反水的都是二、三线经销商,一个巴掌拍不响,谁都有责任",孙斌对网易科技表示。

"诺基亚每个月会给各级分销商制定严格的任务,为了完成任务,经销商会提出促销方案,并从诺基亚获得每月2万~3万元的市场活动经费,诺基亚是希望组织市场促销活动,比如买手机赠小礼物的方式来完成销量,但很多FD会把这些经费直接折算到产品价格中,低价就能更快出货,完成了任务就能拿到月末返点,有的时候,甚至会一部手机比提货价便宜200~300元。"孙斌说。

"低价总是有竞争力的,FD分给他下面二、三级经销商的任务难免会有些被销售到其他省份,一旦被抓住,不但返点没了,诺基亚还要向FD罚款,FD只好向他的下家罚款了",孙斌说,"市场的需求总是流动的,很可能这个月某个省就会有一批手机需要集体采购送礼,当地FD如果不降价,跨省采购低价的手机就是了,这之中一旦少量手机流入市场被诺基亚抓到,经销商要面临的就是罚款了。"

但是,不制止窜货的肆意蔓延,就无法保证正规经销商的利益,也无法保证诺基亚品牌在消费者中的声誉。从规范渠道的角度看,诺基亚对渠道的高压政策并非没有道理。但诺

基亚在中国发展了24年，渠道发展已经相当成熟，为什么近期却频频遭遇非常事故？有业内人士分析：除了普遍的市场不景气这个巨大外因之外，主要问题有三点：一是其市场发展策略可能脱离了现实，在市场低迷、竞争加剧的时候，诺基亚对各级经销商销量的增长要求可能超出了市场需求，导致压力下导、动作变形；二是水货的泛滥表明其产品策略也出现了问题；三是巨大的反弹表明诺基亚在处理上下游利益关系上出现了问题。

"我们要做的就是保证正规的渠道和整个产业链的健康发展。"在接受《中国新时代》专访时诺基亚全球副总裁邓元告诉记者。审货并不会给诺基亚带来直接损失。在诺基亚复杂的销售渠道中，除了FD模式（省级直控分销），诺基亚还拥有直供零售商、全国代理商、自建专卖店等模式。审货对FD、直供零售商等各种渠道都可能造成冲击，进而威胁整个渠道体系的健康。

对于渠道管理先行者的诺基亚而言，有待解决的问题也许还很多。审货事件及时地提醒了诺基亚，诺基亚在中国的渠道策略需要进一步变革，以不断适应手机和移动互联市场发展的需要。对此，诺基亚也表示与授权经销商始终保持着紧密的沟通，并不断努力，深化合作。不过，审货行为却可能破坏诺基亚的这一努力。

"一直以来，我一再强调，要把审货管理、渠道管理放在一个很重要的位置。近段时间，有很多关于诺基亚在渠道管理方面不好的报道。但在我和迪信通、国美、苏宁这些正规渠道商交流后，得到的信息是，目前整体的环境是健康的。"邓元显得信心十足。

（资料来源：中国企业家，2009年6月20日）

思考：

诺基亚的经销商为什么拒卖诺基亚手机？诺基亚和其经销商的合作状况如何？诺基亚需要变革自己的销售渠道吗？

第一节 分销渠道的类型与选择

▶ 一、分销渠道的内涵

所谓分销渠道也叫"销售渠道"，是指产品或服务从企业向消费者转移过程中，所有取得产品所有权或协助产品所有权转移的组织和个人。它主要包括批发商、零售商、代理商，以及处于分销渠道起点和终点的企业与消费者。处于分销渠道两端的生产者和消费者及各种职能的中介组织被统称为渠道成员，渠道成员可以是企业，也可以是个人，它们共同的职责是帮助制造商转移产品的所有权。

现代企业都十分重视分销网络建设，已经不是简单地从产品转移的通道去思考分销问题，而是从企业整个营销体系运作系统来构思渠道建设，从商流、物流、货币流、信息流、促销流，如图8-1所示来构思制造企业与消费者（客户）之间的通道，从而提高企业整体的运作能力，达到提高企业竞争力的目的。

商流亦称所有权流，是指产品从生产领域向消费领域转移过程中的一系列买卖交易活

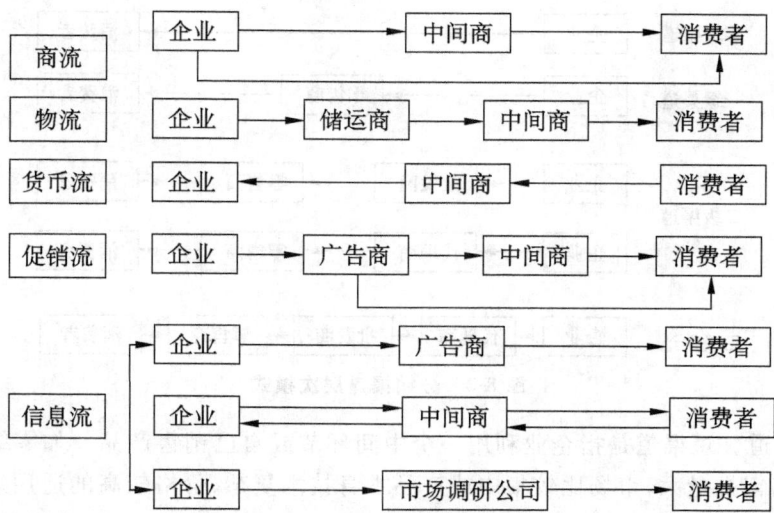

图 8-1　分销渠道的五大流程

动。在这一活动中,实现的是产品所有权由一个机构向另一个机构的转移。物流也称实体流,是指产品从生产领域向消费领域转移过程中的一系列产品的运动。货币流亦称付款流,是指产品从生产领域向消费领域转移的交易活动中所发生的货币运动。促销流本质上是一种信息沟通,是指企业为了产品销售,通过广告宣传、营业推广等促销活动对顾客施加影响的过程。信息流是指产品从生产领域向消费领域转移过程中所发生的一切信息收集、传递和加工处理活动。

二、分销渠道的类型

分销渠道按照不同的标准可以分为不同的类型。

1. 直接渠道和间接渠道

在产品从生产到消费的流通过程中,按是否有中间商介入,可将分销渠道分为直接渠道和间接渠道。

(1) 直接渠道。直接渠道又叫零级渠道,是指产品从企业流向最终消费者的过程中不经过任何中间商转手的分销渠道。直销渠道是最简单、最直接的渠道,是工业品分销采用的主要类型。大型机器设备、专用工具以及技术复杂、需要提供专门服务的产品,几乎都采用直接渠道销售。

(2) 间接渠道。间接渠道是指企业通过若干中间环节,把产品销售给最终消费者或用户的渠道类型。绝大部分生活消费品和部分生产资料都是采取这种分销渠道的。大多数企业缺乏直接开展市场营销的财力和经验,而采用间接渠道,利用中间商的销售网络、业务经验、专业化和规模经济优势,通常会使企业获得高于自营销售网络所能获取的利润。

2. 长渠道和短渠道

根据中间环节层次的多少划分,分销渠道可分为长渠道和短渠道。分销渠道的长度是指产品从企业到最终消费者的转移过程中所经历的中间环节数,分销渠道层次模式如图 8-2 所示。

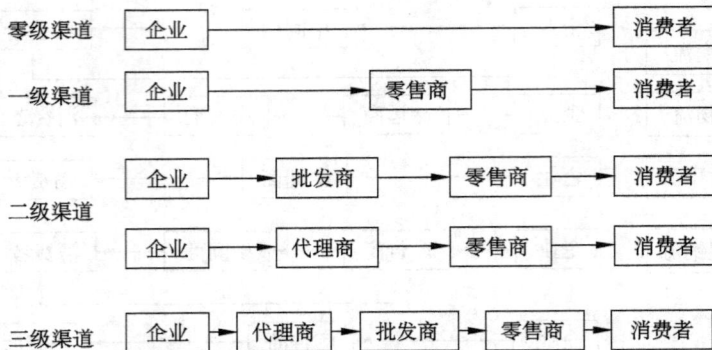

图 8-2　分销渠道层次模式

（1）短渠道。短渠道是指企业利用一个中间环节或自己销售产品。如零级渠道和一级渠道。一般销售批量大，市场比较集中或产品本身技术复杂、价格较高的适用短渠道。短渠道可以使商品迅速到达消费者手中；市场信息反馈及时，有利于开展售后服务；有利于节省费用开支，降低产品价格。但不足之处是企业承担的商业职能太多，往往难以大规模拓展市场。

（2）长渠道。长渠道是指企业利用两个或两个以上的中间商，把产品销售给消费者。如二级渠道或三级渠道。一般销售量较大、销售范围广的产品宜采用长渠道，通过批发商或代理商，再由零售商销售给消费者。长渠道可以充分发挥各类中间商的优势，高效开拓市场并分散经营风险。但长渠道比较突出的缺点是中间环节多，市场控制性差，产品成本增加，容易失去价格优势。

3. 宽渠道和窄渠道

根据同一层次中间商的多少划分，分销渠道可分为宽渠道和窄渠道。当企业将产品销向一个目标市场时，分销渠道的宽度就取决于企业选择同种类型中间商数目的多少。根据宽度的不同选择，可以形成以下三种方式与策略，如表 8-1 所示。

表 8-1　分销渠道宽度的三种方式比较

对比项目	密集分销	选择分销	独家分销
渠道的长度、宽度	长而宽	较短而窄	短而窄
中间商数量	尽可能多的中间商	有限的中间商	一个地区一个中间商
销售成本	高	较低	较低
宣传任务承担者	生产者	生产者、中间商	生产者、中间商
商品类别	便利品、小用品	选购品、中档商品	高价品、特色商品
商品举例	饮料、报纸、鲜花、小五金、水果	计算机、手机、布匹、中档服装	钢琴、轿车、建材、大型设备、珠宝

（1）密集分销。密集分销也称广泛分销，是指企业尽可能多地通过较多的中间商分销其产品，以扩大市场覆盖面，方便消费者购买。但是，企业为此付出的销售成本较高。

（2）选择分销。选择分销是指在一个目标市场上，企业依据一定的标准选择少数中间商销售其产品。这种方式有利于企业借助中间商的信誉和形象提高本产品的形象与推广力度。但是，信誉和形象好的中间商往往要求的折扣也会比较大。

（3）独家分销。独家分销是指企业在某一地区仅选择一家中间商分销其产品。生产者采取这一策略可以得到中间商最大限度的支持，如价格控制、广告宣传、信息反馈、库存等。其不足之处是产品销售的市场面狭窄，不便消费者购买；而且当生产者过分依赖中间商时，就会加大企业企业的经营风险。

4. 单渠道和多渠道

根据企业采用分销渠道类型的多少，分销渠道可分为单渠道和多渠道。

（1）单渠道。单渠道系统是指企业只通过一条分销渠道销售产品。

（2）多渠道。多渠道系统（复式渠道和混合渠道）是指企业对同一或不同细分市场，同时采用多条渠道的分销体系，并对每条渠道或至少对其中一条渠道拥有较大控制权。多渠道系统的形式主要有：①企业通过两条以上的竞争性分销渠道销售同一商标的产品；②企业通过多条分销渠道销售不同品牌的竞争性产品；③企业通过多条分销渠道销售服务内容与方式有差异的产品，以满足不同消费者的需求。

在现代企业产品分销中，越来越多的企业愿意采用复式渠道。因为这种渠道形式能有效地扩大市场面，增强企业竞争力。例如，许多家电产品的分销，既采用直接渠道（建立自己的销售机构或专卖店），又同时采用间接渠道（通过百货公司、大型家电零售连锁店、大型超市等）来销售产品。

案例分析

娃哈哈的渠道多元化营销

娃哈哈堪称由单一化渠道成功转型多元化渠道战略的典范。公司创立之初，限于人力和财力，主要通过糖烟酒、副食品、医药三大国有商业主渠道内的一批大型批发企业，销售公司第一个产品儿童营养液。随着公司的稳健发展和产品的多元化，其单一渠道模式很快成为企业的销售瓶颈，娃哈哈开始基于"联销体"制度（联销体制度是娃哈哈和代理商之间建立的一个共同经营产品的渠道体制，从厂家、经销商到终端每个环节的利益和义务都会得到明确）的渠道再设计：首先，娃哈哈自建销售队伍，拥有一支约2000人的销售大军，隶属公司总部并派驻各地，负责厂商联络，为经销商提供服务并负责开发市场、甄选经销商；其次，娃哈哈在全国各地开发1000多家业绩优异、信誉较好的一级代理商，以及数量众多的二级代理商，确保娃哈哈渠道重心下移到二、三线市场。这充分保证了娃哈哈渠道多元化战略的实施。娃哈哈针对多种零售业态，分别设计开发不同的渠道模式：对于机关、学校、大型企业等集团顾客，厂家上门直销；对于大型零售卖场及规模较大的连锁超市，采用直接供货；对于一般超市、酒店餐厅以及数量众多的小店，由分销商密集辐射。这种"复合"结构，既能够有效覆盖，又能够分类管理，有利于在每种零售业态中都取得一定的竞争优势。

营销启示

从娃哈哈的案例中可以看出，渠道多元化是实施企业战略多元化的必然结果，也是企业生命周期发展的必然阶段。娃哈哈渠道多元化战略对于公司的快速发展功不可没。

渠道多元化、扁平化已成为本土企业发展和促进销售的必然格局。在竞争日益激烈、买方驱动的市场中，企业不仅应通过渠道扁平化获取成本优势，还必须通过实现渠道多元化来加强对目标市场的了解和控制，增强企业的竞争能力。

▶ 三、分销渠道的选择

影响分销渠道的因素很多,企业在决定选择分销渠道前,应对产品、市场及企业自身各种因素进行分析,以便做出正确的选择。

1. 产品因素

(1) 产品的属性。产品具有物理化学性质,体积大、较重、易腐烂、易损耗的产品应尽量避免转手过多,反复运输和搬运,适用短渠道或采用直接渠道、专用渠道;反之,适用长渠道。

(2) 产品的价格。一般而言,商品单价越小,分销渠道一般宽又长,以追求规模效益。价格昂贵的工业品、耐用消费品、享受品,一般需要较多的售后服务,不宜经过太多的中间商转手,应尽量采用短渠道策略。

(3) 产品的标准化程度。产品的标准化程度越高,采用中间商的可能性越大。例如,毛巾、洗衣粉等日用品,以及标准工具等,单价低、毛利低,往往通过批发商转手。而对于一些技术性较强或是一些定制产品,如大型机电设备,企业要根据顾客要求进行生产,一般由生产者自己派员直接销售,其分销渠道一般都是短而窄的。

(4) 产品的时尚性。对时尚性较强的产品(如时装),消费者需求受市场变化影响很大,要尽量选择短渠道策略,以免错过市场时机。

(5) 产品的生命周期阶段。新产品试销时,企业应选择最短渠道策略,以探索市场需求,尽快打开新产品的销路。当产品进入成长期和成熟期后,随着产品销量的增加,市场范围的扩大,竞争的加剧,企业可采用长而宽的渠道策略。产品在衰退期时,企业通常应缩减分销渠道,以减少经营损失。

2. 市场因素

(1) 市场范围的大小。一般情况下,顾客分布广泛,产品的销售范围大,就要多利用中间商,其渠道往往是长而宽的。如果产品销售范围很小,或就地生产就地销售,则由生产者直接销售或通过零售商销售。

(2) 目标市场的集中程度。如果某种产品的销售市场相对集中,只是分布在某一个或少数几个地区,生产者可以直接销售,采用短而窄的分销渠道;反之,如果目标市场分布广泛,分散在全国乃至国外广大地区,产品的销售则要选择长而宽的分销渠道,需要经过一系列中间商方能转售给消费者。

(3) 消费者的购买习惯。一些日用生活必需品,消费者数量大,购买频率高,顾客喜欢随时就近购买,企业应尽量多采用中间商扩大销售网点,其分销渠道应长而宽。对于一些耐用品,企业一般只通过少数几个信誉好的中间商去销售产品,其分销渠道可以短而窄。

(4) 竞争者的分销渠道

一般情况下,企业要尽量避免和竞争者使用相同的分销渠道。如果自己的产品比竞争者有优势,可选择同样的渠道,以便让顾客进行产品价格、质量等方面的比较。

3. 企业自身因素

(1) 企业的实力和声誉。企业实力雄厚,声誉良好,就可以自由选择分销渠道,甚至还可以建立自己的销售网点,自行销售。如果企业财力微薄或是声誉不高,则必须依赖中间商提供服务。

(2)企业的销售能力和经验。通常,企业具有丰富的销售经验,有足够的销售力量和储运与销售设施时,采用短渠道策略,可以自己组织产品销售。而销售能力和经验较差的企业一般将产品的分销工作交给中间商去完成,自己则专心于产品的生产。

(3)企业的服务态度和能力。如果生产商愿意并有能力为最终消费者提供很多服务项目,如维修、安装、调试、广告宣传等,则可以取消一些中间环节,直销到顾客手中,可以采用短而窄的分销渠道。如果企业服务能力难以满足顾客需求,则应发挥中间商的作用,选择较长而宽的分销渠道。

(4)企业控制渠道的愿望。生产者为了实现其战略目标,往往要求对分销渠道实行不同程度的控制。如果控制愿望强烈,往往选择短而窄的渠道;如果控制愿望不强烈,则选择长而宽的渠道。

4.外界环境因素

(1)区域经济形式。经济形势会直接影响分销渠道的选择,如经济萧条、市场疲软时,企业通常会尽量缩减不必要的环节,采用短渠道降低流通费用,以便降低售价。经济形势好时,则可以考虑长而宽的分销渠道。

(2)国家的政策法规。国家有关的政策法令,对分销渠道也会造成直接影响。如国家实行计划控制或专卖的产品,其分销渠道往往是长而单一的《反垄断法》的制定与实施,会限制垄断性分销渠道的发展。

5.中间商因素

中间商因素包括:合作的可能性——如果中间商不愿意合作,只能选择短、窄的渠道;费用——利用中间商分销的费用很高,只能采用短、窄的渠道;服务——中间商提供的服务优质,企业宜采用长、宽渠道。

第二节　中间商分析

中间商是指在企业与消费者之间,专门从事产品流通活动的经济组织或个人,或者说是企业向消费者出售产品的中间机构。综合其在产品流通中所起的作用和性质不同,可分为批发商、零售商和代理商。

▶ 一、批发商分析

批发商是指为转售或其他商业用途而专门从事批发交易的商业组织或个人。批发商吞吐量大,专业性强,它是生产者与零售商之间的桥梁,其交易的对象是零售商。

按照经营业务范围,可以把批发商分为专业批发商、综合批发商和批发交易市场。

1.专业批发商

这类批发商的专业化程度高,专营某类商品中的某个品牌。如在食品行业中专营罐头食品。这种批发商通常最接近制造商,是第一道大宗货物单一品种的批发商。他们将不同生产企业制造的同类产品集中起来,再按不同地区客户的需要批发出去。这种批发商经营商品范围虽然窄而单一,但业务活动范围和市场覆盖面却十分大,一般是全国性的。如商品粮批发商、石油批发商、木材批发商、纸张批发商、金属材料批发商、化工原料批发商、矿产品批发商等。

2. 综合批发商

这类批发商经营的商品范围较广、种类繁多,包括纺织品、文化用品、小五金、小电器、洗涤、化妆品等。这种批发商能适应各种综合性零售商店的进货需要。如今,这种批发商呈现递减的倾向,逐渐向经营商品专业化方向转化。尤其在五金、运动器械、医疗设备、农机等商品上,这种转化倾向特别突出。

3. 批发交易市场

批发交易市场是介于零售业和批发业之间的一种经营业态,它以批发价格对商品进行批量交易。批发市场按其交易特点,在我国习惯分为三种类型:①产地批发市场。这种类型的批发市场设在产品生产地区,多是农村专业化生产和乡镇工业发达地区,参加交易的人员主要是生产者和贩运者。如蔬菜、水产、水果、禽蛋等批发市场。②销地批发市场。这类批发市场是为了适应消费者生产需要和生活需要而兴起的,参与交易的人主要是贩运者,也有消费者。③集散地批发市场。这类批发市场主要靠吸引外来产品,然后分流到其他地方去,参加交易活动的主要是生产者、贩运者和生产地区厂家的推销人员等。如南京的金盛装饰城、金桥市场、银桥市场等交易批发市场。

▶ 二、零售商分析

零售商是指把商品直接销售给最终消费者的中间商。零售商销售商品的数量比较少,但销售频率高;零售商数目众多,分布广泛,经营方式变化快,是一个庞大的行业,因此,对零售业态的分析是企业选择分销渠道的研究重点。

1. 有店铺零售

(1)专业商店。通常只经营一类或相关性较强的几类商品,或专门针对特殊消费群体进行销售的商店。如花店、钟表店、服装店、体育文化用品店、家具店等。专业商店的经营要求具有较高的专业知识和操作技能,销售与服务密切结合,能为消费者提供特殊的服务。

(2)百货商场。这是一种大型零售商店,其特点是经营产品的范围广泛、种类繁多、规格齐全,能够满足消费者多方面的购买需要。大型百货商场装饰豪华,一般位于城镇交通中心和商业中心,主要服务对象是中产阶级以上的顾客。

(3)超级市场。顾客自我服务的零售商店,又称为"自选商店"。超级市场通常规模很大、薄利多销,采用自助的服务方式,主要经营各种食品、家居日常用品等,品种齐全,特别适合购买频率高、易耗类的消费品。其特点是消费者自取自选、定量包装、预先标价、顾客出门时一次交款,因而可以节约售货时间、节约成本、避免或减少消费者与售货员的矛盾。

(4)便利商店。便利店往往设在居民区周围,以经营小型日用品和生活用品为主,如饮料、食品、日用杂货、报纸杂志等。便利店商品品种有限,价格偏高,但设点遍布城乡街道,营业时间长,方便消费者补缺购买。

（5）折扣商店。折扣商店也叫廉价商店，商品以低价销售，销售的产品多数是知名度较高的品牌，但因店址选在租金低的次要商业街区，内部设施简单，而且采取自助式售货，提供的服务很少，所以商品价格低于一般商店的 10%～40%。

（6）仓储商店。一般坐落在市郊地区，规模很大，内部装饰简单，商品成堆摆放，像个大仓库，如麦德龙购物中心。仓储式商店可以是一个大型超市，也可以是一个专业商店，如建材商场。这类商店以零售的方式运作批发，追求薄利多销，又称量贩商店，通常采取会员制销售来锁定顾客。

（7）购物中心。购物中心是现代零售业的一种经济类型。它大多是由房地产商或房地产商与大型零售商店合资开发的一整套商业设施，然后租赁给其他零售商经营。其主要特征是在同一个屋檐下，容纳了众多类型的商店、快餐店、餐饮店、美容、娱乐、健身、休闲等，功能齐全，是一种超巨型的商业零售模式。

2. 无店铺经营

（1）人员推销。这是一种古老的零售方式。推销人员可以直接和顾客深入交流，增加销售的机会。这种方式特别适用于新产品的推广。著名的雅芳公司就是这种销售方式的典范。如雅芳公司推广其"家庭主妇的良友、美容顾问"概念，在全世界约有 100 万名直销代表，年销售额超过 20 亿美元，成为世界上头号直销商。

营销思考

何谓直销，何谓传销

直销是一种没有在固定零售点进行的面对面销售。它不受时间与空间的限制，随消费者与直销商的方便，在任何时刻、地点都可进行；而且由直销商针对客户的需求提供产品或服务的信息，使消费者对产品或服务有充分的了解。

直销有两种形式。一种是单层次直销，即公司通过直销员直接对顾客进行销售。目前比较多的直销就是这种单层次直销，如公司派人员上门推销等。

另一种是多层次直销，也称为传销，它是依靠会员（传销商）以销结网、以网促销、按绩效分层分享利润的直销方式。传销公司通过多层、独立的直销员来销售或提供产品或劳务。每一个直销员除了自己推销产品赚取差价以外，还可以推荐和训练一些新的直销员来建立销售网，并从所建立的销售网销售中获得一定比例的报酬。每一个新进的直销员可以沿此模式建立自己的销售网，这样不断扩大形成庞大的传销网络。如安利公司（Amway）征集独立商人作为其产品的分销商，再由他们去征集下一层分销商并销售产品，在中国广泛开展业务。但在我国，传销由于强烈的利益驱动被一些人滥用，成了"老鼠会"。"老鼠会"是亚洲各国对非法传销的俗称。"老鼠会"立足于短期利益，靠高额拉人头费形式搞传销，扰乱经营，损害下线及消费者利益。所以，我国现行法律严禁传销活动。

（2）直复营销。直复营销是在邮购基础上发展起来的一种新型销售方式，它主要利用大众媒体来实现直接销售的目的。直复营销者利用广告介绍产品，消费者可写信或打电话订货。订购的产品一般通过邮寄交货，用信用卡付款。直复营销的传统形式主要有邮购目录、直接邮寄、电话营销和电视营销。随着经济与技术的进步，网络已成为直复营销的最佳工具。今天，邮购与电话订购、电视购物、网上购物等方式，已逐步渗入当今消费者的生活，并逐渐成为主流。

营销思考

电视购物,我们应不应该相信你

2007 年 7 月 13 日,"劳斯丹顿,手表中的劳斯莱斯,全中国档次最高的手表品牌,其他品牌统统退避三舍"。一个嘶吼的"男高音"回荡在深夜的电视荧屏上。在广告里,若干劲爆的字眼反复跳跃——"100%瑞士机芯"、"100%南非真钻"、"法国蓝宝石水晶镜面"、"限量 66块"、"400 多颗水晶钻"、"全国最低价"等。这些其实很多都为虚假夸大。

下面就来看看某台记者走访了解到的一些实情。记者走访多家世界名表及钻石专卖店,老师傅们连连称奇:"世界名表里,有劳力士和江诗丹顿,但从来没听过劳斯丹顿。"

所谓的"瑞士机芯"只要 10 美元?

业内人士透露,只凭"瑞士"两个字,不能完全代表手表品质。"有的便宜货,机芯进价只要 10 美元,只能用 10 多年。高质量的瑞士机芯,能用 100 年,价格至少上万元。"

蓝宝石水晶镜面也有假?

广告里称,劳斯丹顿采用法国顶级蓝宝石水晶镜面,无论如何也刮不花。他还当场拿出小刀用力刮蹭,甚至搬出电钻,以证明表面的"金刚不花之身"。

一名业内人士介绍:在高档名牌手表中,蓝宝石水晶镜面较常见,特点是耐磨。"尽管耐磨损,但是否耐冲击还要看实际情况。如果从高处摔落,也可能会损坏。"广告宣传的劳斯丹顿经典真钻手表,售价 2980 元,但"单配一块蓝宝石水晶镜面,开价约 2000 元",更何况是"法国顶级"产品。

0.061 克拉的碎钻不值钱?

某品牌钻石经销商介绍:0.06 克拉,这么小的碎钻,就像垃圾,不值钱,我们根本不卖。11×0.06 克拉不就相当于 0.66 克拉吗?这不是一码事,钻石越大越值钱。11 颗 0.06 克拉的钻石,价值只相当于 1 颗 0.66 克拉钻石的几十分之一。

66 块限量手表卖不完?

对于广告中所谓的"限量",其实会随播放次数的增加而增加。并非 66 块,而是 $N×66$块。N 代表播放的次数,循环播放,自然卖不完。

水晶钻不是"钻"?

在劳斯丹顿手表中,有一款售价较高,达 12 000 多元,一大卖点是"镶有 400 多颗水晶钻"。其实"水晶钻"、"水钻"、"晶钻"等说法,根本站不住脚。"这不是钻石,多半是人工晶体,属于'仿钻石',普通消费者很难用肉眼分辨。"业内人士说。"仿钻石"由模具批量制造,每克拉的成本在 10~50 元,有的甚至是玻璃制品,成本才几分钱。

(资料来源:易索资讯 http://www.isso.com.cn)

(3) 自动售货。自动售货机售货是第二次世界大战后发展起来的一种零售方式。自动售货机被广泛安置在商业中心、工厂、办公室、学校、加油站、街道等地方,昼夜服务,方便购买。它适用于体积小、重量轻、包装标准的商品,如饮料、香烟、报纸、化妆品、光盘等。自动售货机提供的服务越来越多,如投币式自动售票机、新型计算机游戏机和银行的 ATM 自动提款机等。但对消费者来说,机器损坏、库存告罄以及无法退货等也是令人头痛的问题。

（4）购货服务。购货服务是指为特殊用户提供购物指导与服务的一种零售形式，主要服务于学校、医院、政府机构等大单位特定用户。这种单位派采购人员参加一个购货服务组织，该组织与一些零售商订有契约，零售商凭购物证给该组织成员一定的价格折扣。

3. 零售组织

零售组织是以多店铺联盟的组织形式来开展零售活动的。参与组织的商店可以是同一个所有者开办的若干店铺，也可以是不同所有者的若干商店。通过商店之间的联合，可以避免过度竞争，提高零售的规模经济效益，节约成本。

（1）连锁商店。连锁商店是由多个零售销售单位组成，统一店名、统一管理、统一经营的商业组织集团。根据所有权和集中管理程度的不同，连锁店可分为直营连锁店、自愿连锁店和零售合作组织三种。连锁店由于规模大，具有大量采购大量销售的能力，因此可获得规模经济效益。连锁商店管理制度标准化，连锁组织中的各家商店，对产品质量、包装、广告宣传、售货方式等都有统一规定。连锁经营适合所有类型的零售业务，在我国有较大的发展前途。

（2）特许经营。特许经营是指通过签订合同，特许人将有权授予他人使用的商标商号、品牌形象、经营技术等经营资源，授予被特许人使用；被特许人按照合同在统一经营体系下从事经营活动，并向特许人支付特许经营费。特许经营被誉为当今零售和服务行业最有潜力和效率的经营组织形式，特许人和被特许人在保持各自独立性的同时，经过特许合作达到双方获利，特许人可以按其经营模式顺利扩大业务，被特许人则可以降低在一个新领域投资的市场风险。麦当劳和肯德基都是特许经营最典型的例子。

案例分析

过眼云烟的掉渣饼

"忽如一夜春风来，大街小巷饼飘香。"2005年，一种名叫"土家掉渣饼"的食物风靡了大街小巷。这种"中国式比萨"立刻吸引了消费者的目光。到处是长队，到处是饼香，一幅你方唱罢我登场的火热场面。

从2005年5月第一家土家烧饼店"掉渣儿"在武汉注册后的短短几个月内，土家烧饼连锁店就已经蔓延到上海、北京、广州、深圳等十多个城市，大有星火燎原之势。

这些小店制作工作简单，没有统一的LOGO，口味也不尽相同，可以说是鱼目混杂。店名有"掉渣王"、"掉渣饼"、"土家烧饼"、"掉馅王"……都打着"土家风味"的旗号。细心的市民留意一下就会发现虽然大家卖的饼都差不多，但是并不都是一个"东家"。

虽然都卖烧饼，但每个店铺的名称、口味、价格却各不相同。看似火暴的"掉渣饼"却难掩市场极度混乱的真相。在这些店铺中，比较正规的是以加盟的方式开店，但这种情况只存在于"掉渣饼"刚刚流行的时候，后来就很少见了。一位"掉渣饼"店的老板透露，最开始招收加盟商的加盟费是3万元，而一些店铺在做零售的同时，还在大张旗鼓地明码标价转让技术。后来加盟费越来越低，一度只要2000～3000元。网上"500元传授土家烧饼制作技术及提供配方"、"188元出售掉渣烧饼制作秘方"的帖子更是随处可见。正是因为加盟的门槛低，费用也不高，制作技术又简单，两三天就能学会，所以大街小巷出现了许多这种小店。

一家掉渣饼店的老板告诉记者，掉渣饼算上面粉、馅料、纸袋总共成本加起来不到7毛钱。最初就算一天卖1000张，一天纯利已经达到1800元，一个月下来是5万多块钱，扣除各种人工费和其他费用，一个月赚上两三万根本不成问题。这位老板还告诉记者开这种小店最重要的是选址，"最好选在商场、学校、车站、菜场、超市和居民区附近，如果店面地址选得好，有的一个月赚10万元都不成问题"。

但是不到一年，消费者过了新鲜劲儿，最先捧红掉渣饼的那些城市的销量已经大不如前，有的地方还出现了大量闭店的现象。一位掉渣饼店老板告诉记者，刚开店的时候很赚，随着大家蜂拥而至，前后左右都是"掉渣饼"店，收入比以前减少了一半多，有时一天仅卖出几十个烧饼。如今的"掉渣饼"已经消亡殆尽，各地土家烧饼店也大都已经关门歇业。

（资料来源：人在北京网 www.inbeijing.com.cn/）

营销启示

与其他经营方式相比，特许经营是资本扩张的有效手段。在品牌、经营模式、技术专利等方面具有核心竞争力的企业，可以通过特许经营模式，在资本有限条件下，实现迅速扩大市场覆盖面与利润空间的目的。但是，并非有了某一特许的资本，就能通过特许经营财源滚滚；也不是通过签订一纸合约，就能坐收渔翁之利。

掉渣饼的失败与他们在经营上的明显缺陷不无关联。掉渣饼的加盟门槛太低，到处加盟、店面数量过多，缺乏统一管理，导致产品质量良莠不齐，损坏了品牌形象，最终导致连锁经营体系分散瓦解。同样以连锁经营风靡世界的肯德基、麦当劳在发展加盟店时可是慎之又慎。不仅进行严密的市场考察，还对店址周边的行人数量、收入水平、文化程度等进行严格的调研。如此一番运作，谨慎的分析、科学的论证便成为洋快餐行走天下的原因了。

（3）零售商联合体。这种联合主要是由一群独立的零售商按照自愿、互利互惠原则成立的，以统一采购和合作促销为目的的联合组织。有时也可能是由一个批发商倡议所组成的。每一个商店在经济上保持独立，自愿归属一个采购联营组织及管理中心领导，以此来促进销售，增强竞争力。

（4）消费者合作社。这是由消费者自愿出资成立的零售组织，一般由小区居民集资开办商店，对社员采取成本价销售或制定市场价正常销售，年末社员按购物额分红，互利互助。

▶ 三、代理商分析

代理商是指接受企业委托从事销售业务，但不拥有商品所有权的中间商。代理商的收益是从委托方获得销售佣金。代理商与委托方之间不发生商品所有权的转移，双方共同关心的是提高商品的流通速度。

1. 生产商代理商

这种代理商在代理商中所占比例最大。其主要任务是为签约的生产商推销产品，在生产商分配的销售区域内，按与生产商约定的产品价格、订单处理程序进行送货服务。生产商开发新的地区市场时，在潜在购买数量有限、市场分散的地区委托当地代理商去推销，可相对降低成本。

2. 销售代理商

销售代理商通常被授权销售生产商的全部产品，并对交易条件、销售价格有较大影响。

销售代理商在区域上一般也不受限制,而且每一个生产商只能使用一个销售代理商,不得再委托其他代理商,或设置自己的推销机构。因此,销售代理商实际上是委托人的独家全权企业代理商。销售代理商通常规模较大,不仅负责推销,还负责广告促销、参与国内外展销、调查市场需求变化,向生产企业提出改变产品设计、款式、定价等方面的建议。选择销售代理商的企业一般是需要集中全部精力解决生产和技术等问题的企业。

3. 经纪人

经纪人俗称捐客,是指既不拥有产品所有权,又不控制产品实物价格以及销售条件,只是在买卖双方交易洽谈中起媒介作用的中间商。经纪人的主要作用是为买卖双方牵线搭桥,协助谈判,促使交易成交。交易完成后,从交易额中分红或提取佣金。他们不存货,不卷入财务,不承担风险,与买卖双方没有固定的关系。经纪人在保险和证券经营中最为常见。

▶ 四、中间商的评估、选择与激励

1. 中间商的选择评估

分销渠道策略需要对中间商的各种条件与因素综合评估,在评估的基础上慎重选择。

(1)中间商的经营资格。生产企业必须对中间商的各种合法证件认真审核,检查其是否具有国家(或该地区)准许的经营范围和项目,将中间商持有的证件经销登记、复印以备案。

(2)中间商的目标市场。生产企业所要选用的中间商的目标市场要和自身产品的目标市场基本一致。

(3)中间商的销售能力。中间商的市场占有率或覆盖程度要与生产商的既定营销目标相符合。

(4)中间商的专业能力。现代市场营销要求一体化服务,包括运输、安装、调试、保养、维修和技术培训等各项售后服务相结合,这就需要中间商具有经销某种产品必要的专业知识、营销技术和专门设施。

(5)中间商的储运能力。生产商希望中间商具有能更多地担负产品实体的储藏、运输任务的能力,这也是选择中间商的重要条件。

(6)中间商的财务状况。中间商财务状况需要考虑的是固定资产量、流动资产量、银行贷存款、企业间的收欠资金等情况,这关系到中间商能否按期付款,甚至预付款等问题。

除以上六个方面外,生产企业在选择中间商时还应考虑其名声信誉、经营历史、合作态度和发展前景等。

2. 中间商的业绩评价

企业选择中间商之后,还必须定期考核其绩效,以此为依据实行分销渠道的有效控制。对中间商的评估并不仅仅着眼于销售量的分析,一般比较全面的评估应包括以下内容。

(1)检查每位中间商完成的销售量、利润额和变化趋势;

(2)查明哪些中间商积极努力推销本企业的产品,哪些不积极;

(3)检查中间商同时分销多少种与本企业相竞争的产品,其状况如何;

(4)检查中间商能否及时发出订货单,统计每位中间商的平均订货量;

（5）检查中间商为产品定价的合理程度；

（6）检查中间商为消费者服务的态度和能力，以及他们是否令消费者满意；

（7）检查中间商信用的好坏；

（8）检查中间商收集市场情报与提供反馈的能力。

通过上述诸方面的评估，企业可鉴别出那些贡献较大、工作努力的渠道成员，对这些中间商，企业应给予特别的关注，建立更密切的伙伴关系。通过评估也可鉴别出那些不胜任的渠道成员，必要时做出相应调整。

案例分析

市场乱象丛生　汾酒专卖店卖出假酒

走在太原市街头，销售汾酒的店铺林立，"汾酒"、"汾酒竹叶青"、"中华汾酒"、"厂家直销"、"名烟名酒"等招牌五花八门，店面装潢得有模有样，消费者觉得他们应该都是汾酒专卖店。但实际情况并非如此。

"这里是汾酒专卖店吗？"记者到早西门一带标有"汾酒竹叶青"、"中华汾酒"等字样的店铺进行走访时，店员普遍回答"就是汾酒专卖店"。专卖店有什么标志呢？在记者询问的五家店铺中，除一家有《汾酒竹叶青酒专卖店授权书》，一家是直销店外，其余三家都未能出示授权书，更有甚者，指着店内一尊"牧童雕塑"回答："这就是专卖店凭证。"

记者粗略统计，目前，太原市标有"汾酒竹叶青"字样的经销门店至少在百十家上下，而据一家汾酒专卖店负责人介绍，杏花村汾酒销售公司在太原市授权的汾酒专卖店不足20家。

在这些真真假假的汾酒专卖店中，销售假冒汾酒的事情时有发生。2007年国庆节期间，省工商局仅在亲贤街和体育西路就查获假冒汾酒308瓶，共计20多个品种。假冒、侵权汾酒之多由此可见。据一汾酒专卖店经理介绍，汾酒在山西白酒市场的占有率超过80%，同时产品也辐射到陕西、河南等周边市场，竹叶青远销浙江、福建、广东等地区。但2007年以来，河南的汾酒市场被假酒扰乱了，真汾酒的销量一路下滑。汾酒集团如果再不采取有力措施，损失的就不仅是市场份额，还有汾酒的信誉，甚至山西的整体形象。

汾酒市场缘何乱象丛生？多年从事酒品销售的赵经理认为，假冒汾酒泛滥，客观原因是汾酒市场占有率高，销路好自然有人想方设法要假冒，以牟取高额利润。但从主观因素分析，其与汾酒专卖形象的混乱和销售渠道管理的失控有必然关系。

汾酒专卖形象混乱，缺乏从始至终的统一形象，让不少店铺打起擦边球，造成消费者无法辨认，给假货以可乘之机。汾酒集团驻打假办人员说，由于管理跟不上，汾酒专卖店的整体标识包括装饰材料的颜色、字体、徽标等，都被未授权的店铺仿冒。

记者调查，除了外在的形象不统一，内在的销售渠道也缺乏统一管理。眼下，汾酒的许多品种不是企业来运作，而是代理给大经销商（代理商），由代理商进行某个品种的包装、运营。代理商又各自为政，企业缺乏有效的管理。如此一来，各专卖店从同一品种代理商手中拿到的进货价格不一，销量大的专卖店能得到优惠的进货价，利润就高，而销量小的专卖店，则享受不到这种优惠，进货价没优势，经营利润难以保证，部分专卖店就动起歪脑筋，真货、假货都卖，以销售假货的超额利润来填补合法经营的不足。

另外,由于进货价格不统一,窜货现象在所难免,使相当一部分假冒汾酒趁机进入了市场。比如在货物运输途中被不法分子调包,直到运回店里,可能连店主都不知道。而且,所谓的汾酒专卖店进货渠道多而乱,有的还是个人送货上门。一家汾酒义泉涌直销店的负责人说,他们是从厂家直接进货,当然会拒绝送货上门的商贩,但其他冒牌专卖店怎么做,就凭经营者的觉悟了。桃园路一家烟酒店老板坦言,店内老白汾酒的空箱子一个能卖 4 元,有人上门回收,"做假酒的才会使用这些包装箱"。

据汾酒集团打假办人士介绍,以前授权过的汾酒专卖店也要按照新标准执行,对出现过问题的专卖店,不再授权。一家正规的汾酒专卖店负责人向记者诉苦,眼下专卖店只得到一张授权书,而在销售渠道上缺乏企业的有力支持。这方面可以学学茅台与五粮液在渠道专卖管理上的独特经验。比如,茅台在太原仅授权一家专卖店,五粮液在太原只有五家授权专卖店,所有专卖店的进货价格是统一的,厂家统一配货,并严格控制发货量,其他经营者要想拿到茅台、五粮液,只能从专卖店进货,厂家不给个人发货,这种渠道专卖的管理模式,既保证了各专卖店的利益,不至于相互窜货、压价促销,又在渠道上保证了酒品的来源不会假冒。各地专卖店一旦被厂家区域经理发现售假,或者进货来源不明,其专卖资格就会被取消,几十万元的保证金也会被扣除。

与其相比较,汾酒的销售渠道混乱,各品牌代理商可以使用各种方法挤压对方的市场空间,造成汾酒品种的过多、过滥,价格难统一,窜货不可避免。

(资料来源:冯日成等.太原晚报,2008 年 1 月 25 日)

营销启示

专卖店里卖假货,是典型的"挂羊头,卖狗肉",这个案例反映了汾酒集团对中间商选择、监督的薄弱与无效,也反映了该企业公关意识的淡薄。生产者不仅通过中间商销售其产品,而且还要向他们推销其产品和理念,对他们进行必要的监督和激励。否则,一些自我约束差的中间商就会做出不利于生产者的销售行为。因此,汾酒不仅要在外在的形象上做到统一,而且要从销售价格、品质等方面给各经销商以特定的专卖政策,让其有稳定的可持续的生存空间。

3. 督促和激励中间商

企业不仅要选择中间商,而且要经常激励中间商使之尽职。如何处理好产销矛盾,让中间商能努力为企业推销产品,是激励渠道成员的重要任务。企业要尽量避免激励过分(如给中间商的条件过于优惠)和激励不足(如给中间商的条件过于苛刻)两种情况。

(1) 销售权与专营权政策。企业主要从销售区域、授权期限、分销规模(市场占有率等方面的规定)、违约处理等方面加以规定,目的是限定中间商的销售区域和规定分销规模,防止出现窜货或占着市场不开发等现象,同时也要确保中间商在一定范围内的专营权。

(2) 利益保证与适当奖励。这是一种最简单而直接的手段。很显然,如果中间商经销产品的利润不高,他就会缺乏积极性。因此,企业应根据中间商的特点,给予中间商一定的经济鼓励,对于积极合作、业绩显著的中间商,应给予特别折扣、奖金、津贴、荣誉等,以示鼓励。同时,企业还应经常向中间商提供培训、咨询、资金、促销等方面的服务和帮助。如企业经常派人前往一些主要中间商处,协调安排商品陈列,举办产品展览等。

(3) 建立良好的伙伴关系。企业要注意与中间商之间的长期配合,考虑彼此的基本利益需要,建立互助的合作关系。在长期的合作中,互惠互利、共同发展。

第三节 分销渠道的管理

分销渠道管理是指生产企业为实现公司分销的目标,通过对各种渠道类型进行评估,创建全新的分销渠道或改进现有渠道,以确保渠道成员间、公司和渠道成员间相互协调和通力合作。

▶ 一、分销渠道的设计

分销渠道的设计是渠道决策的核心。分销渠道的设计主要包括确定渠道的类型、确定渠道成员的数目、确定渠道成员的权利和责任、渠道方案的评估等内容。

1. 确定渠道的类型

企业分销渠道设计首先要根据营销渠道的目标决定采取什么类型的分销渠道,即要确定采用哪一种或哪几种类型的渠道来分销产品。是派推销人员上门推销或以其他方式自销,还是通过中间商分销。

如果企业决定通过中间商分销其产品,就要对所用中间商的类型进行决策:是批发商还是零售商?什么样的批发商和零售商?用不用代理商?企业可以采用本行业传统类型的中间商和分销渠道,也可以开辟新渠道,选择新型中间商。如新华书店是我国书刊发行的传统渠道。改革开放以后,一些出版社逐渐开辟了邮购、展销、自设读者服务部等新渠道,对扩大书刊发行、加快资金周转起到了不可低估的作用。

2. 确定渠道成员的数目

在确定了渠道类型后,若是用间接渠道和复合渠道等分销产品,企业还面临着确定渠道长度和宽度的决策问题,进而影响中间商的数目。企业选择长而宽的渠道策略,所需中间商的数目肯定较多;企业选择短而窄的渠道策略,所需中间商的数目相对较少,有时候甚至只需要一个中间商,采取独家分销。

3. 确定渠道成员的权利和责任

在确定了渠道的长度和宽度之后,企业还要就价格政策、销售条件、市场区域划分、相互服务等方面明确中间的权利和责任。如对不同地区、不同类型的中间商和不同的购买量给予不同的价格折扣,提供质量保证和跌价保证,以促使中间商积极销售。

为保证分销渠道的畅通与稳定,企业必须制定相应的职责与服务范围,明确企业要为中间商提供哪些方面的服务,承担哪些方面的职责;中间商要为企业提供哪些方面的服务,承担哪些方面的职责。一般情况下,相互的职责和服务内容包括供货方式、促销的相互配合、产品的运输和储存、信息的相互沟通等。

4. 渠道方案的评估

当企业设计了几种渠道方案时,就要对可选择的渠道方案进行评价,挑选出最能满足企业目标的最佳方案。对渠道方案的评估,企业可以从经济性、可控性、适应性三个方面对各种可能的渠道选择方案进行评估和分析选择。

每一种渠道方案都将产生不同水平的销售量和费用成本。因此,在分销渠道评估中,首先应该将分销渠道决策所可能引起的销售收入增加同实施这一渠道方案所需要花费的成本作一比较,以评价分销渠道决策的合理性。分销渠道的控制应讲究适度,应将控制的必要性与控制成本加以比较,以求达到最佳的控制效果。分销渠道的适应性应从地区、时间、中间商方面考虑。这三个标准将影响分销渠道的稳定和良性发展。

▶ 二、分销渠道的管理

1. 渠道管理的具体内容

企业在进行渠道设计之后,还必须对中间商进行选择、激励、评估和调整。具体来说,其内容主要包括以下六个方面。

(1) 供货管理。保证供货及时,在此基础上帮助中间商建立并理顺销售子网,分散销售及库存压力,加快商品的流通速度。

(2) 促销支持。加强对中间广告、促销的支持,减少商品流通阻力;提高商品的销售力,促进销售;提高资金利用率,使之成为中间商的重要利润源。

(3) 服务支持。对中间商负责,在保证供应的基础上,对中间商提供产品服务支持。妥善处理销售过程中出现的产品损坏变质、顾客投诉、顾客退货等问题,切实保障中间商的利益不受无谓的损害。

(4) 订货管理。加强对中间商的订货处理管理,减少因订货处理环节中出现的失误而引起的发货不畅。

(5) 结算管理。加强对中间商订货的结算管理,规避结算风险,保障制造商的利益。同时避免中间商利用结算便利制造市场混乱。

(6) 其他管理。其他相关管理包括对中间商进行培训,增强中间商对公司理念、价值观的认同以及对产品知识的认识。还要负责协调制造商与中间商之间、中间商与中间商之间的关系,尤其对于一些突发事件,如价格涨跌、产品竞争、产品滞销以及周边市场冲击或低价倾销等扰乱市场的问题,要以协作、协商的方式为主,以理服人,及时帮助中间商消除顾虑,平衡心态,引导和支持中间商向有利于产品营销的方向转变。

案例分析

赢在渠道:飞鹤逆势崛起背后的经销商管理体系

新华网北京 6 月 3 日电(程新)　飞鹤乳业前不久公布公司 2009 年第一季度的财报,公司股价在财报公布当日暴涨 54.53%,此后三个交易日内接近翻番。为何一家原本默默无闻的本土乳品企业能在几年前就登陆纽交所,并逆势崛起接连创造股价奇迹? 记者带着这些问题进行了深入调查、采访。

如果说前期的资本运作和成功的牧场战略奠定了飞鹤良好的发展基础,那么渠道战略则是飞鹤短时间内快速腾飞的重要原因。相比国际品牌的高举高打和广告的狂轰滥炸策略,逆势崛起的飞鹤更注重脚踏实地地发展自己的销售渠道。

"我们都是一家人",飞鹤对经销商的定位就是这么亲切而明确。在 2008 年经销商大会上,飞鹤对 2008 年度的"十佳经销商"、"十佳分销商"等优秀经销商、分销商进行了重奖,2 辆奥迪汽车、10辆金杯汽车、40余辆微型面包车及50余台笔记本电脑全部名花有主。获得大奖的大部分经销商与飞鹤有着多年的合作,他们中时间最长的经销商跟飞鹤一起走过了22年。

打造一支强有力的经销商队伍,使其能够与飞鹤共同成长一直是飞鹤长期以来的经营理念。飞鹤经常重金聘请营销界知名专家和学者为经营团队作管理培训,以提高销售体系的整体竞争力。

经销商面对的是飞鹤奶粉的最终客户,飞鹤深知经销商管理的重要,在企业利益和经销商利益发生矛盾的时候,飞鹤毫不犹豫地选择舍弃企业短期利益。每年,飞鹤都会向经销商下达《即将过期飞鹤奶粉产品退货通知》,将全国所有留在经销商手中的即将过期的产品全部回收销毁,仅此一项企业每年就损失达1500多万元。同时,在每次飞鹤奶粉更新包装时,飞鹤都会将所有旧包装产品进行全面回收,以保证消费者在终端购买到的产品的一致性。此举得到广大经销商的一致好评和认可,同时也杜绝了经销商将过期的飞鹤奶粉卖给消费者的可能,因此从未接到飞鹤奶粉的用户买到过期产品的投诉。一个温州商人在得知此举后,毅然变卖房产,加入飞鹤经销商行列,当人们问起原因时,他只说了一句话:"这样的企业,我信得过。"

飞鹤对于经销商的管理不仅仅在于亲情、利益和培训层面,严格的经销商管理制度才是保证飞鹤乳业经销商体系执行力的重要法宝。对于经销商中进行窜货、抛货和虚报市场费用的个别行为,飞鹤乳业制定了强有力的惩罚措施,出现一次处以5万元以上的巨额罚款,出现两次立即取缔经销商资格。这个规定自颁布之日起从来没有动摇过,甚至出现过违规经销商跪地求饶被严词拒绝的事例。除此之外,飞鹤对于经销商的入库、库存、出库、调价、促销等一系列细致有效的管理措施保证了整个飞鹤渠道营销体系的健康有序运转。

(资料来源:新华网,2009年6月9日)

营销启示

飞鹤凭借强大的本土经销商团队的支持,在中国各地的销售业绩突飞猛进。通过培训,飞鹤的渠道成员和飞鹤营销团队的管理人员在管理素养与管理理念方面都得到了巨大的提升。飞鹤的本土经销商团队以及促销员团队,每一个人都深谙当地消费者的心理。通过合理的利益保障体系,飞鹤的渠道成员对企业、对产品、对自己都充满信心。通过严格的管理制度,有效地规范了渠道成员的违规现象,保证了渠道的良性快速发展。

2. 渠道管理的方法

生产企业可以对其分销渠道实行两种不同程度的控制,即高度控制和低度控制。

(1) 高度控制。生产企业能够选择负责其产品销售的中间商类型、数目和地理分布,并且能够支配这些营销中介的销售政策和价格政策,这样的控制称为高度控制。根据生产企业的实力和产品的性质,绝对控制在某些情况下是可以实现的。商务通可以说是近年在中国市场销路大获全胜的奇迹。自从1999年入市以来,采用小区独家代理机制,终端市场区域精耕细作,严格控制销售区域和终端价格,对促销员进行严格的培训和管理,不断淘汰不合格的代理商,只用半年时间,在全国县级市场铺开,销售网点达3000多个。

对特种商品来说,利用绝对控制维持高价格可以维护产品的优良品质形象,因为如果产品价格过低,会使消费者怀疑产品品质低劣或即将淘汰。另外,即使对一般产品,绝对控制也可以防止价格竞争,保证良好的经济效益。

（2）低度控制。如果生产企业无力或不需要对整个渠道进行绝对控制，企业往往可以通过对中间商提供具体支持协助来调动中间商的积极性，以达到控制渠道的目的。这种控制的程度是较低的，大多数企业的控制属于这种方式。

企业可以采取向中间商派驻代表或者与中间商多方式合作等方式来实施低度控制。大型企业一般都派驻代表到中间商中去亲自监督商品销售。生产企业人员也会给渠道成员提供一些具体帮助，如帮助中间商训练销售人员，组织销售活动和设计广告等，通过这些活动来掌握他们的销售动态。生产企业也可以直接派人支援中间商，比如目前流行的厂家专柜销售、店中店等形式，多数是由企业派人开设的。

▶ 三、分销渠道的调整

由于市场变化和合同到期等因素，企业需要根据实际情况、渠道成员的实绩对分销渠道进行结构调整，以保证渠道的畅通和运作的高效率。

1. 增减渠道成员

在分销渠道的管理与改进活动中，最常见的就是增减某些中间商的问题。这是渠道改进和调整的最低层次。在调整时，企业既要考虑这些中间商对企业产品销量和利益的影响，还要考虑可能对企业整个销售渠道会产生什么影响。如生产商决定在某地区市场增加一家批发商，不仅要考虑这样做将为自己增加多少销售额，还要考虑对其他批发商的销售量、成本和情绪会带来什么影响。

2. 增减销售渠道

在增加或剔除个别分销渠道时，首要的问题是对不同的销售渠道的运作效益和满足企业要求的程度进行评价，然后比较不同分销渠道的优劣，以剔除运行效果不佳的分销渠道，增加更有效的分销渠道。如某食品生产商发现其经销商只热衷成人市场的销售而忽视儿童市场，引起儿童食品销路不畅。为了促进儿童食品的市场开发，就需要增加一条新的分销渠道。

3. 变动分销系统

这是企业分销渠道改进中难度最大、风险最大的一项决策，因为这种决策不仅涉及渠道系统本身，而且涉及营销组合等一系列市场营销政策的相应调整。因此，企业在采取这一策略时应进行详细地调研论证，使可能带来的风险损失降到最小。

🔵 营销思考

渠道管理中存在哪些常见问题

1. 渠道不统一引发厂商之间的矛盾

企业应该解决由于市场狭小造成的企业和中间商之间所发生的冲突，统一企业的渠道政策，使服务标准规范。比如，有些厂家为了迅速打开市场，在产品开拓初期就选择两家或两家以上总代理，由于两家总代理之间常会进行恶性的价格竞争，因此往往会出现虽然品牌知名度很高，但市场拓展状况却非常不理想的局面。当然，厂商关系需要管理，如防止窜货应该加强巡查，防止倒货应该加强培训，建立奖惩措施，通过人性化管理和制度化管理的有效结合，从而培育最适合企业发展的厂商关系。

2. 渠道冗长造成管理难度加大

企业应该缩短货物到达消费者的时间,减少环节降低产品的损耗,厂家应有效掌握终端市场供求关系,减少企业利润被分流的可能性。在这方面海尔的海外营销渠道可供借鉴:海尔直接利用国外经销商现有的销售和服务网络,缩短了渠道链条,减少了渠道环节,极大地降低了渠道建设成本。现在海尔在几十个国家建立了庞大的经销网络,拥有近万个营销点,海尔的各种产品可以随时在任何国家畅通地流动。

3. 渠道覆盖面过广

厂家必须有足够的资源和能力去关注每个区域的运作,尽量提高渠道管理水平,积极应对竞争对手对薄弱环节的重点进攻。比如海尔与经销商、代理商合作的方式主要有店中店和专卖店,这是海尔营销渠道中颇具特色的两种形式。海尔将国内城市按规模分为五个等级,即一级是省会城市、二级是一般城市、三级是县级市及地区、四级和五级是乡镇与农村。在一、二级市场上以店中店、海尔产品专柜为主,原则上不设专卖店,在三级市场和部分二级市场建立专卖店,四、五级网络是二、三级销售渠道的延伸,主要面对农村市场。同时,海尔鼓励各个零售商主动开拓网点。

4. 企业不能很好地掌控并管理终端

有些企业自己经营了一部分终端市场,抢了二级批发商和经销商的生意,使其销量减少,逐渐对本企业的产品失去经营信心,同时它们会加大对竞争品的经销量,造成传统渠道堵塞。如果市场操作不当,整个渠道会因为动力不足而瘫痪。在"渠道为王"的今天,企业越来越感受到渠道里的压力,如何利用渠道里的资源优势,如何管理经销商,就成了决胜终端的"尚方宝剑"了。

5. 忽略渠道的后续管理

很多企业误认为渠道建成后可以一劳永逸,不注意与渠道成员的感情沟通与交流,从而出现了很多问题。因为从整体情况而言,影响渠道发展的因素众多,如产品、竞争结构、行业发展、经销商能力、消费者行为等,渠道建成后,仍要根据市场的发展状况不断加以调整,否则就会出现大问题。

6. 盲目自建网络

很多企业特别是一些中小企业不顾实际情况,一定要自建销售网络,但是由于专业化程度不高,致使渠道效率低下;由于网络太大反应缓慢;管理成本较高;人员开支、行政费用、广告费用、推广费用、仓储配送费用巨大,给企业造成了很大的经济损失。特别是在一级城市,厂家自建渠道更要慎重考虑。厂家自建渠道必须具备的一定的条件:高度的品牌号召力、影响力和相当的企业实力;稳定的消费群体、市场销量和企业利润;企业经过了相当的前期市场积累,已经具备了相对成熟的管理模式等;另外,自建渠道的关键必须讲究规模经济,必须达到一定的规模,厂家才能实现整个配送和营运的成本最低化。

复习思考

1. 你是否同意"分销渠道是由一系列中间商组成的"这一说法,为什么?
2. 影响分销渠道策略选择的有哪些主要因素?
3. 试说明批发商、零售商和代理商的区别。

4."分销渠道越多越好"和"渠道越短,所需的中间商功能就越少",这两种观点,你赞成哪一种?

5.如何选择和激励分销渠道中的中间商?

6.企业如何提高对分销渠道的控制力,提高在渠道中的影响力和号召力?

实训练习

1. 请为下列生产商选择分销渠道提出建议。

(1) 一家开发大型网络游戏的公司;

(2) 一家生产男式西装的企业;

(3) 一家生产家用小五金的企业。

2. 进行实地调查,对所选择的行业内企业进行走访,了解其渠道选择、渠道运行、渠道管理的状况,总结走访企业的渠道状况及渠道选择的一般模式,指出所调查企业渠道设计、运行、管理中的问题,针对渠道运行中存在的问题,提出具体的解决措施。

要求:根据班级人数进行分组,每一小组人数以5~8人为宜,小组中要合理分工,分别采集不同的资料和数据,但在之前要统一认识、统一口径、基本统一判断标准;讨论要充分,组长负责最后报告的形成。

案例分析

1. 雅芳直销渠道自我"混战"

2009 年 7 月 1 日,雅芳(中国)黑龙江分公司曝出因涉嫌传销被哈尔滨市工商部门调查,其 12 家专卖店集体要求退货,暴露出雅芳公司在中国市场上以"专卖店+直销员"的模式正经历着市场的考验,也牵出雅芳销售渠道存在内部相互砸价、无序布店的问题,导致其销售渠道自我"混战"。

(1) 产品价格内部"乱战"

"市面上雅芳的产品售价普遍在标价的6~7折,这样的折扣几乎和我们专卖店在公司拿货折扣持平,甚至更低。"一位专卖店店主告诉记者,"加盟时,该地区所属公司为其划分了经销区域,并声明该区域仅设立唯一一家专卖店,以避免同公司经销商相互间的竞争"。

"实际上,在不到一年的时间,我周围马上开起了6家雅芳的'黑店'。"他说,在与未经授权的"黑店"价格竞争中,往往遭到竞争对手砸价,其多次向区域分公司反映,却始终未果。"我的主管还曾经带我到'黑店'放货,价格都在5折左右。"他说,主管的行为让他意识到公司对"黑店"或许是默许的态度。

记者咨询了多名北京、广州市场上的专卖店店主,并联系到要求退货的 12 名哈尔滨专卖店店主代表,他们一致表示,雅芳公司存在为刺激销量而主动发放贷款、抬高专卖店月订货金额,致使专卖店大量积压产品的现象;雅芳公司默许在现存的专卖店周围无序开店,造成其品牌专卖店间加剧同质化竞争;同时,雅芳公司的直销员和专卖店业务冲突,抢食同一市场份额,相互砸价,造成货物积压。

(2) 直营店不断"换血"

据介绍,雅芳公司鼓励专卖店发展直销员,发展的直销员达到一定数量时,雅芳公司会给专卖店每月 2500 元的奖励。同时,直销员须每人每月订购 300 元的货物。如果直销员连续 3

个月销售额达到了600元,雅芳公司还将给直销员所属的专卖店店主每人每月60元的奖励。

同时,专卖店还可发展下线专卖店,可从发展的下线专卖店获得销售额0.6%～1.8%不等的收益。于是,公司对发展下线的奖励政策刺激了专卖店和直销员的增加,而为了追求公司奖励、销售提成,销售渠道间相互砸价现象的出现就不难理解了。

另外,据地方专卖店店主反映,地区分公司经常会自行为专卖店下订单,"比如焕颜新品上市时,公司就要求专卖店购入120瓶"。店主说,公司以提供短期贷款为诱饵,提出店主只需上缴30%的货款就可以提货销售,但实际上,部分认为不能完成120瓶销量的专卖店,也被"自动"生成订单,强行购入新品。

他透露,由于激励发展下线措施,坚持以招揽下线为主营业务的专卖店,不断地冲击销售渠道,专卖店平均一两年就要大"换血"一次。

(3) 倾向发展低成本直销队伍

有业界人士表示,眼下意欲摆脱这样高成本运作的传统销售渠道,雅芳公司也对门店数量减少睁一只眼闭一只眼,并将公司直营的形象门店转手给经销商经营,公司转而大力发展直销模式,回归其最初的以直销员为主的销售渠道。

对此,雅芳方面曾表示,该公司"在成本结构方面,将采取更多举措改善价值链,并大幅削减本年度的非战略性支出。作为扭转计划的一部分,我们在成本转型方面的成功,证明雅芳有能力快速、大胆地把握关键机会"。

(资料来源:任宏. 雅芳直销渠道自我"混战". 北京商报,2009年7月2日)

分析:

(1) "雅芳"采取的"专卖店＋直销员"模式属于什么类型的分销渠道?具有哪些特点?

(2) "雅芳"的渠道管理存在哪些问题?你认为生产厂商与销售商之间的关系怎样才能达到平衡,共同发展?

2. 杭州娃哈哈集团有限公司是目前中国最大的食品饮料生产企业,已形成年产饮料600万吨的生产能力及与之相配套的制罐、制瓶、制盖等辅助生产能力。娃哈哈的产品并没有很高的技术含量,其市场业绩的取得和它对渠道的有效管理密不可分。娃哈哈在全国31个省市选择了1000多家能控制一方的经销商,组成了几乎覆盖中国每一个乡镇的联合销售体系,形成了强大的销售网络。娃哈哈非常注重对经销商的促销努力,公司会根据一定阶段内的市场变动、竞争对手的行为以及自身产品的配备而推出各种各样的促销政策。娃哈哈对经销商的激励采取的是返利激励和间接激励相结合的全面激励制度。娃哈哈通过帮助经销商进行销售管理,提高销售效率来激发经销商的积极性。娃哈哈各区域分公司都有专业人员指导经销商,参与具体销售工作;各分公司派人帮助经销商管理铺货、理货以及广告促销等业务。

娃哈哈的经销商分布在全国31个省市,为了对其行为实行有效控制,娃哈哈采取了保证金的形式,要求经销商先交预付款,对于按时结清货款的经销商,娃哈哈偿还保证金并支付高于银行同期存款利率的利息。娃哈哈总裁宗庆后认为:"这样,我的流动资金十分充裕,没有坏账,双方都得了利,实现了双赢。"

为了从价格体系上控制窜货,娃哈哈实行级差价格体系管理制度。根据区域的不同情况,制定总经销价、一批价、二批价、三批价和零售价,使每一层次、每一环节的渠道成员都取得相应的利润,保证了有序的利益分配。

　　同时,娃哈哈集团与经销商签订的合同中严格限定了销售区域,将经销商的销售活动限制在自己的市场区域范围之内。娃哈哈发往每个区域的产品都在包装上打上编号,编号和出厂日期印在一起,根本不能被撕掉或更改,借以准确监控产品去向。娃哈哈专门成立了一个反窜货机构,巡回全国严厉稽查,保护各地经销商的利益。一旦发现产品编号与地区不符,便严令彻底追查,按合同条款严肃处理。娃哈哈的奖罚制度严明,一旦发现跨区销售行为将扣除经销商的保证金以支付违约损失,情节严重的将取消其经销资格。

　　娃哈哈全面激励和奖惩严明的渠道政策有效地约束了上千家经销商的销售行为,为庞大渠道网络的正常运转提供了保证。面对可口可乐、百事可乐和康师傅、统一的全面进攻,娃哈哈大胆创新,尝试大力开展销售终端的启动工作,从农村走入城市。总裁宗庆后认为,现在饮料企业的渠道思路主要有三种:第一种是可口可乐、百事可乐的直营思路,主要做终端;第二种是健力宝的批发市场模式;第三种是娃哈哈的联销体思路。娃哈哈在品牌、资金方面不占优势,关键就要扬长避短,尽可能地发挥自己的优势,而抑制对方的长处。娃哈哈推出非常可乐,从上市之初就没有正面与可口可乐、百事可乐展开竞争,而是瞄准了中西部市场和广大农村市场,通过错位竞争,借助于强大的营销网络布局,把自己的可乐输送到中国的每一个乡村与角落地带,利用"农村包围城市"的战略在中国碳酸饮料市场上占据了一席之地。

　　分析:

　　(1) 娃哈哈运用了什么类型的渠道策略?这种策略有哪些优势和劣势?

　　(2) 娃哈哈为了实现有效的渠道网络管理采取了哪些措施?取得了什么样的效果?

第九章

促销策略

　　企业要开展市场营销活动,必须与现实和潜在的目标消费者进行有效沟通,向他们传递有关产品、价格和销售方式等方面的信息,并对消费者进行外部刺激,影响消费者购买决策过程。显然,每个企业都要开展信息传播和促进销售的营销活动。

营 销 名 言

有效的沟通必须采用对方最乐于接受的方式。

——许智伟

引 导 案 例

福盈门食用油的假日促销

2009 年,炎炎夏日,酷暑难耐,是很多商品的销售淡季。很多商品便借机进行促销活动,以便实现淡季不淡、反季节销售或增加销量的目的,总之,各个厂家在市场淡季的时候,谁也不敢偷懒。

福盈门品牌食用油是国内某集团旗下的高端品牌,虽然在国内排不上第一名,但凭借集团的雄厚实力和不差的质量,在食用油市场一直也有稳定的表现。郑州市场是公司的重点市场,进入淡季以来,销售一直不畅。一入六月份,公司经理蔡杰便考虑在大的卖场进行一次统一的促销活动,以便提升销量。经过客户走访,特别是促销主管张丽极力建议,大家普遍认为福盈门名牌是不错,但美誉度一直比不上第一品牌"年有余",因此在直接面对消费者促销时,关键是真正的让利和实惠,这样销量肯定会大幅增长。

通过申请和走访市场,活动方案正式形成。

活动时间:6 月 27～28 日,周六、周日两天。

活动地点:郑州市所有大型卖场。

活动内容:现场对消费者进行促销,针对销售最好的品种 5 升花生油进行让利促销。

1. 5 升花生油进行特价销售,价钱从原来的每桶 79.9 元优惠到每桶 73.5 元;

2. 每购买 5 升花生油一桶,赠送 900 毫升花生油一瓶;

3. 现场进行抽奖活动,每购买一桶花生油,均有一次抽奖机会,奖品从手提电脑到 900 毫升小瓶油不等,中奖率在 47%。

同期的年有余品牌 5 升花生油销售价格达到 85 元一桶,而福盈门这么大的力度,不信没人买! 蔡杰似乎看到了人们排着长队在等着购买福盈门,而公司的货已经出现供不应求的局面!

促销主管张丽也非常敬业,早上 8:30 就早早赶到了平日销售较好的家乐福超市,毕竟这次活动效果怎么样,直接和自己的建议相关。

周六上午,家乐福北环店,9 店正式营业后,人们陆陆续续地到来,但是能走到最后靠里福盈门展架的人稀稀疏疏,尽管促销员大声招揽,临时促销也很尽力地吆喝,但展架前的人一直很少,直到上午 10:30,共销售 20 桶,和往常周六销售 15 桶相比,几乎没有多大效果。没多久,蔡杰收到张丽的电话,活动效果不好。不一会儿,其他超市的促销员陆续反馈,原来期望的活动效果并没有出现。

这次活动已经基本宣告失败。蔡杰跌在沙发里,不知道该怎样写这份促销活动报告。

(资料来源:黄文恒. 中国价值网 http://www.chinavalue.net,2009 年 7 月 11 日)

思考:

福盈门食用油的促销活动失败的原因可能有哪些? 我们从这个失败的促销案例中能得到哪些教训和启示?

第一节 促销组合

促销即促进销售,是指企业利用各种有效的方法和手段,把企业的产品及提供的服务信息传递给消费者,激发消费者的购买欲望,并促使其实现最终的购买行为。因此,促销的实质是企业与目标市场之间的信息沟通,促销的目的是诱发购买行为。

一、促销的方式

企业的促销活动种类繁多,但主要有人员推销、广告、营业推广和公共关系四种方式。这四种方式各有其特点,既可以单独使用,也可以组合在一起使用,以达到更好的效果,如表 9-1 所示。

表 9-1　四种促销方式优缺点比较

促销方式	形式举例	主要优点	主要缺点
人员推销	销售演示、订货展销、会议推销、上门推销	直接沟通、反馈及时、可立即促成交易	占用人员多、费用高、接触面窄
广告	广播电视、报纸杂志、橱窗陈列、灯箱海报	传播面广、速度快、表现力强、单位成本低	只能针对一般消费者,难以促成即时交易
营业推广	买一送一、有奖竞赛、打折优惠、开业酬宾	刺激性强、可促成立即购买	影响面小、时效短、有时会影响产品形象
公共关系	新闻报道、质量评比、公益活动、员工活动	信任度高、协调内外关系、提高企业美誉度	花费力量大、难组织、效果难以控制

1. 人员推销

人员推销是指企业派出推销人员或委托推销人员,直接与消费者接触,向目标顾客进行产品介绍、推广和销售的沟通活动。

2. 广告

广告宣传是指企业有偿使用特定的媒体向大众广泛宣传企业产品或服务的信息,促进产品销售和树立企业形象的传播活动。

3. 营业推广

营业推广是指企业为刺激消费者短期购买,在一个特定的时期内采用一系列具有诱导性的营业方法与手段刺激目标顾客的沟通活动。

4. 公共关系

公共关系是指企业通过各种活动或在传播媒体上宣传企业形象,促进与内部员工、外部公众良好关系的沟通活动。

当然,随着营销理论和实践的不断进步,促销的方式也在不断地更新和变化。如,直复营销,从促销角度看,就是采用人员与非人员沟通相结合的方式,运用大众传播媒体如电视、电话、邮政及计算机网络等向目标顾客传递信息,进行沟通的一种新颖方式。

二、促销组合策略

促销组合是指企业根据促销的需要,对广告、公共关系、营业推广和人员推销四种促销方式的选择和综合运用,使之成为一个有机的整体,发挥其整体功能的促销策略或技巧。

1. 推式策略

这种策略采取主动、直接的方式,利用推销人员通过一定的渠道,将产品推荐给消费者,即从生产者推向批发商,从批发商推向零售商,直至最终消费者(见图 9-1)。推式策略风险小、推销周期短、资金回收快,但其前提条件是必须有中间商的共识和配合。

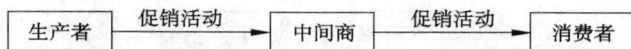

图 9-1　推式策略

推式策略一般适合于:单位价值较高的产品,性能复杂、需要做示范的产品,根据用户需求特点设计的产品,流通环节较少、流通渠道较短的产品,市场比较集中的产品等。推式策略中企业主要采取人员推销和营业推广方式,并以中间商为主要促销对象。

2. 拉式策略

这种策略是采取间接的方式,运用非人员推销方式将消费者拉过来,使其对本企业的产品产生需求,以扩大销售。实行拉式策略的企业,是将企业主要的促销预算用于广告宣传上,通过宣传把产品信息介绍给消费者,使人产生强烈的购买欲望,吸引他们来购买(见图 9-2)。拉式策略常用的方式有价格促销、广告、展览促销、代销、试销等。

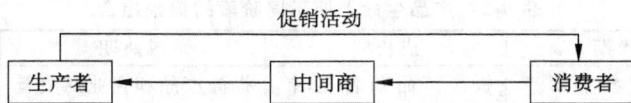

图 9-2　拉式策略

拉式策略一般适合于:价值较低的消费品,流通环节较多、流通渠道较长的产品,市场范围较广、市场需求较大的产品等。拉式策略中企业主要采用大量的广告宣传,并以消费者为主要促销对象。

3. 推拉结合策略

在通常情况下,企业可以把"推"、"拉"两种策略结合起来运用,在向中间商进行大力促销的同时,通过广告刺激市场需求。这种策略在"推式"促销的同时进行"拉式"促销,用双向的促销努力把商品推向市场,这比单独利用推式策略或拉式策略更为有效(见图 9-3)。

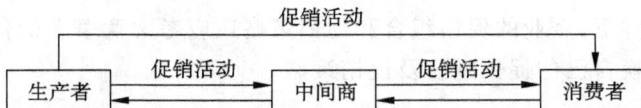

图 9-3　推拉结合策略

▶ 三、影响促销组合的因素

由于不同的促销手段具有不同的特点,企业要想制定出最佳组合策略,就应当综合考虑不同产品的特点、消费者需求、营销目标、企业内外部环境等因素。

1. 产品属性

产品属性不同,购买差异就很大,不同属性的产品应采用相应的促销组合。一般来说,工业品以人员推销为主,然后是营业推广、广告和公共关系,因为工业产品技术性较强,购买数量大且市场相对集中;消费品以广告为主,然后是营业推广、人员推销和公共关系,因为消费品市场范围广,消费者人数多,产品技术性差、标准化程度较高。如图 9-4 所示。

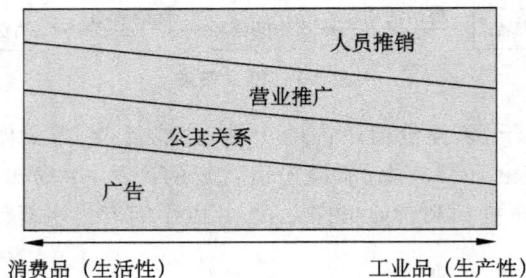

图 9-4　不同属性产品的促销组合

2. 产品生命周期

在产品生命周期的不同阶段,由于促销的目标不同,促销组合也各有侧重(见表 9-2)。

表 9-2　产品生命周期不同阶段的促销组合

生命周期	导入期	成长期	成熟期	衰退期
促销目标	促使消费者了解产品,获得中间商支持	提高产品知名度,扩大分销渠道	提高产品和企业的美誉度,维持品牌忠诚度	保持市场占有率,开发新用户和新产品
促销组合	以广告为主,对中间商进行人员推销	以品牌广告为主,适当采用营业推广	广告、营业推广和公共关系相结合	以营业推广为主,辅之少量广告
促销侧重	介绍、示范	说服、诱导	提醒、优惠	降价、提示

3. 市场特点

不同的市场,由于其规模、类型、顾客等条件的不同,促销组合也有所不同。一般来说,市场范围小、潜在顾客较少且购买者比较集中的情况下,应以人员推销为主;市场范围广、规模大、购买者分散、购买频率高的情况下,则应以广告宣传为主。

如果目标市场消费者文化水准较高、经济收入宽裕,应较多运用广告和公共关系为主的促销组合;反之,应多用人员推销和营业推广为主的促销组合。

在市场竞争条件下,企业的促销组合和促销策略还应考虑竞争者的促销方式和策略,要有针对性地不断变换自己的促销组合及促销策略。

▶ 四、促销组合决策

促销组合决策,就是决定如何选择和组合应用广告、人员推销、营业推广和公共关系这四种沟通方式,达到企业有效进行促销的目的。

1. 确认促销对象

促销实践证明,准确确认促销对象是企业开展促销活动的首要问题。在产品促销中,促销对象主要是企业产品的销售对象。这个问题主要通过企业目标市场的可行性研究与市场营销调研来解决。通过这两项工作,企业可以界定其产品的销售对象是现实购买者还是潜在购买者,是消费者个人、家庭还是社会团体。如服装的销售对象是哪一类消费者,彩电的销售对象是哪一类家庭,生产资料的销售对象是哪一类的工业用户等。应当说,明确了企业产品的销售对象,也就确认了促销的目标对象。

2. 确定促销目标

在不同时期和不同的市场环境下,企业为了实现市场营销的总体目标而开展的促销活动都有着特定的促销目标。例如,宝洁公司促销活动的主要目的在于如何延长成熟产品的生命周期;而英特尔公司则是为了突出所引入的新产品。显然,这两个企业的促销目的不同,因此,促销组合决策就应该不一样。

促销目标总体上可以分为两类:一类是刺激需求,引导购买;另一类是维护品牌,树立形象。促销目标必须是现实的和特定的,可以用一定的标准来衡量促销的效果。促销目标不能模糊不清。如"提高本企业产品的市场占有率"、"使本企业产品有较高的知名度",这样的目标就比较模糊,难以衡量促销效果。可以改成"在下一个计划年度中使本企业产品的市场份额提高5%"、"在18～25岁年龄段的青年人中有40%左右对本企业产品了解并且信赖"。

3. 确定促销预算

开展促销活动必须花费一定的费用,这些费用必须事先预算。一般来说,人员推销、广告、公共关系和营业推广的费用是依次递减的。

当然,不同行业的促销费用也是有差异的。如化妆品行业的促销费用可达销售额的30%～50%;机器制造行业一般只有10%～20%。企业在决定促销费用时,要在本企业所能承受的范围内预算。如果企业促销费用宽裕,则可几种促销方式同时使用;反之,则要考虑选择耗资较少的促销方式。

4. 确定促销信息

促销目标必须通过促销信息的传递来实现。企业在设计有效促销信息时,必须重点研究信息内容的设计。促销信息内容也可称为诉求、主题或构思,指企业促销要明确对目标对象所要表达的诉求,并以此刺激其反应。诉求一般分为理性诉求、感性诉求和道德诉求三种方式。①理性诉求的重点是试图说明该产品能为目标对象带来何种利益。一般机器、设备等工业品,运用理性诉求较好,因为工业品购买者有丰富的产品知识,对理性诉求的反应较为显著。②感性诉求是试图引起目标对象的情感,从而促成消费者购买。这种诉求通常应用在生活消费品的促销信息内容设计中。③道德诉求是试图让公众感到什么是正确和适宜的态度、观念、价值观等,通常用于劝说人们支持某些社会活动,如为"希望工程"义捐等。

设计促销信息内容时,还要考虑信息结构、信息形式、信息来源、信息媒介等因素。这些因素对信息沟通的有效性也会产生较大的影响。

5. 决定促销组合

在有限的促销预算费用里,企业应该根据产品特点和促销目标,结合各种促销手段的特点与使用范围,对多种促销方式加以选择,各有侧重,灵活运用,并制定实施的先后顺序,以求取得最佳的效果。一般企业会使用多种方式与手段来进行促销,因为不同方式之间有着互补性。

在实施促销计划后,企业还需要对实施效果进行评估与衡量。促销效果的检查应该根据促销目标达到的程度来进行,一方面,检查促销工作的情况;另一方面,为促销工作的调整和下一个促销计划的决策提供依据。

第二节 人员推销的管理

现代社会是一个推销社会,每个人都需要推销。对于企业来说,人员推销是一种面对面的促销活动,具有针对性强、说服力强、灵活多变、及时促成购买等特点,因此推销员作为企业的直接形象代表在促销组合中起着重要的作用。人员推销有上门推销、柜台推销和会议推销三种主要形式,其推销对象有消费者、生产者和中间商三类。

▶ 一、人员推销的基本程序(步骤)

不同的推销方式可能会有不同的推销工作步骤,通常情况下,人员推销一般包括以下七个相互关联又有一定独立性的工作步骤。

1. 寻找顾客

这是一个寻找、识别、鉴定潜在顾客的过程。推销人员首先要寻找出销售线索,企业可以提供某些线索,但最主要的是寻找那些可能成为顾客的目标线索,如通过现有顾客的介绍、其他销售人员介绍、查找工商名录和电话号码簿等。其次,推销人员还要从支付能力、购买愿望、购买权利等方面对寻找的销售线索进行识别,剔除那些没有价值的、不可能成为现实顾客的销售线索。

2. 准备工作

对已经确定的目标顾客,推销人员在接近某一潜在顾客之前,还必须掌握好产品、顾客和竞争者这三方面的知识。同时,还要准备好样品、说明材料,选定接近顾客的方式、访问时间、应变语言等。这样有助于开展积极主动的推销活动,保证较高的推销效率。

3. 接近顾客

推销人员要根据掌握的目标顾客的资料,登门拜访,与潜在顾客直接接触,面对面交谈。推销人员在接近顾客时,既要自信友好,注意礼仪;又要不卑不亢,及时消除顾客的疑虑;还要控制接近时间,不失时机地引入推销产品话题。

4. 介绍示范

这一阶段是推销过程的中心。在对目标顾客比较熟悉的基础上,推销人员可以直接向目标顾客进行产品介绍,必要时进行一些产品的使用示范,以增强目标顾客对产品的信心。推销人员可通过顾客的视、听、触摸等多种感官进行介绍,其中视觉是最重要的。在介绍产品时,还要特别注意说明该产品可能给顾客带来的利益,要注意倾听对方的发言,以判断顾客的真实意图。

5. 处理异议

在听取产品介绍的过程中,或在推销人员要其订购时,顾客总会提出一些异议,表现出抵触情绪。推销人员应随时准备应付不同的意见,针对异议产生的原因对顾客耐心解释,但不要争辩。只要克服了异议,就很可能达成交易。

6. 达成交易

成交是推销的目标。在洽谈、协商的过程中,推销人员要随时给予对方能够成交的机会。介绍过程中如发现顾客表现出愿意购买的意图,应立即抓住时机成交。这时候,推销人员还可提供一些优惠条件,促成交易。

7. 售后跟踪

售后跟踪包括推销人员为已经购买产品的顾客提供各种售后服务,直接目的是了解顾客是否满意已购买的产品,发现可能产生的各种问题,并听取顾客对企业产品提出的改进意见。跟踪服务是人员推销的最后环节,也是新推销工作的起点。跟踪服务能加深顾客对企业、商品以及推销人员的信任,促使重复购买。

案例分析

推 销 沙 子

一位推销员欲向一工厂企业推销某种沙子,他首先暗地里调查了该企业使用的沙子来源和使用情况,并从工地现场取了一些样品。当他出现在企业领导面前时,并不说明来意,而是突然将沙子倾倒在事先准备好的白纸上,顿时尘土飞扬,企业领导人大为不满正欲发火。这位推销员却不慌不忙地说道:"这是贵工地正在使用的沙子。"接着将另一袋沙子倒出,却是干净无尘。推销员介绍道:"这是我们的产品。"这一举动立即引起了企业领导的兴趣,最终达成交易。

营销启示

这位推销员成功达到推销目的的原因有三个。

第一,充分准备是推销成功的前提。为了保证推销任务的顺利完成,在开始推销之前,他暗地里调查了该企业使用的沙子来源和使用情况,并从工地现场取了一些样品。做到了心中有数,从而能有针对性地开展推销活动。

第二,巧妙设计推销方法是推销成功的基础。通过先倾倒尘土飞扬的沙子,然后再倾倒干净无尘的沙子进行对比,迅速引起客户注意、进而产生兴趣、激发购买欲望和诱发购买行动。

第三,准确揣摩客户心理是推销成功的关键。抓住客户注重沙子质量的消费心理,通过两种不同质量沙子的对比,立即产生了"此时无声胜有声"的奇效。

▶ 二、人员推销的组织结构

人员推销活动并非是个体销售活动,而是由群体构成的团队活动。因此,推销队伍组织结构关系到推销工作的效率和资源的最佳利用问题。在整体促销中,人员推销的组织结构要根据企业规模、市场环境、产品特点以及销售人员素质,按照统一、效率、效益的原则合理组织。

1. 区域结构式

这是一种最简单的推销人员组织结构,即按地理区域配备推销人员,设置销售机构,每组推销人员负责一定区域的推销业务。这种组织结构的优势是:第一,责任明确,便于考核与管理,鼓励推销员努力工作;第二,推销人员活动范围小,可以节省推销费用,同时有利于与当地各界公众建立稳定的关系和友谊。这种结构比较适于产品品种简单、差异性较小的企业。

2. 产品结构式

这是按产品线来设计的推销结构,即按产品线配备推销人员,设置销售机构,每组推销人员负责一种或一类产品的推销业务。产品种类繁多且相关性不强,或产品技术性、生产工艺复杂的企业可使用这种结构形式。这种组织结构的优点主要有:第一,推销人员熟悉该种产品的供销情况,能够运用专业知识为顾客服务;第二,产品经理能够对市场出现的问题及市场状况的变化迅速做出反应,实现产品的最佳营销组合。

3. 顾客结构式

企业也常常按顾客类别来分配推销人员,即先根据顾客的行业类别、规模大小、分销渠道的不同将顾客分类,再据此配备推销人员,设置销售结构,每组推销人员分别负责特定的顾客。这类结构能针对不同顾客采取不同的推销策略,以便更好地满足顾客需求,从而提高推销的成功率。但是,一个推销人员可能要横跨若干省份或区域,很容易产生推销费用增加和销售人员同一区域交叉重复的问题。因此,顾客结构式适于顾客比较集中、用户规模较大、分销渠道比较稳定的企业。

4. 复合结构式

这种组织结构形式即将上述三种结构有机结合,或按"区域—产品",或按"区域—顾客",或按"产品—顾客",甚至按"区域—产品—顾客"来组建销售机构或分配推销人员。复合式组织结构的优点主要有:第一,销售经理能够灵活地调度推销人员,全方位地发挥和运用推销人员的知识才能;第二,推销人员能从企业整体效益出发开展促销活动。通常当大型企业拥有多种产品且销售区域相当广阔时适宜采取这种结构。但是,由于利益与责权关系,这种组织结构很容易造成多头领导和部门矛盾。

▶ 三、推销人员的甄选与培训

人员推销的效果如何,在很大程度上取决于推销人员的素质。因此,企业要制定有效的措施和程序,加强对推销人员的甄选和培训。

1. 推销人员的甄选

甄选推销人员,不仅要对未从事过推销工作的人员进行甄选,使其中品德端正、作风正派、责任心强且能胜任推销工作的人走入推销人员的行列,还要对正在进行推销工作的人员进行甄选,淘汰那些不适合推销工作的推销人员。

(1) 甄选的标准。企业甄选推销人员的基本标准主要有以下几点:一是感召力,即善于从顾客角度考虑问题,并使顾客接受自己;二是自信力,让顾客感到自己的购买决策是正确的;三是挑战力,即具有视各种疑义、拒绝或障碍为挑战的心理;四是自我驱动力,即具有完成销售任务的强烈愿望。

营销思考

优秀的销售员具备哪些素质

在各行各业中,怎样使优秀的销售员脱颖而出?怎样使干练的销售员不同于那些平庸之辈?为此盖洛普管理咨询公司对近50万名销售员进行了调查。研究表明,优秀的销售员有四个方面的主要素质:内在动力、严谨的工作作风、推销能力以及最重要的一点,即与客户建立良好业务关系的能力。

1. 内在动力

所有优秀的销售员都有一个共同点:有成为杰出之士的无尽动力。这种强烈的内在动力可以通过锤炼和磨炼形成,但却不是能教会的。动力的源泉各不相同,有的受金钱的驱使,有的是渴望得到自我实现,有的喜欢广泛的交际和获得人们的尊敬。

2. 严谨的工作作风

不管销售员的动机如何,如果销售人员组织不好,凝聚力不强,工作不尽力,他们就不能满足现在顾客越来越多的要求。优秀的销售员能坚持制订详细周密的计划,然后坚决执行。在推销工作中没有什么神奇的方法,有的只是严密的组织计划和勤奋的工作。

3. 推销能力

如果一个销售员不能让顾客购买,其他技巧都是空谈。不能成交就称不上推销。因此,如何才能成为一名优秀的销售员呢?有一点很重要,即有一种百折不挠、坚持到底的精神。有人认为,"优秀的销售员和优秀的运动员一样,他们不畏惧失败,直到最后一刻也不会放弃努力"。优秀的销售员失败率较低的原因就是他们对自己和推销的产品深信不疑。优秀的销售员非常自信,认为他们的决策是正确的。他们十分渴望做成交易——在法律和道德允许的范围内,无论采取何种方法也要使交易成功。

4. 建立关系能力

在当今的关系营销环境中,优秀的销售员最重要的一点就是成为解决顾客问题的能手和与客户拉关系的行家。他们能心领神会地理解到客户的需求。如果你和营销主管谈谈,他们会给你这样描述优秀的销售员:全神贯注、有耐心、思考周到、反应迅速、能听进话、十分真诚。优秀的销售员能够站在顾客的立场上,用客户的眼光看问题。如今客户是业务伙伴,而不是打高尔夫的伙伴。

(资料来源:梅清豪,林新法等.市场营销学原理.北京:电子工业出版社,2001)

(2)甄选的方式。企业甄选推销人员一般有两种方式:一种是从企业内部选拔,即把本企业内部适合做推销工作的人选拔到推销部门工作;另一种是从企业外部招聘,即企业从社会上物色适合做推销工作的人员,包括高等院校的应届毕业生。无论哪种选拔途径,都应经过严格的考核,择优录用。

2. 推销人员的培训

甄选合格的推销人员,还需经过培训才能上岗。同时,为提高销售人员的整体业务水平,还要对在岗推销人员进行培训,使其了解企业新的产品、新的经营计划和新的市场营销策略。

推销人员培训的内容通常包括企业情况、产品知识、顾客心理、市场知识、推销技巧和政策法规知识等。培训的方法也很多,通常采用的方法有三种:第一种是课堂讲授。一般是通过举办短期培训班或进修等形式,由专家、教授和有丰富推销经验的优秀推销员来讲授基础理论和专业知识,介绍推销方法和技巧。第二种是模拟培训。它是受训人员亲自参与的、有一定实战感的培训方法,具体做法有实例研究法、角色扮演法和业务模拟法等。比如,由受训人员扮演推销人员向由专家教授或有经验的优秀推销员扮演的顾客进行推销,或由受训人员分析推销实例等。第三种是现场实习。实际上,这是一种岗位练兵。让甄选的推销人员直接上岗,与有经验的推销人员建立师徒关系,通过传、帮、带,使受训者较快地熟悉业务,尽快独立工作。

营销思考

推销之神"神"在何处

被日本人称为"推销之神"的原一平,身高 1.45 米,可他连续 15 年推销额全国第一。当他 69 岁时应邀演讲,有人问他成功的秘诀,他脱掉袜子请人摸他的脚底板,一层厚厚的脚茧。又有人问他,在几十年推销生涯中是否受过污辱,他回答:"我曾十几次被人从楼梯上踹下来,五十多次手被门夹痛,可我从未受过污辱。"他每月用掉 1000 张名片,一定要拜访几十位客户,从未间断。

四、推销人员的激励与考核

1. 推销人员的激励

为了提高促销人员的积极性,扩大产品的销路,企业应运用各种激励手段,制定合理的薪酬制度。

(1)物质激励。物质激励主要包括工资加级、津贴、保险、佣金、发放奖金、奖品、增加福利待遇等。具体又可分为以下两种方法:一种是销售定额。企业规定推销人员在一年中应销售多少数额并按产品种类加以确定,然后把报酬与定额完成情况挂钩。另一种是佣金制度。企业按照销售额的多少给予推销人员固定的或非固定的报酬。这种方法可鼓励推销人员尽最大努力工作,并使销售额与现期收益紧密相连。

(2)精神激励。精神激励主要包括表扬、上光荣榜、发放奖状、奖章、休假等。具体又可分为以下两种方法:一种是创造一个重视推销、重视推销员、有利于他们发挥才干的组织氛围。如企业领导对推销人员给予很大关心,重视采纳推销人员的合理意见,对其业绩加以肯定等。另一种是善于采取正面的精神激励措施。如在定期的销售会议上表扬优秀的推销人员,开展销售竞赛,提供更多的晋升机会等。

对于推销人员的激励,在具体实施中,企业要把物质激励和精神激励结合起来使用,会取得更好的效果。

2. 推销人员的考核

由于推销人员的工作具有极大的流动性和独立性,因此,对推销人员的考核是企业的一项重要工作。

(1)考核标准。制定合理公平的考核标准,不仅可以作为推销人员考核的依据,而且具有一定的激励作用。考核除了通过顾客对推销人员进行反映和评价外,还可以通过一些定量指标增加考核的科学性和客观性。考核标准要根据销售人员的工作环境、销售区域的潜力和所经营产品寿命周期阶段等因素制定,具体标准如表 9-3 所示。

表 9-3 推销人员客观考核标准

标　　准	考 核 内 容
销售量及销售计划完成率	衡量推销人员销售业绩的指标
毛利率	衡量推销人员销售利润潜量的指标
访问率(每天访问次数)	衡量推销人员的努力程度,但不表示推销效果
访问成功率	衡量推销人员工作效率的标准
平均订单数目	衡量、说明订单规模与推销效率的指标
销售费用与费用率	衡量访问成本及销售费用占营业额的比重
顾客投诉次数	衡量推销人员服务水平,服务质量状况
新客户数量	衡量推销人员开拓市场能力的指标

(2) 综合评定。对推销人员的评定应从绩效和素养两个方面综合评定。绩效评定可采用客观考核标准,运用横向比较法和纵向比较法,既在不同推销人员之间进行工作绩效比较,又把同一推销人员过去和现在的工作绩效进行比较。素养评定是对推销人员进行其对产品、企业、客户、竞争对手、职责等了解状况的考评,是对推销人员的风度、仪表、言谈、气质等方面的评估。

第三节　广告决策

现代社会是一个充满广告的社会,整个地球已成为一个巨大的广告牌。广告作为市场促销的一种主要手段,可以迅速传递信息,引导和刺激消费,树立产品品牌和企业形象。

企业的广告决策,包括确定广告目标、广告预算、选择广告媒体、广告效果评价等内容。对每一个内容的决策,都必须将其置于广告总体决策中去把握。

▶ 一、广告目标确定

企业在进行广告决策时第一步就要确定广告目标。广告目标取决于企业整体的营销组合和内外部的市场环境,但企业做广告的最终目标都是增加销售量和企业利润。

企业可以为了不同的具体目标进行广告设计。对于某一企业来说,在不同时间、不同情况下可以确定不同的广告目标。如:提高销售量或销售额;为新产品开拓市场;提高产品知名度,培养忠诚顾客;提高市场占有率,对付竞争对手等。归纳起来,企业的广告目标主要有以下三种。

1. 告知性广告

告知性广告又称开拓性广告,主要适用于新产品刚刚进入市场时,其目的主要是向市场介绍新产品,提高顾客对新产品的认知率,促成初始需求。如介绍新产品的用途、性能、特点、使用方法,以及企业提供的各项附加服务等。这类目标的定量化指标通常有知名度、记忆率、理解度等。

2. 说服性广告

说服性广告又称竞争性广告,企业在竞争相持阶段用得较多,其目的是促使消费者建立起特定的需求,对本企业的产品产生偏好。如说服消费者购买本企业产品,改变消费者对产品属性的认识,建立品牌忠诚等。大多数广告都属于这一类。这类目标的定量化指标通常有:市场占有率、品牌偏好度、产品的销售增长率等。说服性广告常用对比和比较的方法,强调本企业产品的优势以及和竞争对手的明显差异,以此建立自己的品牌优势与良好声誉。

3. 提示性广告

提示性广告又称提醒性广告,主要适用于产品成熟期和衰退初期,其目的是为了让顾客保持对产品的记忆,提醒顾客继续购买。如提醒顾客在最近将来需要该产品;提醒顾客可以在何处买到该产品;提醒顾客要随时使用该产品等。这类目标的定量化指标通常有:满意度、重复购买率等。

▶ 二、广告费用预算

在确定广告目标之后,企业就要决定使用多少广告费用。一般广告预算工作主要由两部分组成:一是确定预算的总额,即综合运用各种方法(如表 9-4 所示)计算广告费用的总预算;二是预算的分配,即在不同市场、产品及媒体之间合理分配广告费用总预算。

表 9-4　广告总额预算的方法

预算方法	计 算 方 法	优 点	缺 点
量入为出法	先从产品的售价中减去中间商的价差及生产成本,再确定企业可用于广告的费用比例	根据企业的实力决定广告预算,风险小,多为中小型企业所采用	预算不容易与目标相结合,当广告费投入不到位时,有可能影响目标的实现
销售百分比法	根据上一年的销量或对下一年的预期销量,按一定的比例提取广告费用	简单易行,可以明确费用的来源	颠倒了销量与广告的因果关系,比例系数很难确定
利润百分比法	根据企业的利润,按一定的比例提取广告费用	简单易行,也适合于不同产品间的广告费分配	忽视了广告的间接、长期效果,不适合新上市的产品
竞争对抗法	参考竞争对手的广告费用而定出自己的广告费用	目的明确,具有针对性	忽视了企业之间的差异,竞争者的广告费用也未必合理
目标任务法	根据营销目标和任务确定各项活动的广告费用,再确定总的广告费用	比较科学有效,易于检查广告效果	没有从成本的观点出发来考虑某一广告目标是否值得追求

广告费用的开支是一个关键问题。如果开支过少,达不到广告效果;反之,会造成浪费、降低效益。为此,在广告预算设计中要充分认识广告支出与广告收益的关系。如电视是很好的广告媒体,它形象生动,信息传递范围大,速度快,但广告费用很高。因此,对形象性不强,市场消费有限的产品就没有必要去选用电视广告。

▶ 三、广告信息设计

在广告的有效性上,广告的创造性比投入费用更重要,只有引起注意的广告才能对促销起到宣传、激励的作用。因此,广告信息设计应遵循真实性、针对性、独创性、简明性、艺术性以及社会性等原则。

1. 广告主题信息

对企业产品来说,广告主题信息往往要反映出产品所能提供给消费者的效用与价值。在广告有限的时间里,不能说得太多,一般只强调主要效用与价值,也可以经过一段时间,改变广告主题来强调产品的另外一种效用与价值,以吸引顾客。

广告主题信息可以从多方面来形成。可从产品本身功能与效用的角度出发,强调产品的使用体验,如雪碧"透心凉"、雀巢"不一样的味道"等;可从产品的独创性出发,强调产品的与众不同,如创维"不闪的才是健康的"、西门子冰箱"0℃不结冰,长久保持第一天的新鲜"等;可从产品的社会期望出发,强调情感消费,如长虹"以产业报国、以民族昌盛为己任"、奥妮洗发水"黑头发,中国货"等。总之,一个好的广告主题必须能反映一个核心卖点。

营销思考

经典广告语好在哪里

1. 海尔广告语:海尔,中国造

国产家用电器一向被认为质低价廉,即使是出口也很少打出中国制造的牌子。海尔在中国家电工业走向成熟的时候,果断地打出"中国造"的旗号,增强了民族自豪感。就广告语本身而言,妙就妙在一个"造"上,简洁有力,底气十足。

2. 康师傅广告语:好吃看得见

台湾品牌却在大陆发家,标准的"墙内开花,墙外红",一个普通的方便面,能够让美味看得见,的确不容易。

3. 新飞冰箱广告语:新飞广告做得好,不如新飞冰箱好

这个广告曾经引起争议,语言学术界、广告评论界、竞争对手都加入了讨论的行列。褒也好,贬也好,反正新飞是没事偷着乐,毕竟广告能引起如此广泛的关注就是成功,新飞的知名度不知又提升了多少。

4. 孔府家酒广告语:孔府家酒,叫人想家

1995年最引人注目的就是王姬为孔府家酒拍的广告,孔府家酒巧妙地把《北京人在纽约》的火暴嫁接到自己的广告中来,而一炮成名的王姬和"千万次地问"成为最大的记忆点,不过人们也记住了"孔府家酒,叫人想家"这句充满中国人伦理亲情的广告语。

5. 农夫山泉广告语:农夫山泉有点甜

一句广告语打响一个品牌用在农夫山泉身上绝不过分。没有这句广告语就没有广告的成功,而品牌的长期积累,则离不开这句广告语的作用。换一个角度去看瓶装水,换一个思维去理解瓶装水,就会找到差异,而后,你的品牌个性也就不难塑造了。

6. 三源美乳霜广告语:做女人挺好

女性用品的广告不好做,主要是很难把握女人的心态。三源美乳霜从"没有什么大不了的"到"做女人挺好"则创意巧妙,不仅功能诉求到位,而且广告语简洁准确,含而不露,让人心领神会,尤其对女人的触动是非常明显的。

7. 李宁广告语:把精彩留给自己

国内最好的体育用品恐怕非"李宁"莫属了。体育用品是年轻人的天下,既没有耐克的

超级明星,又没有锐步的国际背景,李宁的"把精彩留给自己"却也同样符合青少年的心态,谁不希望精彩呢?

8. 舒肤佳广告语:促进健康为全家

宝洁的广告从不张扬,而是实实在在,堪称实效广告的典范。舒肤佳也不例外,第一个提出杀菌的概念,"促进健康为全家"的广告语也来得很实在。

9. 商务通广告语:科技让你更轻松

简单、易用的商务通解释了什么叫"科技让你更轻松"。凭借着铺天盖地的广告,商务通创造了一个市场。

10. 乐百氏广告语:27 层净化

这也许是当代中国广告里最经典的一个理性诉求广告了。鲜明的 USP、单一的主题令人印象深刻。虽然"27 层净化"并不是一个独特的概念,但乐百氏却是第一个提出来的,并把这个概念发挥到极致,形成品牌概念独享。

(资料来源:瞧这网 www.795.com.cn)

2. 广告表达形式

出色的广告创意不仅从内容而且从形式上都会对大众产生强烈的刺激,在潜移默化中对产品产生购买欲望,可谓"挡不住的诱惑"。因此,企业必须选择不同的风格、语调、措辞格式和场景来表达广告的主题信息,如表 9-5 所示。

表 9-5　广告的常见表达形式

表达形式	说　明　举　例
生活片段	显示人们在日常生活中使用该产品的情景。如一家人正坐在餐桌前吃晚餐,吃得津津有味,因为用的是"太太乐"鸡精
生活方式	强调该产品如何适合某种生活方式。如年轻人开着车上班,早上到麦当劳的汽车餐厅买早餐
幻想	通过产品及其用途创造一种幻想。如"白丽"香皂的广告语"今年 20,明年 18";"开开"衬衫的广告语"领袖的风采"
气氛或形象	围绕产品建立一种气氛或形象。如美丽、关爱或宁静。除了暗示,对产品本身只字不提。许多香烟广告就是采用这种表达形式
现身说法	采用同类使用者或社会名流介绍产品的使用效果。如卡尼尔真彩净白乳液采用影视明星刘亦菲做广告模特
人格化	创作一个使产品人格化的人物,可以采用动画人物,也可以使用真人。如威猛先生、万宝路牛仔等
技术专长	展示企业制造该产品的严格工艺和专业的技术检验
实证材料	用科学证据或专家鉴定来证实产品的实效性

营销思考

广告中的黄金白银法则

所谓广告,即广而告之。广告作为市场营销信息沟通最广泛、最有效的方式,成为现代企业竞争的最有力的武器:品牌的创建、新产品的上市、购买的诱惑、销售的促进,无一不需要广告的明示或暗示。可以说,广告与企业同在。商业广告的目的在于吸引消费者,劝说消费者,诱导消费者,这就要求广告要思维创新、追求新颖,与众不同,才能引起消费者的注意。西方人称顾客为上帝,所以有人说,广告就是向上帝传送秋波的艺术。而在纷繁的广告天地中,人们发现成功的广告都有一个重要特征:就是始终如一地将商品的功能和消费者的心理连接起来,使消费者通过广告感觉到——这就是我所要的!从这一重要特征中,广告大师们发现了两项最流行且屡试不爽的法则:黄金法则和白银法则。所谓黄金法则即3B法则,即指Beauty——美女,Beast——动物,Baby——婴儿;而白银法则则是指名人效应。另外,现在是以情感消费为主流的时代,因而广告人也每每把两个广告法则与消费者的情感联系起来,打出双保险广告战。

Beauty＋爱情 3B法则中运用最多的无疑为Beauty——爱美之心人皆有之,且美女广告利于操作,又最能引发人们的注意——吸引住眼球就等于成功了一半。你只要稍加注意,就能发现,广告中50％以上都是美女的面孔。

根据不同的商品定位,广告定位的美女也是不同的。不同定位的商品需要不同层次的美女来代言。名贵、华丽的世界名表LONGINES的形象代言人就是以高贵、典雅、天使般的美丽保持唯一全人类偶像地位的大美女奥黛丽·赫本;而霸占中国内地洗发水市场60％的世界行销巨人宝洁公司(P&G)则根据其产品定位在大众接受的高品质、高价位的品牌形象,聘请不同的美女做广告。这些美女的大众化就是对准了大众消费者的心理暗示——用这种产品你也可以这样美丽!宝洁的成功可以说大半功劳在广告上。

"美女＋爱情"更是广告的杀手锏。心理学家研究表明:人们通常只愿索取而不愿给予,但面对所爱之人,给予则会比索取带来更多的愉悦。因为爱情本身就有自己的道德逻辑:爱无止境。有人发现这样一个有趣的公式:情侣商品价格＝普通商品价格＋情人因素价格。现在商场里"情侣商品"琳琅满目:情侣装、情侣表、情侣金笔……价格也通常比普通商品贵上一两倍。商品诚可贵,爱情价更高,为博情人一笑,面对价格再高的情侣商品,情侣们也心甘情愿地高唱——没有什么不可以,为你一笑,我愿意——当然,最愿意的还是赚到钵满盆溢的商家。

Beast＋情趣 基于人对大自然的亲近渴望,由动物来做广告容易消除受众与广告诉求之间的隔阂,让人们产生亲近感,进而加强沟通,达到预期的效果。动物的活泼可爱通常能让消费者开心一笑,记住它最后就买它。

中国的动物广告不是很多,但也有不少成功的例子,且目前有越来越多的趋势。世界第一的冰淇淋集团,最近在中国推出的两种新产品都分别请了动物加盟。金雪百合那只可爱的小狗对着小男孩的拙画"喔"的一声晕倒,使不少家庭开心大笑之余,也把金雪百合带回了家;脆香棒的大象抢棒记,更是让人印象深刻!号称是国内第一本文化财经杂志的《文化月刊》,其广告赫然是一条豹子的尾巴从一个西装革履的男人的屁股后面翘了起来!

动漫中的动物也越来越多地运用于广告中,效果喜人。一只蹦蹦跳跳、活泼可爱又害羞的Flash小白兔使得Motorola T191"可爱清新"让人"一见倾心"。

Baby＋亲情 世界上最伟大的爱就是母爱——而广告人也抓住这一点,使母爱的伟大一直延伸到商品上。

雀巢婴儿食品有限公司在这方面堪称典范。在母亲节那天,所有购买雀巢产品的家庭都会收到一份以婴儿名义寄出的礼品——一束红玫瑰和一张小卡片,卡片上写着:"母亲节快乐!妈咪我是多么爱您哦!虽然我还不知道怎么写字,但我已经拜托小雀巢泰迪熊帮我寄这张卡片给您。您是全世界最美丽的妈咪,我简直爱死您了。我要给您像山一样大的

Kiss! 你的小宝贝正逐渐长大呢!"礼轻情义重，一张小卡片使得雀巢的顾客母亲们欣喜万分并"报之以桃"。

父爱的深沉如海也被日本明治人寿保险公司成功地搅起浪花捞到钱。该广告上由一位父亲用手帕为女儿蒙上眼睛拉开序幕。天真无邪的小女孩兴高采烈地与父亲捉迷藏，经过几个画面却一直找不到父亲，小女孩脸上的惊慌无依通过摄影机呈现在人们面前，小女孩大声地呼叫爸爸但没有任何回应。画面是恐慌的静寂，更加深了小女孩的孤独恐惧——整个画面慢慢地出现一行字：父亲是一家之主，也是全家生活的寄托，也应该早日为女儿加入人寿保险! 这则广告使一向把保险联想到生、老、病、死的人们转而联想到儿女亲情进而纷纷投保。明治公司利用这一巧妙广告吸引了不少客户。

Selebrity＋崇拜　名人广告不仅是时尚且是古已有之。《战国策》记载：古有一卖马商人，一马立于市，三日无人问津，后请伯乐看了一眼，马不仅立刻卖了，而且价格比原来高了十倍。可见名人效应之大。广告中运用了艺术学、美学、逻辑学、行为科学、商品学等，但运用最多的是心理学。名人效应打的就是心理战，利用消费者对名人之名的信赖或是大众对名人的崇拜，对名人生活方式的向往，从而被名人的广告说服而购买。

1998年，张征宁创立恒基伟业，请出"城市少妇杀手"濮存昕、"快乐大本营"李湘等当红明星，通过全方位的广告攻势，只用短短一年的时间，不仅成功地打开了市场，而且创下了100万台的销售量，10亿元的销售收入业绩。1999年商务通市场占有率60％，成为掌上电脑第一品牌。恒基伟业迅速崛起，张征宁风光无限!

青少年对娱乐体育明星的崇拜心理更是让广告人抓个正着。2001年，一部青春偶像剧《流星花园》使F4爆红我国台湾地区、香港地区、东南亚，虽在中国内地遭"封杀"却同样流行无限，四个花样男孩让无数少男少女尖叫、追随、模仿。西门子抢先聘为形象代言人，F4一句"西门，我的最爱"立刻使西门子手机2118在竞争激烈的手机市场上脱颖而出成为青少年的最爱。联想集团对准计算机市场的主体青少年，同时聘其为代言人，取代章子怡。随着大街小巷矗立的和互联网上闪烁的F4酷酷的新新人类广告牌，联想集团成功地向高科技数码帝国又迈近了一步。

当然，广告的最高法则是不定法则。一个广告可以用一个法则，也可以用两个法则，也可以几个法则一起用，而且通常效果会更佳! 像Baby＋Beast金雪百合广告，名人＋美女的刘德华、关之琳的爱立信广告，新天地葡萄酒中"花样年华"的梁朝伟和张曼玉，无一不是成功的广告。成功的广告法则就是找到消费者喜欢的那个广告点，重点出击——中!

（资料来源：韦佩珊，http://www.xinzhitax.com/html/18193_1.asp）

▶ 四、广告媒体选择

广告媒体种类式样繁多，让人眼花缭乱，几乎所有载体都能被商家利用。广告按其媒体分主要有视听广告、印刷广告、户外广告、售点广告、邮寄广告、交通广告、网络广告等。

不同的广告媒体，其特点和作用各不相同，因此，企业在选择广告媒体时，应综合考虑以下多种因素，权衡利弊，否则将影响广告效果和效益。

1. 目标顾客的媒体习惯

顾客接触媒体的习惯是最重要的因素，因为恰好传播到目标市场而又容易被目标顾客接受的广告媒体,才算是最有效的媒体。比如,对教育程度高的消费者,在互联网和印刷媒体上做广告较好;对老年人,在电视和广播上做广告较好;对妇女用品进行广告宣传,应选用妇女喜欢阅读的妇女杂志或喜欢收看的电视,也可以在妇女商品的橱窗中展示。

2. 媒体本身的特点

不同的媒体在传播范围、市场反应程度、成本、吸引力、可信度等方面均有不同的特点(见表9-6),对顾客产生的影响力也各有不同。

表 9-6　常见广告媒体的特点比较

媒体种类	覆盖范围	反应程度	可信度	寿命	保存价值	信息量	成本	吸引力
电视	广	好、快	好	很短	差	较小	很高	好
广播	广	好、快	较好	很短	差	较小	很低	较差
报纸	广	好、快	好	较短	较好	大而全	较低	一般
杂志	较窄	差、慢	好	长	好	大而全	较低	好
邮政	很窄	较慢	较差	较长	较好	大而全	高	一般
户外	较窄	较快	一般	较长	较好	较小	低	较好
售点	很窄	好、快	好	较长	较好	较小	低	好
交通	较广	较快	较好	很短	差	较小	高	较好
网络	广	较快	较差	短	差	一般	高	一般

3. 广告产品的特性

由于每种产品的性质、性能、特点不同,因而需要选择不同的广告媒体。如需求广泛的产品应选用全国性广播、电视及报刊做广告媒体;一些技术性强的工业品,可选择专业性杂志或采用邮寄广告的形式详细说明产品的性能和使用方法;对服装之类产品,最好通过电视或杂志,突出展示其色彩和式样。

▶ 五、广告效果评估

促销广告是一项投资,对于这种费用较高的投资活动,企业必须要进行评估,目的在于提高广告的经济效益。广告效果主要包括信息沟通效果和销售效果两个方面,因此效果评估也要从这两个方面进行测定。

1. 广告沟通效果的测定

沟通效果的测定主要是分析广告活动是否达到预期的信息效果,其内容一般包括以下五个方面。

(1)对广告注意度的测定,是指广告媒体吸引人的程度和范围,主要通过接收率指标测定,如收听率、收看率、点击率等。接收率是指接收某种媒体广告信息的人数占接触该媒体总人数的比率。

(2)对广告记忆度的测定,是指消费者对于广告的主要内容,如企业、产品、品牌等记忆程度的测定。通过记忆率指标的测定可以检查广告主题是否鲜明、突出、富有个性。记忆率是指接收到广告信息的人数中,能够记住广告内容的人所占的比率。

(3)对广告理解度的测定,是指消费者对于广告内容、形式理解度的测定。通过认知率指标可以检查广告在设计和制作中的效果如何。认知率是指接收到广告信息的人数中,真正理解广告内容的人所占的比率。

（4）对购买动机形成的测定，是指测定广告对消费者从认知到购买究竟起到多大作用。企业主要通过广告前后对固定对象的调查和比较了解其购买动机的变化。

（5）对企业形象影响的测定，是指对广告所引起的企业形象变化情况进行的检测和评价。企业形象一般用知名度和美誉度两项指标来衡量。

2. 广告销售效果的测定

对广告销售效果的测定是比较困难的，因为，除了广告因素外，销售还受到许多其他因素的影响，如产品价格、销售时机等。企业经常采用统计的方法将广告费用的增加与销售额的增加进行相关分析，来测定广告的销售效果。其计算公式是

$$广告效果比率 = \frac{销售额增加率}{广告费用增加率} \times 100\%$$

例：某企业第二季度广告费投入为 5000 元，第三季度为 9000 元，第四季度为 1.5 万元。与之相对应，该企业第二季度的销售额为 30 万元，第三季度为 50 万元，第四季度为 100 万元。

$$第三季度广告效果比率 = \frac{(50-30)/30}{(0.9-0.5)/0.5} \times 100\% = 83.3\%$$

$$第四季度广告效果比率 = \frac{(100-50)/50}{(1.5-0.9)/0.9} \times 100\% = 150\%$$

相比之下，第四季度的广告增加销量的比率较高，说明第四季度的广告费投入是比较有效的。

第四节　营业推广的策划

营业推广是刺激顾客迅速购买产品而采取的营业性促销措施，是配合一定的营销任务而采取的一种短期激励。随着我国市场竞争在纵深层次上逐步展开，营业推广已成为市场竞争的有力工具。

企业在利用营业推广进行促销时，一般要做出三项主要决策：一是确定营业推广的目标；二是选择营业推广的形式；三是制定营业推广的方案。

▶ 一、确定营业推广目标

营业推广方案的设计，首先必须确定一个明确的目标。营业推广有许多具体目标，如鼓励对新产品的试用、鼓励中间商增加进货、刺激消费者增加购买量、培养忠诚顾客、鼓励销售员积极推销等。企业应该在总体营销目标的前提下，根据推广对象的不同和自身的经营特点，充分考虑企业面临的问题与机遇，做出营业推广目标的决策与选择。

▶ 二、选择营业推广形式

企业的营业推广主要包括对消费者、中间商和推销人员进行推广，其中以对消费者和对中间商进行营业推广为重点，这两种类型又各有多种形式（见表 9-7）。

表 9-7 常见的营业推广形式

针对消费者的营业推广	针对中间商的营业推广
派发样品、送礼品、新购优惠、推荐奖励、无偿赠品、有条件赠品、优惠券、赠券、印花、减价优惠、退款优惠、游戏、有奖竞赛、有奖销售、以旧换新、示范表演、包装促销、展销、服务促销、消费信贷、开业酬宾、周年庆典、开放企业设施、免费使用培训等	批发折扣、季节折扣、期间补贴、附赠补贴、新品津贴、清货津贴、降价津贴、销售竞赛、试销、代销、特约经销、扶持零售商、合作广告、宣传补贴、业务会议、展销会、订货会、产品展示、门店装修、为中间商设计宣传品、提供陈列货架、特殊服务等

　　企业在促销活动中要在费用预算的前提下,根据促销目标、产品特性、市场环境等因素,并结合各种营业推广形式的特点进行决策选择。

　　1. 营业推广的目标

　　不同的促销目标决定了需要采用不同的营业推广工具。如果企业是为了增加销售量,可以采用赠品和优惠券等形式;如果是为了改变消费者的购买习惯,可以采用折扣和酬谢包装的形式。

　　2. 产品的特性

　　企业应根据产品的性质不同选择针对性强的营业推广方式。例如,对于工业品来讲,可以采用样品赠送、展示会、销售奖励、宣传手册等形式;对于消费品来讲,可以采用优惠券、赠送、店内广告、降价、陈列等形式。

　　产品处于不同的生命周期,其营业推广形式也应有所不同。如果一种新产品刚刚进入市场,可以采用产品陈列、展销、赠送样品、有奖销售等形式;如果产品已经进入成熟期或衰退期,市场竞争十分激烈,可采用发放折扣券、奖券、给中间商清货津贴等形式。

　　3. 企业的竞争地位

　　对于在竞争中处于优势地位的企业,在选择营业推广工具时应该偏重于长期效果的工具,如消费者的教育、消费者组织化等。对于在竞争中处于劣势的企业,应选择能为消费者和中间商提供更多实惠的工具,比如交易折扣、样品派送、附赠销售等,此外还应考虑选择差异化的营业推广工具。

▶ 三、制定营业推广方案

　　制定营业推广实施方案是具体安排其营业推广活动,一般要对整个活动进行统筹布置。一个完整的营业推广方案主要包括以下几个方面的内容。

　　1. 确定刺激强度

　　营业推广的刺激强度越大,消费者的反应也就越大,但是这种刺激效果是递减的。因此,企业要根据推广费用和推广对象确定适当的刺激程度。

　　2. 明确推广对象

　　不同的营业推广目标和形式有不同的参与对象。推广是对消费者还是对中间商?是对哪一类消费者?同时,在方案中对参与活动的对象还应有一定的条件限制,以降低成本、提高效率。如需要持邀请卡,或本企业职工不得参加等。

　　3. 确定推广范围

　　企业要确定本次营业推广活动的产品范围和市场范围,即决定是针对单项产品进行促销还是对系列产品进行促销,是对新产品进行促销还是对老产品进行促销,是在所有的销售区域进行促销还是在特定的市场内进行促销。

4. 选择传播媒体

企业应该有效地把一次营业推广活动的举办信息告诉目标顾客和中间商,因此,广告及其他形式的沟通必须相配合。但不同的媒体有不同的信息传递对象和成本,其效果也必然不同。这是企业在营业推广方案中应明确的问题。

5. 确定推广时间

营业推广时间的确定包括三个方面的内容:举行活动的时机、活动的持续时间和举办活动的频率。企业应综合考虑产品生命周期、顾客收入水平和购买心理、市场竞争状况等因素,不失时机地安排营业推广活动。

6. 预算推广费用

科学合理地制定预算,对于活动的顺利开展提供了有力的保障。营业推广的费用通常包括两项:一是管理费用,如组织费用、印刷费用、邮寄费用、培训教育费用等;二是诱因成本,如赠品费用、优惠或减价费用等。

此外,在方案中还要有其他一些细节内容,如营业推广活动的具体规则、与中间商的合作安排、意外事件的应急与处理等。

范文

××家电企业营业推广企划案

一、期限

自××年××月××日起至××年××月××日止,为期三个月。

二、目标

把握购物高潮,举办超级市场"接力大搬家",促销××公司产品,协助经销商出清存货,提高公司营业目标。

三、目的

1. 把握圣诞、元旦以及结婚蜜月期的购物潮,吸引消费者对"接力大搬家"活动的兴趣,引导选购××产品,以达到促销效果。

2. "接力大搬家"活动在 A、B、C 三地举行,借此活动将××进口家电,重点引向××国市场。

四、对象

1. 以计划购买家电之消费者为对象,以 F14 产品的优异性能为主要诱因,引导购买××公司家电,并利用"接力大搬家"活动,鼓舞刺激消费者把握时机,即时购买。

2. 诉求重点有两个。

(1) 性能诉求:真正世界第一! ××家电!

(2) S. P. 诉求:买××产品,现在买! 赶上年货接力大搬家!

五、广告表现

1. 为配合年度公司"××家电"国际市场开发,宣传媒体之运用,逐渐重视跨文化色彩,地方性报纸、电台媒体、电视节目的选择,亦依据收视阶层分析加以考虑。

2. 以××公司产品的优异性能为主要诱因,"接力大搬家 S. P."活动为助销手段,遵循此项原则,对报纸广告所表现的主客地位要予以重视。

3. TV 广告,为赢得国际消费者,促销欣赏角度并重,拟针对"接力大搬家"活动,提供一次 30 分钟实搬、试搬家录现场节目,同时撷取拍摄 15 秒广告用 CF 一支,作为电视插播,争取雅俗共赏,引起消费者的强烈需求。

4. POP:布旗、海报、宣传单、抽奖券。

六、举办"经销商说明会"

为配合国际市场开发策略,并增加此次活动之促销效果,拟会同公司及分公司营业单位共同协办"年末促销活动分区说明会",将本活动之意义、内容及对经销商之实际助益做现场讲解,以获取充分协助。

七、推广活动内容

(一) 活动预定进度表

注:"接力大搬家"日期定于圣诞前后,理由有二:

1. 圣诞前后正是购货高潮期,应予以把握。

2. 圣诞前后,是目标市场顾客非常忙碌的时刻;交通必然拥挤,交通问题不易妥善处理。

(二) 活动地区

在××国 A、B、C 三地,各择具备超级市场之大百货公司举行。

(三) 活动奖额

1."接力大搬家"幸运奖额。

(1) A 地 200 名,B 地 150 名,C 地 150 名。

(2) 以户为单位,每户限时相同,均为 10 分钟。

(3) 每户 10 分钟,以接力方式进行。

2."猜猜看"活动奖额。

(1) 完全猜对者一名,与搬最高额者同额奖品,同时猜中者,均分。

(2) 附奖五位,最接近搬最高额者,每名赠××品牌家庭影院一套,超过五名的,则抽签决定。

(四) 活动内容说明

1. 收件期间:自××年××月××日至××年××月××日,在 A、B、C 三地举行试搬,除选定之百货公司本身广为宣传外,并加以录像拍制现场,节目于××月××日 20:00 点档播放,借以宣传,帮助观众了解活动内涵,同时剪录 15 秒 CF"试搬"情况,做电视插播,广为宣传,刺激销售,增加回收件数。

2. 分两次抽奖原因如下。

(1) 早买中奖机会大,第一次未中,还可参加第二次抽奖。

(2) 活动期间较长,可借抽奖分次活动,刺激消费者恢复销售高潮。

3. 参加资格及办法。

(1) 超级市场"接力大搬家"部分。凡自活动日起购买××公司产品价值 1000 美元以上者,以 1000 美元为一单位,可向各地总经销商索取幸运券一张,参加抽奖,多买多送。

① 如电视 5120 美元即送 5 张。

② 幸运券填妥寄××总公司。

③ 三地各分北、中、南三区,幸运券亦分三色区别。

④ 以 1000 美元为单位即赠幸运券一张,理由如下。

A. 不限买××家电方可参加,对所有××公司产品均有相互促销作用。

B. 让消费者依购买额之多寡,持有较多幸运券,吸引力较强。

C. 对预算奖额并无差异。

D. 经销商依各产品之在库金额请领幸运券,可以其为 P. R. 用。

E. ××公司、经销店以及参与企划、活动单位之员工及其亲属,不得参加此抽奖活动,抽中者如被发现,视为无效。

(2) "猜猜看"部分。任何人都可以参加,猜三地各区接力大搬家,搬得最多之金额,猜中者可得同等额之奖品,若两人以上同时猜中,则均分其奖额。另选数字相近之五人,各赠××牌家庭影院一套。××月××日截止。

(3) 幸运的新婚蜜月环岛旅游。凡被抽中为参加"接力大搬家"之幸运者,同时又是于此活动期间新婚者,另赠蜜月旅游券两张,以刺激结婚期××公司产品之销售。

八、预算分配

(一) 活动部分

1. 奖额 150 000 美元。

包括"接力大搬家"奖额及"猜猜看"奖额。

2. 杂项 11 000 美元。

包括 P. R. 费、主持人费、车马费、误餐费等。

3. S. P. 费用 10 000 美元。

包括幸运券、帆布袋、传单、布旗、海报。

(二) 广告媒体费用

1. 报纸 180 000 美元。

2. 电视节目 170 000 美元。

3. SPOT 170 000 美元。

4. 杂志 12 500 美元。

5. 电台 50 000 美元。

总计:735 500 美元。

注:① 整理费用拟利用工厂临时作业员两人协助,不另编列预算。② 电台部分提高为 8

万美元。③应增列现场拍摄纪录片多出制作费约 1 万美元。④待呈准后,应详列预算表,并附正式估价单报准。

(资料来源:浙江金融职业学院"营销网上家园"http://218.108.81.184/yxwzl/)

第五节 公共关系策略

公共关系是企业通过公关传播和对特殊事件的处理,使自己与公众保持良好关系的沟通活动。与其他的促销手段不同,它不直接地进行产品的促销,而是通过宣传树立良好的企业企业形象,在公众心目中建立起信誉,间接地促进产品的销售。因此,企业的公共关系注重双向沟通、长期效应和间接促销。

▶ 一、公共关系的具体内容

公共关系的主要任务是沟通和协调企业与社会公众之间的关系,争取公众的理解、信任与合作,从而间接促进销售。根据公关对象的不同,公共关系的主要工作就是要处理好以下几个方面的关系。

1. 正确处理企业与顾客的关系

"顾客是上帝",每一个企业要想生存和发展,就必须处理好与顾客的关系。忽视与顾客间的关系,实质上就等于企业堵塞了自己生存和发展的道路。

企业要处理好与顾客的关系,就应该向顾客提供优质的产品和服务,重视与消费者的信息交流,妥善及时处理消费者投诉,并且积极维护消费者的利益。

📚 案例分析

顾客争座时,肯德基怎么办

2000 年 8 月,江西第一家肯德基餐厅落户南昌,开张数周,一直人如蜂拥,非常火暴。不想一月未到,即有顾客因争座被殴打而向报社投诉肯德基,造成了一场不小的风波。

事件经过大致如下:一位女顾客用所携带物品占座位后去排队购买套餐时,座位被一位男顾客坐住而发生争执。先是两位顾客因争座发生口角,尽管已引起其他顾客的注意,但都未太在意,此时餐厅的员工未能及时平息两人的争端。接着两人争吵上升到大声争吵,店内所有顾客都开始关注事态,邻座的顾客则停止用餐,离座回避,带小孩的家长担心事态危险和小孩受到粗话影响,开始领着小孩离店。最后两人争吵上升到打斗,男顾客大打出手,打伤女顾客后离店,别的顾客也纷纷离座外逃和远远地看热闹。女顾客非常气愤,当即要求肯德基餐厅对此事负责,并加以赔偿。到此时,其影响面还局限于人际范围,如果餐厅经理能满足顾客的要求,女顾客就不至于向报社投诉。但餐厅经理表示"这是顾客之间的事情,肯德基不应该负责",拒绝了女顾客的要求。女顾客马上打电话向《南昌晚报》和《江西都市报》两报投诉。两报立即派出记者到场采访。女顾客陈述了事件的经过并坚持自己的要求,而餐厅经理在接受采访时对女顾客被殴表示同情和遗憾,但是认为餐厅没有责任,不能做出道歉和赔偿。两报很快对此事作了报道，结果引起众多市民的议论和有关法律专家的关注。事后，根据消费者权益保护法，肯德基被认为对此事负有部分责任，向女顾客公开道歉，并赔偿了部分医药费，两报对此也都作了后续报道。

（资料来源：华泰教育网 http://www.huataiedu.com）

营销启示

从公共关系的角度来看，南昌肯德基因未及时处理好该事件而使舆论影响不断升级，形象损失越来越大。从整个过程看，肯德基事件的处理态度实为公关大忌，餐厅经理为维护一时的权益，不仅失去了一个消费者，而且造成了众多消费者的心理阴影。

公关无小事。从这一事件看出，企业培养员工的公关意识十分重要。目前不少公司的员工宁输公司的形象也不愿输理，因小失大，就源于公关意识的薄弱，看不到形象作为无形资产对于公司的巨大价值。公关不只是公关部的责任，进行员工素质培养，推行全员公关，是企业不应忽视的。

2. 正确处理企业与新闻媒介的关系

媒介关系在公共关系中占据核心位置。记者被称为"无冕之王"，是新闻媒介的代表，是企业的重要公众。新闻媒介可以在短期内使企业为公众所信赖，也可以让一个明星企业声誉扫地。因此，企业应本着尊重、诚恳、平等的态度积极主动地处理好与新闻媒介的关系，利用新闻媒介为企业发布广告和信息，塑造企业在公众心中的良好形象。

3. 正确处理企业与政府的关系

政府是国家权力的执行机关，是最具社会影响力和经济实力的社会组织。它对企业经营活动的影响不仅表现在法律、法规和方针政策上，还表现在各级政府都有一些具体部门对各行业、企业的业务活动进行监督和管理，各级企业都要接受政府的集中统一领导。

要处理好企业与政府的关系，就要熟悉政府的政策法令，积极响应政府的号召，做到守法经营。同时，企业还要注重生态环境保护，积极参加社会公益活动，主动帮助政府解决就业等社会问题，以赢得政府的好评和支持。

4. 正确处理企业与社区公众的关系

良好的社区环境是组织或企业生存和发展的基础。企业的社区关系主要是指企业周围相邻的工厂、机关、学校、商店、旅馆、医院、公益事业单位以及居民的相互关系。

企业搞好同社区的关系，应该做好以下几项工作：①主动加强与社区公众的交往，积极参与社区组织的各项活动，保持与社区的信息沟通；②热情为社区建设出力，积极为社区排忧解难；③保护社区的利益，努力使企业成为社区的骄傲。

5. 正确处理企业与其他企业的关系

这里的其他企业主要是指与本企业有经济往来的企业，像工业用户、供应商、中间商、金融机构等是企业公共关系活动的主要对象。企业必须和与本企业有经济往来的工商企业进行有效沟通，保证企业的顺畅运行。

与其他企业的关系还包括企业与竞争者之间的关系。企业应该把竞争对手的存在看做是一种企业发展的动力，正确处理竞争关系，在竞争中求合作，在合作中相互竞争，维持自身的存在与发展。

6. 正确处理企业内部公众关系

企业的内部公众关系是指企业内部员工关系、部门之间关系及股东关系的总称。企业内部公众关系是否和谐融洽直接关系到企业经营目标的实现。为此,企业应创造条件加强内部信息交流,增进员工之间的相互了解,协调各方利益关系,解决各种矛盾,以培养集体精神和协作精神,促进企业内部公众关系的良性发展。

▶ 二、公共关系的活动方式

企业开展公共关系的活动方式有很多种,这与企业规模、产品类别、市场环境等密切相关。按照公共关系的功能不同,公共关系的活动方式可分为以下五种。

1. 宣传性公关

这种方式是运用报纸、杂志、广播、电视、网络等各种传播媒介,采用撰写新闻稿、发布新闻报道、制造新闻事件等形式,向社会各界传播企业有关信息,以形成有利的社会舆论,创造良好气氛的活动。这种方式传播面广,推广企业形象效果较好。

案例分析

10万美元寻找主人

某公司宣传其新型保险柜的卓越功能,登出一则这样的广告:"10万美元寻找主人！本公司展厅保险柜里存放有10万美元,在不弄响警报器的前提下,各路豪杰可用任何手段拿出享用！"

广告一出,轰动全城。前往一试身手的人形形色色:有工人、学生、工程师、警察和侦探,甚至还有不露声色的小偷,但都没有人能够得手。各大报纸连续几天都为此事作免费报道,影响极大。这家公司的保险柜的声誉随之大增。

营销启示

新型保险柜公司未出一分钱的广告费,却取得了极好的广告效果。这就是因为它们充分运用了制造新闻事件这一公关手法,引来公众注意,向公众传递了组织和产品的信息,增强了公众的信任感。使用制造新闻的关键是"新"、"奇",公关人员应善于开动脑筋,充分发挥创造性和想象力,出奇制胜,方能奏效。

2. 征询性公关

这种公关方式主要是通过开办各种咨询业务、制定调查问卷、进行民意测验、设立热线电话、聘请兼职信息人员、举办信息交流会等各种形式,连续不断地努力,逐步形成效果良好的信息网络,收集、处理与反馈公众意见,为经营管理决策提供依据。

3. 交际性公关

这种方式是通过语言、文字的沟通,为企业广结良缘,巩固传播效果。可采用宴会、座谈会、招待会、谈判、专访、慰问、电话、信函等形式。交际性公关具有直接、灵活、亲密、富有人情味等特点,能深化交往层次。

4. 服务性公关

这种方式就是通过各种实惠性服务,以行动去获取公众的了解、信任和好评。企业可以以各种方式为公众提供服务,如消费指导、消费培训、免费修理,为员工提供各种福利等。事实上,只有把服务提到公关这一层面上来,才能真正做好服务工作,也才能真正把公关转化为企业全员行为。

5. 社会性公关

社会性公关是通过赞助文化、教育、体育、卫生等事业,支持社区福利事业,参与国家、社区重大社会公益活动等形式来塑造企业的社会形象,提高企业的社会知名度和美誉度的活动。这种公关方式公益性强、影响力大,但成本较高。

无论采用哪一种活动方式,或是采用几种方式相结合,企业的公共关系都要遵循真实客观与全员公关的原则,才能取得社会公众的理解、信任与支持。

▶ 三、公共关系的策划程序

企业公共关系活动的基本程序包括调查、计划、实施、检测四个步骤。

1. 公共关系调查

公共关系调查是开展公共关系工作的基础和起点。通过调查,能了解和掌握社会公众对企业决策与行为的意见。据此,可以基本确定企业的形象和地位,可以为企业监测环境提供判断条件,为企业制定合理决策提供科学依据等。公关调查内容广泛,主要包括企业基本状况、公众意见及社会环境三方面内容。

2. 公共关系计划

公共关系计划是一项长期性工作,合理的计划是公关工作持续高效的重要保证。制订公关计划,要以公关调查为前提,依据一定的原则,来确定公关工作的目标,并制定科学、合理而可行的工作方案,如具体的公关项目、公关策略等。

3. 公共关系的实施

公关关系的实施是整个公关活动的"高潮"。为确保公共关系实施的效果最佳,正确地选择公共关系媒介和确定公共关系的活动方式是十分必要的。公关媒介应依据公共关系工作的目标、要求、对象和传播内容以及经济条件来选择。确定公关的活动方式,宜根据企业的自身特点、不同发展阶段、不同的公众对象和不同的公关任务来选择,这样才有可能确定最适合、最有效的活动方式。

4. 公共关系的检测

公关计划实施效果的检测,主要依据社会公众的评价。通过检测,能衡量和评估公关活动的效果,在肯定成绩的同时,发现新问题,为制定和不断调整企业的公关目标、公关策略提供重要依据,也为使企业的公共关系成为有计划的持续性工作提供必要的保证。

复习思考

1. 企业促销主要通过哪些方式?这些方式各有什么特点?
2. 作为一个新的推销人员,在和客户洽谈前应做好哪些准备?
3. 作为广告的新媒体,网络与广播、电视、报纸、杂志相比具有哪些突出的优势?
4. 企业的公共关系应处理好哪些关系?
5. 举例说明营业推广有哪些形式。
6. 哪种促销组合最适合以下产品:①手机;②微波炉;③理发服务;④汽车饰品;⑤度假旅游?

实训练习

1. 选择某种产品,以两人为一组,一位学生扮演推销员,一位学生扮演顾客,进行模拟推销演练,然后再进行角色互换,直到两人都能正确地、熟练地、恰到好处地进行推销为止。要求学生按照推销程序精心准备推销材料,根据推销对象的特点进行推销。模拟推销完成后,共同总结情境模拟的收获,分析存在的问题。

2. 请你搜集当地商场或大卖场的企业背景,利用黄金周(五一、十一、春节)或其他节日(情人节、母亲节、中秋节、圣诞节)的时机,请你的同学们为某商场或卖场策划一个针对消费者的营业推广方案。要求从主办单位、推广目的和范围、参与活动对象的条件、传播媒体、推广时间、规则、内容、注意事项等方面撰写活动方案。向其他同学介绍自己的促销活动方案,说服大家采纳你的创意。有条件的话,可以走访此企业,和企业营销部门交流,介绍自己的推广方案,听取企业营销人员的意见和建议,并进一步完善自己的营业推广方案。

案例分析

1. 美国亨氏集团的母亲座谈会。

美国亨氏集团与我国合资在广州建立婴幼儿食品厂。但是,生产什么样的食品来开拓广阔的中国市场呢? 筹建食品厂的初期,亨氏集团做了大量调查工作,多次召开"母亲座谈会",充分听取公众的意见,广泛了解消费者的需求,征求母亲对婴儿产品的建议,摸清各类食品在婴儿哺养中的利弊。之后进行综合比较,分析研究,根据母亲们提出的意见,试制了一些样品,免费提供给一些托幼单位试用;收集征求社会各界对产品的意见、要求,相应的调整原料配比,他们还针对中国儿童食物缺少微量元素、造成儿童营养不平衡及影响身体发育的现状,在食品中加进一定量的微量元素,如锌、钙和铁等,食品配方更趋合理,使产品具有极大的吸引力,普遍地受到中国母亲的青睐。于是,亨氏婴儿营养米粉等系列产品迅速走进千千万万个中国家庭。

分析:

(1) 公共关系活动的基本程序包括哪几个步骤? 亨氏集团的市场调查工作采取了哪几个步骤?

(2) 公共关系调查主要包括哪几个方面的内容? 和其他的调查方式相比,"母亲座谈会"这种方式具有哪些特点?

2. "四不像"广告风波。

1994 年 9 月 18 日晚,太原有线电视台播出一则字幕广告,内容为:"敬告市民:据悉'四不像'不久将从雁门关外进入本地区,不日将进入千家万户,请大家关紧门窗,留心观察。金鑫广告策划。"区区几行小字,却意外地引起了轩然大波。许多人到处询问"四不像是什么"并奔走相告。甚至引起一些不明真相的人的恐慌,流传"四不像"已经在关外吃了人。以讹传讹,结果导致个别孩子不敢上学,妇女不敢出门。

一时人心惶惶,市民纷纷打电话到气象局、农牧局、电视台、公安局等部门询问"四不像"到底为何物,何时来临,如何防卫。

9 月 20 日晚,太原有线电视台连续 12 次播出了这样的字幕:"'四不像'是来自雁门关的系列产品,昨日播出的广告,词语欠妥,除另行更换广告外,特向观众道歉。"9 月 23 日,太原市工商局以该广告违反了国务院颁布的《广告管理条例》中的"广告内容必须真实、健康、清晰、明白,不得以任何形式欺骗用户和消费者"等规定,对山西金鑫影视制作中心和刊播单位做了通报批评,并处以 5000 元的罚款。

分析:

(1) 从金鑫这则广告策划中,我们得出广告策划宣传应遵循哪些基本原则?

(2) 你认为广告策划应如何创新?如何出奇制胜?

第十章

市场营销管理

　　企业在进行市场调查分析、目标市场选择和市场营销组合后,在营销战略和营销计划的执行过程中,还必须有营销组织对营销活动进行有效地监督和管理。

营销名言

企业的情况很复杂,所以应该有壮士断臂的勇气和决心,因为这个放弃减少了对他的很多压力和拖累,使他更有力量,也应寻找更好的机会来发展。

——段永基

引 导 案 例

营销老总如何做好营销控制

胡总在企业里当"一把手"已经十几年了,可是从来没有像最近这样烦心过。虽然最近两年来,他已经隐隐约约地预见到这类事情可能要发生,却没料到会来得这么快!

这应了某位专家的一句话:"市场是最坏的老师,在我们还没准备好的时候,就不得不上交答卷!"市场给胡总的问题是:最近这几年来,销量是在一直上升,可营销费用却如坐直升机般,直往上蹿! 过去两年集团总部一直睁只眼闭只眼,在年底经营总结会上都算侥幸过去了,今年却由于集团要逐渐壮大,要外求扩张,于是给现有各区域下了死命令,要求营销费用的使用必须控制在总部要求的范围内,以达到集团经营的良性发展。

胡总是一个喜欢进攻的狮子型管理者,只喜欢不顾一切地进攻,而不是很关注费用的使用,所以,整个区域上下这几年来基本上都是只顾往前冲,很少为营销费用担忧过,只要是营销费用的问题,以前胡总只要能想办法,都尽量满足了一线员工的要求。

现在既然总部下了死命令,将营销费用控制当做全年最重要的经营指标来考核,胡总可不敢大意,除了开始翻翻以前的营销费用审批表之外,胡总还想到了财务部。

胡总想,要想控制费用,肯定由财务部门来控制最好,财务部门管钱嘛! 可是,与总部派过来的财务副总一讨论,财务副总只能负责核算营销费用,却很难控制营销费用。每月大量的营销费用审批报告事前虽都有审批,但财务部门很难跟踪到每笔费用在事中到底使用得如何,是否有违规或者变相使用等情况。与其关系一直比较紧张的财务副总最后甚至还吐出这样一句话:营销费用高,当然要由营销部门及总经理在事中控制了!

胡总被抢白了一阵,心里虽不是滋味,可是也拿不出什么道理来反驳。这么棘手的问题,他应该怎么下手来处理?

(资料来源:谭长春. 全球品牌网,2009年2月26日)

思考:

胡总为什么会有有苦说不出的感觉? 他应该怎么办才能消除心中的烦躁?

企业市场营销管理过程包含着四个相互紧密联系的步骤:分析市场机会、选择目标市场、确定市场营销策略、市场营销活动管理(见图10-1)。市场营销活动的管理,离不开市场营销计划、市场营销组织和市场营销控制三个管理系统的支持。这三个系统相互联系、相互制约:市场营销计划是市场营销组织活动的指导,市场营销组织负责实施市场营销计划,市场营销计划实施需要市场营销控制,保证计划得以实现。

分析市场机会 → 选择目标市场 → 确定市场营销策略 → 市场营销活动管理

图 10-1 市场营销管理过程

第一节　市场营销计划

　　企业营销计划是指在对企业市场营销环境进行调研分析的基础上,制定企业及各业务单位的营销目标以及实现这一目标所应采取的策略、措施和步骤的明确规定与详细说明。具体地说,市场营销计划就是确定未来的市场营销目标是什么,要采取哪些工作步骤来达到市场营销目标,要在什么时间和范围内实现这个目标,以及由谁来进行这种活动等一系列决策筹划过程。

▶ 一、市场营销计划的类型

　　1. 长期计划、中期计划和短期计划

　　按计划时期的长短划分,市场营销计划可分为长期计划、中期计划和短期计划。长期计划的期限一般在 5 年以上,主要是确定未来发展方向和奋斗目标的纲领性计划。中期计划的期限为 1～5 年。短期计划的期限通常为 1 年,如年度计划。

　　2. 总体营销计划和专项营销计划

　　按计划涉及的范围划分,市场营销计划可分为总体营销计划和专项营销计划。总体营销计划是企业营销活动的全面、综合性计划。专项营销计划是针对某一产品或特殊问题而制订的计划,如品牌计划、定价计划、渠道计划、促销计划等。

　　3. 战略计划、策略计划和作业计划

　　按计划的程度划分,市场营销计划可分为战略计划、策略计划和作业计划。战略计划是对企业将在未来市场占有的地位及采取的措施所做的策划。策略计划是对营销活动某一方面所做的策划。作业计划是各项营销活动的具体执行性计划,如一项促销活动,需要对活动的目的、时间、地点、活动方式、费用预算等做策划。

▶ 二、市场营销计划的内容

　　不同企业的市场营销计划包括几个部分,各部分内容也会因企业的要求不同而详略程度有所差异,但大多数市场营销计划应包括以下八个方面的内容:计划概要、营销状况、SWOT 分析、营销目标、营销策略、行动方案、营销预算及营销控制。

　　1. 计划概要

　　计划概要是对主要营销目标和措施的简短摘要,目的是使高层主管迅速了解该计划的主要内容,抓住计划的要点。例如某零售商店年度营销计划的内容概要是:“本年度计划销售额为 5000 万元,利润目标为 500 万元,比上年增加 10%。这个目标经过改进服务、灵活定价、加强广告和促销努力,是能够实现的。为达到这个目标,今年的营销预算要达到 100 万元,占计划销售额的 2%,比上年提高 12%。”

　　2. 营销状况

　　这部分主要提供与市场、产品、竞争、分销以及宏观环境因素有关的背景资料。具体内容有以下五个方面。

（1）市场状况。列举目标市场的规模及其成长性的有关数据、顾客的需求状况等。如目标市场近年来的年销售量及其增长情况、在整个市场中所占的比例等。

（2）产品状况。列出企业产品组合中每一个品种近年来的销售价格、市场占有率、成本、费用、利润率等方面的数据。

（3）竞争状况。识别出企业的主要竞争者，并列举竞争者的规模、目标、市场份额、产品质量、价格、营销战略及其他的有关特征，以了解竞争者的意图、行为，判断竞争者的变化趋势。

（4）分销状况。描述公司产品所选择的分销渠道的类型及其在各种分销渠道上的销售数量。如某产品在百货商店、专业商店、折扣商店、邮寄等各种渠道上的分配比例等。

（5）宏观环境状况。主要对宏观环境的状况及其主要发展趋势作简要的介绍，包括人口环境、经济环境、技术环境、政治法律环境、社会文化环境，从中判断某种产品的命运。

3. SWOT 分析

企业应对计划期内企业营销所面临的主要机会和风险进行分析，分清轻重缓急，对企业营销资源的优势和劣势进行系统分析，确立自己的市场位置。在机会与风险、优劣势分析基础上，企业可以确定在该计划中所必须注意的主要问题。

4. 营销目标

拟定营销目标是企业营销计划的核心内容，在市场分析的基础上对营销目标做出决策。计划应建立财务目标和营销目标，目标要用数量化指标表示出来，要注意目标的实际、合理，并应有一定的开拓性。

（1）财务目标。财务目标即确定每一个战略业务单位的财务报酬目标，包括投资报酬率、利润率、利润额等指标。

（2）营销目标。财务目标必须转化为营销目标。营销目标可以由以下指标构成，如销售收入、销售增长率、销售量、市场份额、品牌知名度、分销范围等。

5. 营销策略

企业将采用的营销策略，包括目标市场选择和市场定位、营销组合策略等。明确企业营销的目标市场是什么市场，如何进行市场定位，确定何种市场形象；企业拟采用什么样的产品、渠道、定价和促销策略。

6. 行动方案

对各种营销策略的实施制定详细的行动方案，即阐述以下问题：将做什么？何时开始？何时完成？谁来做？成本是多少？整个行动计划可以列表加以说明，具体说明每一时期应执行和完成的活动时间安排、任务要求和费用开支等，使整个营销战略落实于行动，并能循序渐进地贯彻执行。

7. 营销预算

营销预算即开列一张实质性的预计损益表。在收益的一方要说明预计的销售量及平均实现价格，预计销售收入总额；在支出的一方要说明生产成本、实体分销成本和营销费用，以及再细分的明细支出，预计支出总额。最后得出预计利润，即收入和支出的差额。企业的业务单位编制出营销预算后，送上层主管审批。一经批准后，该预算就是材料采购、生产调度、劳动人事以及各项营销活动的依据。

8. 营销控制

对营销计划执行进行检查和控制,用于监督计划的进程。为便于监督检查,具体做法是将计划规定的营销目标和预算按月或季分别制定,营销主管每期都要审查营销各部门的业务实绩,检查是否完全实现了预期的营销目标。凡未完成计划的部门,应分析问题原因,并提出改进措施,以争取实现预期目标,使企业营销计划的目标任务都能落实。

范文

××公司 2008 年空调自控产品湖南市场营销计划书

一、计划概要

1. 年度销售目标 600 万元;
2. 经销商网点 50 个;
3. 公司在自控产品市场有一定知名度。

二、营销状况

空调自控产品属于中央空调等行业配套产品,受上游产品消费市场牵制,但需求总量还是比较可观的。随着城市建设和人民生活水平的不断提高,以及产品更新换代时期的到来,带动了市场的持续增长,从而带动了整体市场容量的扩张。湖南地处中国的中部,空调自控产品需求量比较大:①夏秋炎热,春冬寒冷;②近两年湖南房地产业发展迅速,特别是中高档商品楼、别墅群的兴建;③湖南纳入西部开发,将增加各种基础工程的建设;④长株潭的融城;⑤郴州、岳阳、常德等大量兴建工业园和开发区;⑥人们对自身生活要求的提高;综上所述,空调自控产品特别是高档空调自控产品在湖南的发展潜力很大。

营销方式总体来说,空调自控产品销售的方式不外三种:工程招标、房产团购和私人项目。工程招标渠道占据的份额很大,但是房产团购和私人项目两种渠道发展迅速,已经呈现出多元化发展局面。

从各企业的销售渠道来看,大部分公司采用办事处加经销商的模式,国内空调自控产品企业 2007 年都加大力度进行全国营销网络的部署和传统渠道的巩固,加强与设计院以及管理部门的公关合作。对于进入时间相对较晚的空调自控产品企业来说,由于市场积累时间相对较短,而又急于快速打开市场,因此基本上都采用了办事处加经销商的渠道模式。为了快速对市场进行反应,凡进入湖南市场的自控产品在湖南都有库存。湖南空调自控产品市场容量比较大,而且还有很大的潜力,发展趋势普遍看好,因此对还未进入湖南市场的品牌存在很大的市场机会,只要采用比较得当的市场策略,就可以挤进湖南市场。目前本公司在湖南空调自控产品市场上基础比较薄弱,团队还比较年轻,品牌影响力还需要巩固与拓展。在销售过程中必须要非常清楚我公司的优势,并加以发挥使之达到极致;找出我公司的弱项并及时提出,加以克服,以实现最大的价值;提高服务水平和质量,将服务意识渗透到与客户交流的每个环节中,注重售前、售中、售后回访等各项服务。

三、营销目标

1. 空调自控产品应以长远发展为目的,力求扎根湖南。2008 年以建立完善的销售网络和样板工程为主,销售目标为 600 万元;

2. 跻身一流的空调自控产品供应商,成为快速成长的成功品牌;

3. 以空调自控产品带动整个空调产品的销售和发展;

4. 市场销售近期目标:在很短的时间内使营销业绩快速成长,到年底使自身产品成为行业内知名品牌,占领省内同水平产品的一部分市场;

5. 致力于发展分销市场,到 2008 年年底发展到 50 家分销业务合作伙伴;

6. 无论精神、体力都要全力投入工作,使工作向高效率、高收益、高薪资发展。

四、营销策略

如果空调自控产品要快速增长,且还要取得竞争优势,最佳的选择必然是——"目标集中"的总体竞争战略。随着湖南经济的不断快速发展、城市化规模的不断扩大,空调自控产品市场的消费潜力很大,目标集中战略对我们来说是明智的竞争策略选择。围绕"目标集中"总体竞争战略,我们可以采取的具体战术策略包括:市场集中策略、产品带集中策略、经销商集中策略以及以其他为目标集中而配套的策略四个方面。为此,我们需要将湖南市场划分为以下四种。

(1)战略核心型市场——长沙、株洲、湘潭、岳阳;

(2)重点发展型市场——郴州、常德、张家界、怀化;

(3)培育型市场——娄底、衡阳、邵阳;

(4)等待开发型市场——吉首、永州、益阳。

总的营销策略:全员营销与采用直销和渠道营销相结合的营销策略。

1. 目标市场

遍地开花,中心城市和中小城市同时突破,重点发展行业样板工程,大力发展重点区域和重点代理商,迅速促进产品的销量及销售额的提高。

2. 产品策略

用整体的解决方案带动整体的销售:要求我们的产品能形成完整的解决方案并有成功的案例,由此带动全线产品的销售。大小互动:以空调自控产品的销售带动阀门及其他产品的销售,以阀门及其他产品的项目促进空调自控产品的销售。

3. 价格策略

以高品质、高价格、高利润空间为原则;制定较现实的价格表:价格表分为两层,媒体公开报价,市场销售的最低价。制定较高的月返点和季返点政策,以控制营销体系。严格控制价格体系,确保一级分销商,二级分销商,项目工程商,最终用户之间的价格距离及利润空间。为了适应市场,价格政策又要有一定的灵活性。

4. 渠道策略

(1)分销合作伙伴分为两类:一类是分销客户,是我们的重点合作伙伴。另一类是工程商客户,是我们的基础客户。

(2)渠道的建立模式:①采取逐步深入的方式,先草签协议,再做销售预测表,然后正式签订协议,订购第一批货。如不进货则不能签订代理协议;②采取寻找重要客户的办法,通过谈判将货压到分销商手中,然后我们的销售和市场支持跟上;③在代理商之间挑起竞争心态,在谈判中因有当地的一个潜在客户而使我们掌握主动权和高姿态。不能以低姿态进入市场;④草签协议后,在我们的广告中就可以出现草签代理商的名字,挑起分销商和原厂商间的矛盾,我们乘机进入市场;⑤在当地的区域市场上,随时保证有一个当地的可以成为一级代理的二级代理,以对一级代理构成威胁和起到促进作用。

(3) 市场上有推、拉的力量。要快速地增长,就要采用推动力量。拉需要长时间的培养。为此,我们将主要精力放在开拓分销渠道上,另外,负责大客户的人员和工程商的人员主攻行业市场和工程市场,力争在三个月内完成 4~5 项样板工程,给内部人员和分销商树立信心。到年底为止,完成自己的营销定额。

5. 人员策略

营销团队的基本理念:开放心胸;战胜自我;专业精神。

(1) 业务团队的垂直联系,保持高效沟通,才能做出快速反应。团队建设宜扁平。

(2) 内部人员的报告制度和销售奖励制度。

(3) 以专业的精神来销售产品。价值＝价格＋技术支持＋服务＋品牌。实际销售的是一个解决方案。

(4) 编制销售手册。其中包括代理的游戏规则、技术支持,市场部的工作范围和职能,所能解决的问题和提供的支持等说明。

五、营销方案

(1) 公司应好好利用上海品牌,走品牌发展战略。

(2) 整合湖南本地各种资源,建立完善的销售网络。

(3) 培养一批好客户,建立良好的社会关系网。

(4) 建设一支好的营销团队。

(5) 选择一套适合公司的市场运作模式。

(6) 抓住公司产品的特点,寻找公司的卖点。

(7) 公司在湖南宜采用直销和经销相结合的市场运作模式;直销做样板工程并带动经销网络的发展,经销做销量并作为公司的利润增长点。

(8) 直销采用人员推广和部分媒体宣传相结合的方式拓展市场,针对空调自控产品,我们可以采用小区推广法和重点工程机项目样板工程说服法。

(9) 为了尽快进入市场和有利于公司的长期发展,应以长沙为中心,向省内各大城市进军,其中以长沙为核心,以地市为利润增长点。

(10) 湖南的渠道宜采用扁平化模式并作好渠道建设和管理,在渠道建设方面可以不设省级总经销商,而是以地市为基本单位划分,每个地级市设两个一级经销商,并把营销触角一直延伸到具有市场价值的县级市场,改变目前湖南其他空调自控产品品牌在地级市场长期以来的游击战方式,采用阵地战,建立与经销商具有长期利益关系的品牌化运作模式,对每个地区市场都精耕细作、稳扎稳打。

(11) 为了确保上述战术的实现,特别是为了加强渠道建设和管理,必须组建一支能征善战的营销队伍。确保营销队伍的相对稳定性和合理流动性,全年合格的营销人员不少于三人;务必做好招聘、培训工作;将试用表现良好的营销员分派到各区担任地区主管。

(12) 加强销售队伍的管理。实行三 A 管理制度;采用竞争和激励因子;定期召开销售会议;树立长期发展思想,使用和培养相结合。

(13) 销售业绩。公司下达的年销售任务,根据市场具体情况进行分解。主要手段是:提高团队素质,加强团队管理,开展各种促销活动,制定奖罚制度及激励方案。

(14) 工程商、代理商管理及关系维护。针对现有的工程商客户、代理商或将拓展的工程商及代理商,进行有效管理及关系维护,对各个工程商客户及代理商建立客户档案,了解前期销售情况及实力情况,进行公司的企业文化传播和公司 2008 年度的新产品传播。此项工作在 6 月底完成。在旺季结束后和旺季来临前不定时地进行传播。了解各工程商及代理商负责人的基本情况并进行定期拜访,进行有效沟通。

(15) 品牌及产品推广。品牌及产品推广在 2008 年执行公司的定期品牌宣传及产品推广活动计划,并策划一些投入成本较低的公共关系宣传活动,提升品牌形象。有可能的情况下与各个工程商及代理商联合进行推广,不但可以扩大影响力,还可以建立良好的客户关系。产品推广主要进行一些"路演"或户外静态展示,进行一些产品推广和正常营业推广。

(16) 终端布置,渠道拓展。根据公司的 2008 年度的销售目标,渠道网点普及会大量的增加,根据此种情况随时、随地积极配合业务部门的工作,积极配合经销商的形象建设。

(17) 促销活动的策划与执行。根据市场情况和竞争对手的销售促进活动,灵活策划一些销售促进活动。主题思路应避其优势,攻其劣势,根据公司的产品优势及资源优势,突出重点进行策划与执行。

(18) 团队建设、团队管理、团队培训。

六、配备和预算

1. 营销队伍:全年合格的营销人员不少于三人。

2. 所有工作重心都向提高销售倾斜,要建立长期用人制度,并确保营销人员的各项后勤工作按时、按量到位。

3. 为适应市场,公司在湖南必须有一定量的库存,保证货源充足及时,比例协调,达到库存最优化,尽量避免断货或缺货现象(在长沙已谈好一家经销商,由经销商免费提供门面及人员)。

4. 时时进行市场调研、市场动态分析及信息反馈,做好企业与市场的传递员。全力打造一个快速反应的机制。

5. 协调好代理商及经销商等各环节的关系。根据技术与人员支持,全力以赴完成终端任务。

6. 拓宽公司产品带,增加利润点。

7. 必须确立营业预算与经费预算,经费预算的决定通常随营业实绩做上下调节。

8. 为加强机构的敏捷、迅速化,本公司将大幅委让权限,使人员得以果断速决,但不得对任何外来人员泄露公司价格等机密,在与客户交流中,如遇价格难以决定时,须请示公司领导。

9. 为达到责任目的及确定责任体制,公司可以贯彻重奖重罚政策。

(资料来源:飘飘落雪的百度空间,2009 年 4 月 7 日)

　　营销计划制订后,并不意味着就一成不变,而要根据市场的变化主动对营销计划进行调整,这就需要对营销计划进行分解,包括月度分解和区域分解,这就才能既保证营销计划的稳定性,又能保证营销计划的适应性。营销计划的调整需要从部门和制度上加以保障,要有专门的职能部门对营销计划的执行状况进行评估,并对各区域的营销计划进行综合平估,这样才能使营销计划可以保持整体性的动态发展。

▶ 三、营销计划有效执行的保障

　　一份完善的营销计划需要有效地执行才能发挥作用,实现营销目标,否则就是一纸空文。为此,企业管理层需要从多方面努力保证营销计划的有效执行。

　　1. 制度保障

　　(1)基础性管理制度。

　　①绩效考核制度:将营销计划要达到的目标,与营销人员的绩效考核联系起来,由此来规范营销人员的行为始终围绕营销目标开展工作,使营销计划落到实处。

　　②部门协作制度:围绕营销计划的重点,解决好各部门之间的协作关系,在部门之间确立合同关系,明确责权利,另外也可以采取项目小组的形式开展工作,提高营销计划的运作效率。比如在营销计划中的新产品开发业务,关系着企业的持续竞争力提升,其参与的部门涉及市场、生产、技术、供应等。要提高新产品开发的速度和效率,一方面要确立市场部在新产品开发过程中的领导关系;另一方面又可以通过责任书的确认,使其他部门都能按照要求完成新产品开发各环节的工作。

　　(2)职能性管理制度。职能性管理制度的重点是提高营销计划实施效率的管理制度,如营销推广管理制度、区域管理制度、渠道管理制度、销售业务管理制度等,这些制度一方面为销售人员提供了开展工作的规范;另一方面则为衡量销售人员的工作成效提供了标准。另外,管理制度还影响着销售人员的思想意识和行为模式,其根本点都是围绕着营销计划的有效执行而进行的。

　　2. 流程保障

　　(1)围绕营销计划的关键业务内容优化运作流程。营销关键业务流程的优化甚至重组,将对营销计划的有效实施有着重要的作用。往往一份营销计划是好的,但在实际运作过程中,由于业务流程运作的不合理,造成营销计划实施的效率低下,直接影响到营销目标的实现。

　　(2)通过重组业务流程调整部门结构。在一些关键性的业务流程中,如产品研发流程、营销推广流程、营销计划流程、订单处理流程等,其运作效率的高低,反映着整个组织结构和部门职能是否合理。因此要真正做到业务流程重组后企业能够高效运转,就要根据业务流程的要求,从组织和职能上加以保障,确保业务流程能为企业带来根本性的利益。

　　3. 权限保障

　　营销计划的有效执行很大程度上是取决于各部门能否充分发挥各自的职能,营销计划在实施时,一定要赋予各职能部门相应的权限,否则将会影响到营销计划执行的效率。

　　(1)总部和分部之间的权限分配。总部对于营销计划应该强化专业方面的权限,而分部对于执行营销计划则应该加强针对性方面的权限,使营销计划在执行过程中可以得到很好的整体配合。

（2）营销计划各项业务活动的权限分配。也就是对营销计划中的业务内容进行合理分配，使各个职能部门都能找到相对应的工作内容，主要是解决业务活动开展过程中的决策权限，比如新产品研发由哪个部门领导和推动，销售计划由哪个部门分析、整合和落实等。

4. 资源保障

虽然营销计划中包含了费用预算，但往往有些项目所分配到的资源并不能保障计划的实现。有的企业总是会把费用倾斜到能立即提升销量的项目上，比如渠道返利促销，而对影响企业长期发展的关键项目在费用上却没有相应的分配，从而使得一些长线营销工作无法开展。因此在营销计划的实施中，一定要通过制度对关键项目进行确定，并与绩效考核结合起来，通过政策来加以保障，使营销目标能够得以顺利实现。

第二节　市场营销组织

市场营销组织是指企业内部涉及营销活动的各项职务安排、组合及其组织结构模式。一个权责分明、分工协作、信息畅通、高效节约的市场营销组织能够充分发挥其协调和控制的职能，调动各部门及工作人员的积极性，从而实现更好地为市场营销服务。

▶ 一、市场营销组织的演变

市场营销组织发展至今，经历了单纯的销售部门、兼有附属功能的销售部门、独立的市场营销部门和现代的市场营销部门四个阶段，这四个阶段也体现了企业经营理念的转变。

1. 单纯的销售部门

20世纪30年代以前，西方企业以生立观念作为指导思想，大部分都采用这种形式。一般说来，所有企业都是从财务、生产、销售、人事和会计这五个基本职能部门开展的。五个部门各司其职。其中，销售部门通常由一位副总经理负责，管理销售人员，并兼管若干市场营销研究和广告宣传工作。在这个阶段，销售部门的职能仅仅是推销生产部门生产出来的产品，生产什么、销售什么；生产多少，销售多少。产品生产、库存管理等完全由生产部门决定，销售部门对产品的种类、规格、数量等问题，几乎没有任何发言权。其组织结构形式如图10-2所示。

图10-2　单纯的销售部门

2. 兼有附属职能的销售部门

随着企业规模的扩大，销售工作日益复杂，企业大多数以推销观念作为指导思想，需要进行经常性的市场营销研究、广告宣传以及其他促销活动,这些工作逐渐变成专门的职能。销售经理就需要另外设立一名市场营销主管专门负责这些职能的规划和管理。其组织结构形式如图 10-3 所示。

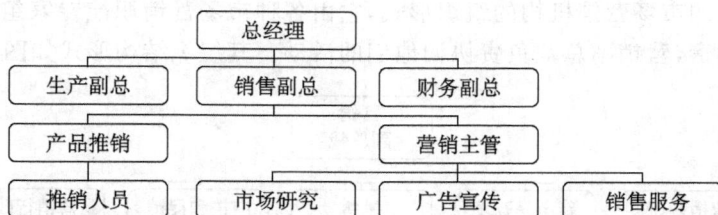

图 10-3　兼有附属职能的销售部门

3. 独立的市场营销部门

随着企业规模和业务范围的进一步扩大,原来作为附属性工作的市场营销研究、新产品开发、广告促销和为顾客服务等市场营销职能的重要性日益增强。于是,市场营销部门成为一个相对独立的职能部门。作为市场营销部门负责人的市场营销副总经理同销售副总经理一样直接受总经理的领导,销售和市场营销成为平行的职能部门。但在具体工作上,这两个部门是需要密切配合的。其组织结构形式如图 10-4 所示。

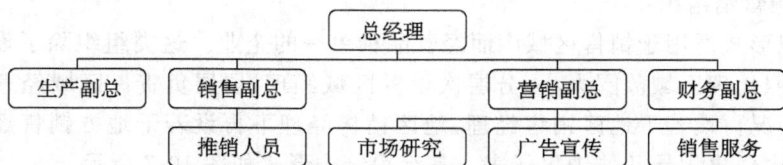

图 10-4　独立的市场营销部门

4. 现代的市场营销部门

尽管销售副总经理和市场营销副总经理需要配合默契和互相协调,但是他们之间实际形成的关系往往是一种相互竞争、彼此不信任的关系。销售经理趋向于短期行为,侧重于取得眼前的销售量;而市场营销经理则多着眼于长期效果,侧重于制订适当的产品计划和市场营销战略,以满足市场的长期需要。销售部门和市场营销部门之间矛盾冲突的解决过程,形成了现代市场营销部门的基础,即由市场营销副总经理全面负责,下辖所有市场营销职能部门和销售部门。其组织结构形式如图 10-5 所示。

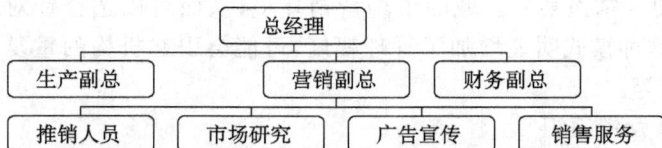

图 10-5　现代的市场营销部门

▶ 二、市场营销组织的形式

企业在市场营销中,应建立什么样的营销组织,其出发点就是适应市场营销的需要。市场营销部门的组织形式,主要受市场环境、企业规模、经营范围、业务特点、产品类型等因素的影响。因此,企业在组织模式决策时,要充分考虑各种因素,选择合适的市场营销组织形式。

1. 功能型营销组织

这是最常见的市场营销机构的组织形式,它由各种市场营销职能专家组成,他们分别对营销副总经理负责,营销副总裁负责协调他们的活动。其组织结构形式如图 10-6 所示。

图 10-6　功能型营销组织

　　功能型营销组织的主要优点是结构简单,管理层次上,组织协调方便,易于管理。比较适用于产品种类少和销售地区集中的企业。但是,随着产品的增多和市场的扩大,这种组织形式会暴露出明显的缺点。由于没有一个人对一项产品或一个市场负全部的责任,因而每项产品或每个市场制订的计划欠完整,有些产品或市场就很容易被忽略。另外,各个职能部门为了各自利益容易发生纠纷。

2. 地区型营销组织

这种组织形式适用于销售区域广而经营品种单一的企业。这类组织除了设置职能部门经理外,还按照地理区域范围大小,分层次设置区域经理,层层负责。区域经理根据所管辖省市的销售情况再设若干地区销售经理,地区销售经理下再设若干地方销售经理/主任,每个地方经理/主任再领导几位销售代表。其组织结构形式如图 10-7 所示。

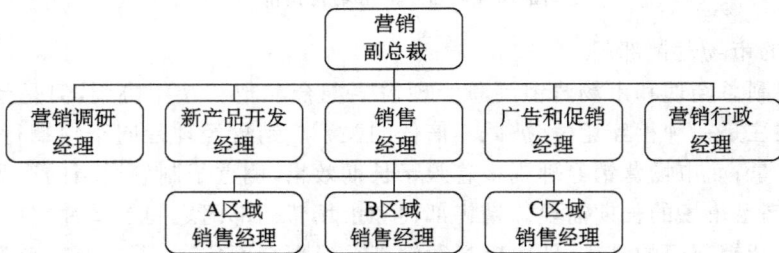

图 10-7　地区型营销组织

　　地区型组织便于掌握某一区域的市场营销环境,从而可以选择针对性强、行之有效的营销策略。但是,这种模式明显增加了管理幅度,可能会引起机构的重复设置,地区与地区之间产生利益冲突等。

3. 产品管理型营销组织

生产不同产品或品牌的公司往往需要设立产品管理型营销组织。这种组织并没有取代功能型管理组织,只不过是增加一个管理层次而已。其基本做法是,由一名产品主管经理领导,下设若干个产品大类(产品线)经理,产品大类(产品线)经理下再设几个具体产品经理。其组织结构形式如图 10-8 所示。

　　这种组织结构形式能统一协调各种营销职能,及时反映产品在市场上出现的问题,即使不太重要的产品也不会被忽视掉。但是,这种组织形式需要同其他营销部门合作,容易造

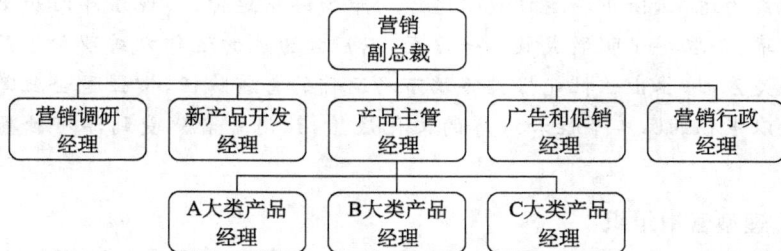

图 10-8 产品管理型营销组织

成部门冲突,而且随着产品品种的增加,管理成本会越来越高。

案例分析

洋河酒厂:通过分拆型组织培育新能力

洋河集团是一家具有深厚历史文化底蕴,并曾经辉煌一时的老牌名酒企业,但在发展过程中出现了一系列问题:品牌老化、渠道操作能力单一、产品线繁杂、缺乏主导的优势区域市场、组织效率低下等。这些问题严重影响了洋河的销售业绩,使得洋河整体销售一直徘徊不前,整个营销队伍也无法焕发出热情和强劲的战斗力。面对管理困境,来自中国传统行业的洋河集团是如何成功实现企业的转型及市场突破的呢?

为了应对销售危机,洋河决定对"洋河蓝色经典"系列产品进行系统性的变革及创新,将蓝色经典品牌做大、做强。洋河集团从原集团的组织架构外新组建了"蓝色经典品牌公司"。蓝色经典品牌公司取代了酒类企业总代理商的角色,全面承担起蓝色经典这一单品的市场运作工作,兼具市场与销售的双重职能,负责蓝色经典的品牌定位、塑造与传播等。蓝色经典品牌公司还在各区域市场设立办事处,与分公司(即蓝色经典品牌公司)相互依存、协作,形成了分公司加办事处的"1+1"全新营销模式。分公司主要负责为蓝色经典提供招商支持,办事处则负责蓝色经典的餐饮酒店及现代终端的市场运作。

同时,在营销资源投入上,洋河集团先从江苏本埠沿江八市的市场(苏南地区的南京、苏州、无锡、常州、镇江五市和苏中地区的南通、扬州、泰州三市)进行集中资源投入,通过八个市场的运作和联动实现江苏省内的全面复兴和战略突围。这一营销策略使蓝色经典在成长初期就取得了品牌与市场的双重快速增长。而对于全国市场的扩张与拓展则实行阶段性选点布局,选择以北京、河南、广东等市场的拓展为起点,分阶段、分步骤逐步进军全国化的机会性市场,最终实现全国范围的战略市场的选点布局。

通过对"洋河蓝色经典"系列产品进行的系统性变革及创新,蓝色经典的销售业绩从2006年的8亿元增长至2007年的15亿元、2008年的28亿元,洋河的销售业绩也从2006年的14亿元增长至2007年的24亿元、2008年的37亿元,年平均增长速度超过70%。而洋河集团对于"分拆型组织"这一先进管理模式的成功运用,不仅为中国酒类行业,也为其他传统行业的管理创新提供了可借鉴的模板。

(资料来源:哈佛商业评论网 http://www.hbrchina.com)

营销启示

洋河蓝色经典这一单品的市场运作方式——建立分拆型组织"蓝色经典品牌公司"以及

"1+1"营销模式的运用,使市场运作重心迅速向市场终端延伸,实现了洋河历史上一场较为深刻的销路变革,并取得了明显成效。一方面,以厂方为主的运作方式理顺了厂方与经销商的职能定位和关系,培养出一批能操控终端市场运作的营销队伍,增强了企业掌控市场的能力;另一方面,以张扬的品牌个性和深厚的文化底蕴,让消费者感受到洋河独具特色的营销力和亲和力。

4. 市场管理型营销组织

当企业将产品销售到差异性很大的不同类型的市场时,就需要按照市场专业化来建立营销组织。在这一组织形式下,一名高级市场主管管理几名市场经理,市场经理开展工作所需要的职能服务由其他职能部门提供。具体组织结构形式如图 10-9 所示。

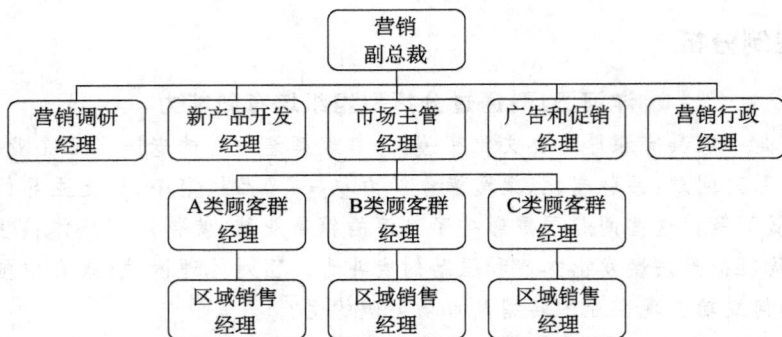

图 10-9　市场管理型营销组织

由于市场营销活动是按照满足各类不同顾客的需求来组织和安排的,所以企业能更好地满足不同消费者群的需要,有利于企业加强销售和市场开拓。这种组织结构的缺点是容易造成权责不清和多头领导的矛盾。适用于产品线单一、市场各种各样、分销渠道多的企业。

5. 产品/市场管理型组织

生产多种产品并向多个市场销售的企业,比较适宜采用既有产品经理,又有市场经理的两维矩阵组织。如杜邦公司在纺织纤维部下设置了人造纤维、醋酸纤维、尼龙、涤纶四个产品组织,同时又在市场部下设置了男装、女装、家庭用品、工业用品四个子市场,这样就形成了一个矩阵式营销组织形式(见图 10-10)。

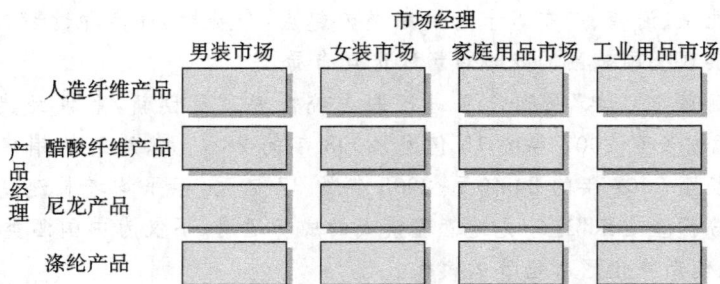

图 10-10　杜邦公司矩阵式营销组织形式

在这种矩阵组织形式中,产品经理负责产品的销售利润和计划,不断寻找开发产品的新用途;市场经理则负责培育现有市场,并不断开发潜在市场。但是这种组织结构管理费用太高,而且容易产生内部冲突。比如各种产品在各个市场上的定价由谁决定,销售队伍如何组织安排等。

第三节 市场营销控制

所谓营销控制就是指衡量和评估营销策略与计划的成果,以及采取纠正措施以确定营销目标的完成。在营销计划的实施过程中,由于营销环境的变化和执行计划过程中产生的偏差,企业营销部门需要对营销活动进行连续不断地监督和控制,从而保证企业营销活动高效运转。

▶ 一、年度计划控制

年度计划控制是由企业高层管理人员负责的,其目的是确保年度计划所确定的销售利润和其他目标的实现,及时妥善地解决企业潜在的问题。年度计划控制是一种短期的及时控制,其控制系统包括四个主要步骤(见图 10-11)。

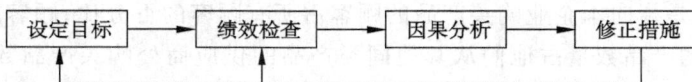

设定目标 → 绩效检查 → 因果分析 → 修正措施

图 10-11 年度计划控制步骤

(1) 设定目标,即把年度计划分解为每个月、每个季度的具体目标、如销售目标、利润目标等。

(2) 绩效检查,即跟踪掌握目标计划在市场上的执行情况。

(3) 因果分析,即分析实际与目标之间产生偏离行为的原因。

(4) 修正措施,即采取必要的修正和调整措施,缩小实际和计划之间的差距。

企业一般可用四种方法检查营销计划的执行绩效。

1. 销售分析

销售分析就是衡量并评估企业的实际销售额与计划销售额之间的差异情况。这种分析方法主要有销售差异分析和区域销售分析两种。

(1) 销售差异分析。主要是测量不同因素对造成销售差距的相对作用。

例:某企业年度计划要求在第一季度按每件 10 元的价格销售 4000 件产品,即销售额为 40 000 元,但到了季度末,却只销售了 3000 件产品,并且每件售价降至 8 元,即实际销售额为 24 000 元。销售绩效差距为 16 000 元(40 000−24 000),完成实际计划的 60%。造成销售额减少的原因有两个,一个是价格下降;另一个是销售量减少,分析计算方法如下:

因价格下降的差距=(10−8)×3000=6000(元),占 16 000 元的 37.5%;

因销售下降的差距=10×(4000−3000)=10 000(元),占 16 000 元的 62.5%。

从上面的分析可知,造成销售额未完成的重要原因是销售量下降所致(占据 62.5%),故该企业应详细调查未达预期销售量的原因。

（2）区域销售分析。这种方法用来衡量导致销售差距的具体产品和地区。例如，某公司在苏州、无锡、常州三个地区的计划销售量分别是 2000 件、1500 件、1000 件，总计 4500件，而实际总销量是 3800 件，三个地区分别是 1200 件、1400 件、1200 件，与计划的差距分别为 -40%，-6.7%，+20%。通过分析可知，苏州是造成困境的主要原因。因而应进一步查明苏州地区销量减少的原因。

2. 市场占有率分析

企业销售额的高低只能说明企业本身的销售业绩，但不能反映企业在市场上的竞争地位。为此，企业需要衡量并评估企业的市场占有率情况。如果企业市场占有率升高，就意味着它比其他竞争者处于优势地位；如果市场份额下降，则意味着相对落后于其他竞争者。根据企业选择的比较范围不同，市场占有率一般分为三种。

（1）全部市场占有率：企业的销售额（量）占行业销售额（量）的百分比。

（2）目标市场占有率：企业的销售额（量）占其目标市场总销售额（量）的百分比。

（3）相对市场占有率：企业的销售额（量）和几个最大竞争者的销售额（量）的百分比。

企业必须通过产品线、顾客类型、地区及其他有关方面来分析市场份额的变动。一种有效的方法是通过四个成分来分析市场份额变动，即

总体市场份额＝顾客渗透率×顾客忠诚性×顾客选择性×价格选择性

其中，顾客渗透率是指向本企业购买产品的顾客占所有顾客的百分比；顾客忠诚性是指顾客从本企业所购买的产品数量占他们从其他同类产品的供应商处购买产品数量的百分比；顾客选择性是指本企业的顾客平均购买量与某个一般企业的顾客平均购买量的百分比；价格选择性是指企业的平均价格与所有企业的平均价格的百分比。

现在假设该企业以金额表示的市场份额在这一时期下降了。总体市场份额公式提供了四种可能的解释：企业失去了某些顾客（较低的顾客渗透率）；现有顾客从该企业购买较少一部分他们所需要的供应品（较低的顾客忠诚性）；该企业留下的顾客规模较小（较低的顾客选择性）；企业产品的价格与竞争者相比已向下滑动（较低的价格选择性）。

3. 营销费用率分析

年度计划控制为了确定企业在实现销售目标时所需的费用支出，需要检查与销售有关的市场营销费用，关键是看市场营销费用对销售额的百分比。营销费用率分析还可进一步细分为人力推销费用率、广告费用率、销售促进费用率、市场营销调研费用率、销售管理费用率等。例如：某企业营销费用百分比为 40%，包括四个费用对销售额的比例：人员推销费用对销售额之比为 15%，广告费用对销售额之比为 5%，分销渠道费用对销售额之比为 10%，改进产品费用对销售额之比为 10%。通过监控这些比率，使它们在一定范围内波动。但是超过正常范围的波动必须引起关注，迅速分析原因，并通过恰当的措施进行控制。

4. 顾客态度追踪

企业通过设置顾客抱怨和建议系统、建立固定的顾客样本，或者通过顾客调查等方式，了解顾客对本企业及其产品的态度变化情况，通过建立一些定性标准来衡量并评估市场的变化。

二、赢利能力控制

赢利能力控制一般由财务部门负责,旨在测定企业不同产品、不同销售地区、不同顾客群、不同销售渠道以及不同规模订单的赢利情况。赢利能力指标包括资产收益率、销售利润率和资产周转率、现金周转率、存货周转率和应收账款周转率、净资产报酬率等。

营销赢利能力分析的第一步,确定各种活动所引起的职能性费用(如广告和货运);第二步,企业测量通过各种渠道进行销售所产生的职能性费用;第三步,企业为每种渠道编制一份营销损益表,并对各表进行分析。如某企业的分销渠道营销损益表(见表 10-1),尽管百货商店不如电器商店的销售额高,但其赢利能力却远远高于百货商店,而超市大卖场则亏损 800 元。通过渠道损益分析,所得结果可作为企业进行分销渠道决策的重要依据。

表 10-1 某企业分销渠道损益表　　　　　　单位:元

项　目	电器商店	超市大卖场	百货商店	总　额
销售收入	40 000	10 000	20 000	70 000
销售成本	29 500	7500	14 000	51 000
毛利	10 500	2500	6000	19 000
营业费用:				
推销	4000	1300	400	5700
广告	1550	620	350	2520
物流	3500	1380	900	5780
费用总额	9050	3300	1650	14 000
净利润	1450	−800	4350	5000
销售收益率	3.6%	−12.5%	21.8%	7.1%

从表 10-1 中可知,造成专卖店亏损的原因主要是营业费用过高,如果采取相对应措施后仍未能扭转亏损,则应舍弃这条分销渠道。

企业要取得较高的赢利水平和较好的经济效益,一定要对直接推销费用、促销费用、仓储费用、折旧费用、运输费用、其他营销费用,以及生产产品的材料费用、人工费用和制造费用进行有效控制,全面降低支出水平。

三、营销效率控制

当赢利能力分析发现公司在某些产品、地区或市场方面的赢利不佳,企业就要进一步分析问题产生的原因,寻找更有效的方法来管理销售队伍、广告、促销和分销,实现企业对营销效率的控制。

1. 销售人员效率

各级销售经理可用以下指标考核和管理销售队伍,提高销售人员的工作效率:销售人员日均拜访客户的次数;每次访问平均所需时间;每次访问的平均收益;每次访问的平均成本;每百次销售访问的订货百分比;每月新增客户数目;每月流失客户数目;销售成本对总销售额的百分比。

2. 广告效率

为提高广告宣传的效率,企业营销部门应掌握以下统计资料:每种媒体接触每千名顾客所花费的广告成本;注意阅读广告的人在其受众中所占的比率;顾客对广告内容和效果的评价;广告前后顾客态度的变化;由广告激发的询问次数。

3. 营业推广效率

为了提高促销效率,企业营销部门应坚持记录每一次推广活动及其成本对销售的影响,特别注意掌握以下统计资料:优惠销售所占的百分比;每一单位销售额中所包含的产品陈列成本;赠券回收;因示范引起的询问次数。

4. 分销效率

分销效率主要是对分销渠道的业绩、企业存货控制、仓库位置和运输方式的效率进行分析和改进,以提高分销的效率。其主要评价指标包括:商品库存总量、入库和出库量、库存周转率以及每条渠道的单位产品分销成本等。

▶ 四、企业营销审计

企业必须经常对其整体营销效益做出科学的评价。由于营销环境的快速变化,营销目标、策略及其方案等极易变得落伍而不切实际。因此,每一个企业都应该定期对其进入市场的总体方式进行诊断。达到这一目的的最主要的手段是营销审计。

营销审计是营销战略控制的主要工具。营销审计可由企业内部人员来做,也可聘请外部专家进行。一次完整的营销审计活动的内容是十分丰富的,概括起来包括以下六个方面。

1. 营销环境审计

营销环境审计主要就宏观环境(人口统计、经济、生态、技术、政治、文化等)和任务环境(市场、顾客、竞争者、经销商、公众等)进行审计,以发现环境变化给企业带来的机会与威胁。

2. 营销战略审计

营销战略审计主要是分析考察企业营销目标、战略是否适应外部环境的变化,包括对企业使命、营销目标和目的、战略等内容进行审计。

3. 营销组织审计

营销组织审计主要是检查营销组织在预期环境中选择和控制决策的能力,包括对营销组织结构、功能效率、部门相互关系进行审计。

4. 营销系统审计

营销系统审计主要是审查市场营销信息系统、市场营销计划系统、市场营销控制系统和新产品开发系统运行的有效性、对外部变化反应的灵敏性以及各系统之间的协调性。

5. 营销效率审计

营销效率审计主要是检查企业各类系统所具有的获利能力和开展各项营销活动的成本收益。

6. 营销职能审计

营销职能审计主要是对营销组合因素和策略进行审查,包括对产品、定价、渠道和促销策略的检查评价。

营销思考

企业营销的"零管理"

在市场营销由以产品为中心向以客户为中心转变的时代,提高企业持续增长能力的钥匙在于加强营销管理。营销管理的核心在于有效地执行企业所制定的营销战略及其计划。它要求企业建立一个能够成功执行计划的组织,制定对计划实施起支持作用的政策和运作程序,诸如营销活动的控制评估系统。为了达到既定目标,必须采取有效的激励措施,鼓励销售人员努力为企业的营销目标而奋斗,营造一种有利于计划实施和执行的企业文化与工作环境,建立企业的市场信息系统和信息情报交流反馈系统,使所有的销售人员都能始终如一和有效地完成他们的任务。

企业的营销组织必须有能力对环境的变化做出快速反应。在企业里,各部门都须通过自己的活动和抉择来满足客户的需求。所有部门都需要围绕满足客户需求和期望而工作,为此,对内必须处理好营销部门和其他职能部门之间的关系,对外则动员经销商、零售商、广告代理商等给予有力的配合和支持。要想建立一个市场导向的机制和成为一个客户驱动的企业,就必须确立以客户为中心的核心价值观。有效的营销执行要求建立以客户为中心的业务组合模式,规范业务流程,建立有效的过程监控评估体系。企业应该利用规范有效的营销管理手段,加强营销队伍的建设,加强客户信息管理,实现客户信息搜集、分类和共享,为企业营销人员提供完备的支持,加强客户服务的专业水平,将客户服务优势转化为销售力。

在现代市场营销管理中,企业所做的一切都始于顾客,并最终归于满足顾客的需求。近几年来,日本的企业界和学术界对企业的营销管理过程进行了整合,其思路和做法被称为营销中的"零管理"。它的主要内容如下。

第一,将顾客的反馈时间缩至零,也称"零反馈时间"。强调将顾客关于产品、企业营销等方面的意见和建议连续不断地搜集起来,并及时反馈给相关的部门。

第二,将产品改进的时间缩至零,也称"零改进时间"。企业应该采纳所有来自顾客的关于改进新产品的建议,并且尽可能快地采用其中最有价值及可行的改进方案。

第三,将采购的时间缩至零,也称"零采购时间"。为降低企业的市场风险,企业应该将采购的时间缩至最短。

第四,将装配的时间缩至零,也称"零装配时间"。企业应该在最短的时间内把产品提供给客户,而不是拖延。

第五,将缺点、缺陷降至零,也称"零缺陷产品"。企业开发的产品应该是高质量的、无缺陷的。

(资料来源:上海商学院"市场营销学")

复习思考

1. 一份完整的企业营销计划应包括哪些内容?
2. 市场营销组织结构形式有哪几种类型?各有哪些优缺点?
3. 为什么说产品经理实际上是负责该产品的"小总经理"?
4. "成功的营销在于将创造力付诸行动。然而,我们不能控制创造力。因为控制的结果是创造力的丧失。"你同意这一观点吗?

5. 企业如何进行年度计划控制?

实训练习

1. 一家小型计算机公司主要有三个方面的业务:销售个人计算机、为连锁店建立 POS 系统、为学校建立校园网络。你认为这家公司有建立市场营销组织的必要吗? 如果有,请你为它设计策划市场营销组织类型和方案。

2. 某企业的一种产品只在东北三省进行推广销售,三省的第一季度实际销量和计划销量如下表所示。

省份\项目	黑龙江	吉林	辽宁	总额
计划销量	3300	3000	5000	11 300
实际销量	2800	3500	2900	9200

且该产品计划销售单价为 500 元,而第一季度企业进行推广促销,实际销售单价调整为 450 元。

请分析影响该企业计划完成的原因及其对计划的影响程度。

案例分析

1. 国内某家知名企业原来是专门生产洗衣机的厂家,在企业的发展中,采取了多元化发展策略,开始生产电视、空调、冰箱、计算机,并涉足家庭装修行业。伴随着企业产品的变化,企业开始对原来分布在全国各地的营销组织进行整合,他们把原来各地的一个组织分解为相互独立的多个组织,成立了洗衣机商品部、电视机商品部等。

分析:

(1) 这家企业原来的营销组织类型属于哪一类? 变化后的组织类型属于哪一类? 二者在功能上有哪些不同?

(2) 这家企业为什么进行组织整合? 这种整合有什么优越性? 会带来什么样的问题?

2. 某家中型糖果公司在过去两年里的销售额和利润勉强可以维持公司的生存。企业管理人员认为问题出在销售人员身上,认为"他们工作不卖力或不够灵活"。为了解决这一问题,管理人员计划推出一套新的奖励报酬体系,并雇用一位培训员对销售队伍进行现代商业和销售技巧方面的培训。在此计划实施之前,企业管理人员决定聘请一位营销顾问先进行一次营销审计。这位营销顾问会见了营销经理、顾客、销售代表和中间商并调查了各组数据,其审计结果如下。

(1) 公司的产品线主要有 20 种,大多为糖果。其中两个领头品牌已成熟并占据市场销售总额的 45%。该公司正将目光瞄准迅速发展的巧克力点心市场,但还没有采取行动。

(2) 近来,公司调查了它在顾客中的形象,其产品特别受收入低和年龄大的人青睐。当调查对象被要求评价该公司的巧克力产品并和其他竞争者产品相比较时,他们认为该公司的产品"质量一般,式样过时"。

（3）公司将其产品出售给糖果批发商和大型超级市场。它的推销人员访问与糖果批发商建立联系的许多小型零售商；推销人员还访问许多不经由批发商渠道的小型零售商。公司成功渗入许多小型零售商领域，例如快速发展的饭店领域。公司对中间商的主要战略是"买断"折扣、独家经营合同及仓储赊账。然而，公司没有恰当地渗入大型综合连锁店。而它的竞争者大量依靠大众化消费者广告和店中店销售方案，在大型综合商店获得了更大的成功。

（4）公司的营销预算定位在总销售额的15%，相比之下它的竞争者的营销预算接近20%。大部分营销预算用于支持销售队伍，剩下的支持广告，消费者促销非常有限。广告预算主要被用来为该公司的两个拳头产品做提醒性广告，该公司不常开发新产品。对偶尔开发的新产品，他们会通过推式策略向零售商介绍新产品。

（5）营销组织由销售副总裁领导。该副总裁领导的是销售经理、市场调研经理及广告经理。因为是从销售员提拔上来的，销售副总裁偏袒销售队伍的活动而不太关注其他营销功能。

这位营销顾问的诊断结果为：公司的问题不会由于改进销售队伍所采取的行动而顺利解决。

分析：

（1）该公司的问题究竟出在哪里？

（2）如果你是营销顾问，你会向该公司的管理者提出哪些短期和中长期的建议？

参 考 文 献

[1] [美]加里·阿姆斯特朗,菲利普·科特勒. 科特勒市场营销教程. 第四版. 俞利军译. 北京:华夏出版社,2000.

[2] [美]迈克尔·R. 辛科塔等. 营销学:最佳实践. 李占国译. 北京:中信出版社,2002.

[3] 方广罗. 市场营销学. 第2版. 大连:东北财经大学出版社,2004.

[4] 杨洁等. 现代市场营销学. 北京:中华工商联合出版社,2002.

[5] 梅清豪等. 市场营销学原理. 北京:电子工业出版社,2001.

[6] 张大亮等. 营销管理:理论、应用与案例. 北京:科学出版社,2002.

[7] 居长志. 市场营销实务(中国市场学会市场营销资格认证办公室指定用书). 北京:中国经济出版社,2008.

[8] 王晓萍. 市场营销学. 北京:科学出版社,2008.

[9] 张卫东. 市场营销禁忌100例. 北京:电子工业出版社,2009.

[10] 张理. 消费行为学. 北京:清华大学出版社,2009.

[11] 陈培爱. 广告策划与策划书撰写. 厦门:厦门大学出版社,2007.

[12] 黄景清. 100个令你拍案叫绝的营销案例. 北京:中华工商联合出版社,2004.

[13] 叶万春. 企业营销策划. 第2版. 北京:中国人民大学出版社,2007.

[14] [美]佩吉. 竞争性销售——简化企业销售的六大关. 何涌译. 北京:中国财经出版社,2004.

[15] 罗绍明. 市场营销实训. 北京:机械工业出版社,2009.

[16] 胡世强,王谊等. 小企业市场营销实务. 成都:西南财经大学出版社,2006.

[17] 万后芬. 市场营销教程. 第2版. 北京:高等教育出版社,2007.

[18] 林祖华. 市场营销案例分析. 北京:高等教育出版社,2003.

[19] 郑方华等. 营销策划——技能案例训练手册. 北京:机械工业出版社,2006.

[20] 张卫东. 市场营销理论与实训. 北京:电子工业出版社,2006.

参考网址

[1] 哈佛商业评论网 http://www.hbrchina.com

[2] 上海财经大学"市场营销学"http://dept.shufe.edu.cn/jpkc/marketing

[3] 上海财经大学职业技术学院"市场营销"http://course.shufe.edu.cn/course/scyx/yxs/jc00.htm

[4] 全球品牌网 http://www.globrand.com

[5] 百度百科 http://baike.baidu.com

[6] 广东商学院"市场营销学"http://61.145.119.78:8081/default.aspx

[7] MBA智库百科 http://wiki.mbalib.com

[8] 上海商学院"市场营销学" http://jpkc.sbs.edu.cn/marketing

[9] 中国营销传播网 http://www.emkt.com.cn

[10] 杭州电子科技大学"市场营销学"http://jpkc.hdu.edu.cn/management/scyx

[11] 中国市场营销网 http://www.ecm.com.cn

[12] 中国营销策划网 http://www.plan-china.com

[13] 湖南商学院"市场调查与预测"http://jpkc.hnuc.edu.cn